辽宁省教育厅科学研究经费项目

东北财经大学法学院优秀学术专著出版资助

行政合同法律制度构建研究

Recognition and construction of the legal system
of administrative contract

冯　莉◎著

人 民 出 版 社

目　　录

序

　　行政合同在公共治理实践中的应用日益广泛,但其属性一直在学界和司法实践中存在争议。关于行政合同的制度规定散见在数量众多单行法中,没有形成统一的行政合同制度。2014 年修改的《行政诉讼法》将政府特许经营协议、土地房屋征收补偿协议等案件纳入行政诉讼受案范围,首次在实定法上明确了此类协议的性质为行政合同,而非民事合同。但是,《行政诉讼法》本身无法解决行政协议的实体制度建构问题。2019 年 11 月 27 日出台的《最高人民法院关于审理行政协议案件若干问题的规定》仅部分解决了行政合同实体法制度缺失的问题。随着行政合同应用的扩展及司法实践中行政协议类案件数量日益增多,系统建构统一的行政合同制度成为现实急迫所需。本书很好回应了这一现实需求,对行政合同的法律制度构建进行了系统、深入的思考。

　　本书以行政合同兼具行政的强制性与民事的合意性为立足点,结合公私合作治理的发展趋势,对行政合同法律制度的构建进行了深入探讨。本书从行民合同分离的法律基础与现实意义入手,对构建统一行政合同法律制度的必要性与立法路径选择、行政合同范围定位、行政合同缔结制度、行政合同信息公开制度、行政合同变更解除制度以及行政合同争议解决制度进行了阐释。本书在很多方面都有自己独到的见解。例如,在探索立法路径时,提出如果能够在"行政程序法"中确定行政合同的基本制度,或许是解决当前行政合同困境的最佳路径;在界定行政合同范围时,指出我国目前采用的以法律、法规有明确规定的法定容许会导致行政合同的范围过于狭窄,大胆提出我国适宜由"法定容许转向法定除外与性质除外",通过反向排除的方式规定行政合同的容许性范围,同时提出政府职能的公共性是影响行政合同可缔结事项范围的关键因素,需要对公共性的强弱进一步进行区分,进而梳理出不得缔结行政合同的领域;在探究行政合同争议解决机制时,提出在确定行政合同争议解决机制的考量因素时,行政合同的性质不应为确定争议解决机制的唯一因素,还应当将行政合同的合同属性作为核心考量因素、将实质解决争议作为目标考量因素、将行政合同争议解决经验作为历史考量因素一并予以综合考虑,从而得出"行政协议争议具有可仲裁性"这一观点,等等。

行政合同将私法上的契约引入行政任务的完成,旨在通过在行政机关与公民、企业之间形成合意,共同完成行政任务。作为一种有别于传统执法方式的公私合作治理机制,行政合同在世界各国的行政管理实践中得到广泛应用。法国和德国作为大陆法系国家的代表,分别形成了各具特色的行政合同理论体系和行政合同法律制度,促进了行政合同实践的发展;英国和美国作为典型的普通法系国家,虽然并不区分公法与私法,但是以政府一方为当事人签订的政府合同不仅广泛存在,而且一直是理论界研究的重点。本书在立足中国本土行政合同实践的同时,放眼世界,对域外行政合同理论与制度进行了详细梳理,为中国建构和完善行政合同制度提供了有参考价值的域外经验。

冯莉在她的博士论文的基础上,精心修改,完成了本书的写作,书中的每一个论点都可以说是作者深思熟虑的结果。冯莉在攻读博士学位的时候,很好契合自己的学术结构,选择以兼具行政属性和契约属性的行政合同制度为博士论文选题。在博士论文写作过程中,她收集了大量文献资料、立法规范和行政合同案例,反复修改大纲和论文,精心打磨,同时还要兼顾教学和照顾家庭。本书的出版,无疑是对她当年克服各种困难、努力付出的最好回报。在此,作为导师,我衷心祝贺她的新书出版!同时也希望她以此为学术研究的新起点,不断进取,期待她未来创作更多优秀成果!

王万华

二〇二一年一月于哥伦比亚大学

自　　序

　　行政合同是秩序行政向给付行政嬗变过程中出现的一种新型柔性的行政管理方式,在世界范围内得到了广泛应用,而且已经成为政府行使其经济管理职能的重要手段。然而,行政合同概念从诞生之初便饱受争议,虽然 2014 年新修订的《行政诉讼法》将行政协议纳入司法审查范围,明确了独立于民事合同之行政合同的存在,但是并没有消除民法学者对于行政合同的争议与质疑,而且在新的形势和背景下又衍生出了新的争议焦点与问题。目前我国已经初步建立起了较为分散的行政合同制度,但是这种碎片化的立法并不能满足行政合同广泛应用的现实需要,迫切需要构建统一的法律制度予以回应。近年来,在 PPP 大力推进的背景下,行政合同再一次遭遇了一般性法律规制不足与学理准备不充分之双重考验。有鉴于此,本书紧紧围绕行政合同兼具民事的合意性与行政的强制性这一双重属性,深入研究了行政合同的相关法律问题,在对理论进行探讨的基础上提出了具体的制度构建设想。

　　近年来,随着 PPP 的兴起,在公私合作治理的大背景下,世界范围内行政合同容许性范围呈逐渐扩大的趋势,而我国则采用以法律、法规有明确规定的"授权说"作为行政合同的容许性范围,这一法定容许使得行政合同的范围过于狭窄,也与国际立法潮流相违背。我国适宜由法定容许转向法定除外与性质除外,通过反向排除的方式规定行政合同的容许性范围,即行政机关原则上可以采用合同的方式来完成公务,除非法律禁止或者行政事务的性质不适合采用合同方式完成。

　　缔结制度是行政合同法律制度的重要组成部分,而公共利益保障是行政合同缔结制度的基础。基于此,行政合同的缔结原则与缔结制度的设计都应以公共利益保障为基础考量因素。具体而言,行政合同的缔结原则需要以公共利益保障为根本出发点,不能机械地援引民事合同缔结原则,可以适用于行政合同的民事合同缔结原则必须具有普适性与相容性,且只有在行政法未作特别规定的情况下,才可以补充适用民事法律原则。行政合同的程序制度设计亦应在公共利益衡量的基础上实现相对人利益的平衡。

在行政合同缔结、履行、变更、终止的全过程中,为了避免实践中可能存在的暗箱操作、权力寻租等行为,需要增强行政主体整个缔约及履行过程的透明度,构建行政合同信息公开制度是比较理想的现实选择。然而,这种信息公开是一种主动公开,公开范围如果过于宽泛,则有可能影响缔约双方信息公开的积极性。因此,对于 PPP 项目合同、政府采购合同、国有土地使用权出让合同和招商引资合同等行政合同,由于其利害关系人的范围具有不确定性,且与社会公共利益的关联度较大,为了更好地保障利益相关者及公众的知情权,需要强制性地对合同的信息进行公开。而那些利害关系人范围相对确定的行政合同,如土地房屋等征收补偿协议、科研合同、目标责任合同等则不实行主动公开,而是通过《政府信息公开条例》中的依申请公开进行。

行政合同有效成立后,当事人应当遵守诚实信用原则,不得随意变更或解除合同。然而,由于行政管理目标、公共利益、客观情况及当事人履约能力等都有可能发生变化,加之人的有限理性,不可能在缔结合同时预见到未来发生的所有情况,这时便需要当事人对合同的内容进行适时的修改与补充,有时甚至解除合同。行政合同的变更解除一般包括行政机关单方变更解除、基于情势变更原则的变更解除及协商一致变更解除。本书对上述三种变更解除情形进行了详尽阐释。

行政合同的争议解决机制作为缔约当事人的救济途径制度,是整个行政合同法律制度的最后环节。《行政诉讼法》修改之前行政合同争议都是通过民事纠纷机制处理的,主要包括协商、调解、仲裁及民事诉讼。修订后的《行政诉讼法》第十二条的规定等于明确了行政诉讼作为行政协议诉讼纠纷解决方式具有排他性,即排斥了民事诉讼。但是,根据该法第一条的立法目的及修法思路来看,并非替代或排斥了原来已有的非诉争议机制,只是给相对人增加了行政诉讼这条权利救济的渠道。于是在确定行政协议争议解决机制时,行政协议的性质不应为唯一考量因素,还应当将行政合同的合同属性作为核心考量因素、将实质解决争议作为目标考量因素、将行政合同争议解决经验作为历史考量因素一并予以综合考虑。

　　是为序。

冯　莉

二〇二一年一月于大连星海国府

第一章 行民合同分离的法律基础与现实意义

从传统的行政法理论视角来看,合同的平等、合意、意思自治等理念与以命令和服从为特征的高权行政似乎格格不入,因而,"行政与契约凑在一起,本身就自相矛盾"[1]。德国行政法学的奠基人奥托·迈耶就明确反对公法领域存在契约关系[2],且该学说影响深远。不过,随着时代的进步,国家任务的变迁及理论研究的深入,通说逐渐认可了行政合同的正当性与适法性,理论上也不再认为行政契约法的探讨为行政法领域中的养子,相反,行政契约法有成为行政法学上后起之秀的态势。[3] 但是,在中国,行政合同理论与制度的发展均不顺利。自20世纪90年代以来,行政法学者与民法学者关于行政合同是否成立曾进行过数次论战,多数民法学者始终对行政合同这一概念持强烈反对态度,以至于1999年的《合同法》终没有给行政合同留下一席之地。面对这一现实,余凌云教授不无遗憾地发出感慨:"在中国学者眼里,行政契约是个巨大的问号!"[4]新《行政诉讼法》在受案范围中规定了行政协议,等于从法律上明确了行政合同独立于民事合同而存在。2015年5月1日起施行的《最高人民法院关于适用〈中华人民共和国行政诉讼法〉若干问题的解释》(以下

---

[1] 转引自吴庚:《行政法之理论与实用》,三民书局1996年版,第363页。
[2] 转引自陈新民:《行政法学总论》,三民书局1997年版,第264页。
[3] 参见林明锵:《论型式化之行政行为与未型式化之行政行为》,载《当代公法理论——翁岳生教授祝寿论文集》1993年版,第342页。
[4] 余凌云:《它还是个问号么?》,载余凌云主编:《全球时代下的行政契约》,清华大学出版社2010年版,第1页。

简称《适用解释》)第十一条首次确定了"行政协议"的定义①,进一步明确了
行政协议的内涵,但是这一定义并没有彻底解决民法学者对于行政合同的质
疑,民法学者崔建远教授又针对行政合同的边界及确定根据提出了不同看法。②
可以说立法推进尚未完全消除行政合同与民事合同之间的争议,而且在新的形
势和背景下又衍生出了新的争议焦点与问题。这就是 2014 年以来在实践中开
始出现的又一轮大规模政府与社会资本之间的合作(PPP),政府与社会资本的
合作基本采用合同明确双方权利义务,PPP 大规模兴起再次引发行政合同与民
事合同边界之争、行政合同争议解决机制之争。因此,准确把握行政合同的概
念,厘清行政合同与民事合同的区别,是建构行政合同制度的前提和基础。

第一节   行政合同的概念表述与内涵

在服务行政、参与行政及 PPP 推进的背景下,行政合同已经成为政府行
使其行政管理职能的重要手段,地方立法实践中也屡屡将其作为制定行政程
序规范的重要内容。然而,作为一个舶来的概念,行政合同至今仍然没有一个
权威、公认的定义,在概念的使用上可谓众说纷纭,存在相当程度的混乱。可
以说,行政合同的研究现状尚不能为立法和司法实践提供足够的理论指导与
支撑,因此,研究行政合同法律制度的构建,首先需要准确界定行政合同概念
的内涵和外延,以期能够寻找到合理的判断标准,将其与私法合同作出明显界
分。笔者试图通过域外、我国理论界及地方立法对于行政合同概念的梳理来
回应这一问题。

一、域外行政合同的概念表述与内涵

行政合同作为由秩序行政向给付行政嬗变过程中出现的一种新型柔性的

---

①   2020 年 1 月 1 日起施行的《最高人民法院关于审理行政协议案件若干问题的规定》第
一条对"行政协议"的界定基本沿用了这一定义,只是去掉了"在法定职责范围内"这一表述,并
在目的上增加了为了公共服务目标。

②   参见崔建远:《行政合同族的边界及其确定依据》,载《环球法律评论》2017 年第 4 期,第
21—32 页。

行政管理方式,在世界各国的行政管理实践中广泛存在。然而,两大法系关于行政合同法律制度的体系构建却存在明显差异。英美法系国家没有公法、私法的区分,对凡是涉及政府一方为当事人签订的合同统称为"政府合同",适用合同法的一般规则,并由普通法院管辖。① 而以法、德为代表的大陆法系国家则秉持着公私法二元界分的传统,行政合同由公法调整,并由独立的行政法院管辖。

(一) 英美法系国家

英国和美国为典型的普通法系国家,并不区分公法与私法,仅具有以普通法为本位的政府合同,这种一元论的法律建制与其对于行政权之疑忌和对于司法权之笃信的历史背景不可分割。

1. 英国

英国对于政府合同的识别采用主体标准,且政府合同一般受与规范私人间合同同样的法律调整。然而,尽管合同是在普通法的背景下签订的,但是由于行政机关签订合同时所执行的任务涉及公共管理或规制的方式,具有"公法因素",②所以发展出了一些专门适用于政府合同的特殊法律规则。法定机关签订的合同要受到越权规则的限制,所以地方政府越权订立的合同是无效且不可强制执行的。③

2. 美国

美国《合同法重述》(第二版)第 313 条第(1)项认为政府合同为"与政府或政府的代理人缔结的合同",与英国一样,都是运用主体标准来识别政府合同的。但是在理论界,学者们对于政府合同的研究并不限于此,如斯特劳斯认为,在美国,为了推动政策的实施,政府合同中通常会加入一些特别的条款,如反对歧视、保守机密信息、确保工资公平等。④ 格瑞尼格则认为,政府合同中包括修改合同和政府单方终止合同的条款,其在商业合同中却

---

① 参见[英]威廉·韦德:《行政法》,徐炳等译,中国大百科全书出版社 1997 年版,第487—491 页。

② P.P.Craig, *Administrative Law*, Sweet & Maxwell, 1994, pp.567-568.

③ 参见[英]A.W.布拉德利、K.D.尤因:《宪法与行政法》(下册),刘刚、江菁等译,商务印书馆 2008 年版,第 849 页。

④ See Peter L.Strauss, *An Introduction to Administrative Justice in the United States*, Carolina Academic Press, 1989, p.285.

并不存在。①

(二) 大陆法系国家

大陆法系国家构建了区别于私法合同的行政合同法律体系,行政合同也被视为大陆法系国家所特有的法律概念。② 因此,有关行政合同概念的梳理主要围绕法国、德国、日本等大陆法系国家的认知而展开。

1. 法国

法国是行政合同理论的创始国,其行政合同的历史可以追溯至旧王政时期,③但是在法律上并没有确立行政合同的概念,而关于其识别标准却有如下两个:(1)法律规定标准。一种合同如果法律明确规定其为公法合同,则依其规定。如公共工程承包合同、公务特许合同、政府采购合同等明确规定为公法合同,这种法律的明确规定排除了法院对行政合同与私法合同的选择。因此,虽然从历史上来看,行政法院的判例对于行政合同的识别起了很大作用,但是目前更多的是通过法律明确界定何种合同属于行政合同。④ (2)司法判例标准。当法律没有明确规定合同属性时,由行政法院所确立的标准予以识别,其中最具开创性的是将当事人中必须有一方是行政主体作为识别行政合同的必备标准。⑤ 也就是说,"行政主体之间签订的合同原则上认定为行政合同"⑥;而对于行政主体与私主体之间签订合同的识别标准,行政法院确定了三个基本的条件。这三个条件可以相互替代,即只要满足其中一个条件即认定为行政合同。一是超越私法规则的合同;二是直接执行公务的合同;⑦三是合同本身所处的外部的规范环境,这个规范可能是法律,也可能是行政法规,这些规范明确规定了行政机关和相对人在该种类型合同之中的权利义务,通过这些

---

① See Jay E., Grenig, *Fundamentals of Government Contracting*(*2010−2011 Edition*), West Publishing Company, 2010, p.3.

② 参见蔺耀昌:《行政契约效力研究》,法律出版社 2010 年版,第 2 页。

③ 参见台湾行政法学会主编:《行政契约之法理——各国行政法学发展方向》,元照出版公司 2009 年版,第 213 页。

④ 参见奥利维耶·杜博斯(M.Olivier Dubos):《法国行政合同的类型》,中法行政合同国际研讨会,2016 年 9 月 8 日。

⑤ 参见施建辉:《行政契约缔结论》,法律出版社 2011 年版,第 4 页。

⑥ 奥利维耶·杜博斯(M.Olivier Dubos):《法国行政合同的类型》,中法行政合同国际研讨会,2016 年 9 月 8 日。

⑦ 参见王名扬:《法国行政法》,北京大学出版社 2016 年版,第 145—147 页。

规定法院可以识别合同的行政属性。①

2. 德国

根据德国《联邦行政程序法》第 54 条的规定②,行政合同"是指以行政法律关系为客体,设立、变更或者消灭行政法权利义务的合同"③。为了与基于"国库理论"而签订的私法合同相区别,德国学说与判例是通过行政合同的识别标准,即"契约标的理论"为主来进行的,即对于行政合同性质的判断应以系争合同的标的或内容为准。所谓的合同标的或内容是针对涉案个别合同的基础事实内容及合同所追求的目的而言,具体的识别标准如下:(1)合同的属性应通过合同进行客观判断,合同当事人的主观意思并不能作为判断的标准。而客观化的合同就是合同标的,至于合同主体双方是否皆为行政机关或私人,并不具有重要性。可见,德国通说与实务并未采取主体说。但是当合同的标的涉及中性或者无从辨别时,应以合同目的及契约整体特色加以判断。(2)若合同标的中至少含有一部分"公法上之义务"时,④纵使合同标的中含有私法部分的权利义务关系,依目前德国通说应统合认定为行政合同。(3)合同标的或内容涉及公法上法律关系。具体情形包括:为执行公法上的规范,如征收契约;合同包含有行政处分或其他高权措施的义务条款,如承诺为建筑许可;涉及人民公法上的权利义务,如建筑法上停车场兴建义务。凡是具有上述三种情形之一时,原则上都可认定为行政合同。

3. 日本

日本传统行政法受德国影响较大,但其实定法并没有关于行政合同的概念,通说认为,行政合同系"以公法上的效果发生为目的,使复数的对等当事人间相反的意思表示达到一致而成立的公法行为"⑤。日本现代行政法对上述概念持批评的态度,认为"仅以契约目的物的不同为理由,缺乏构成行政合

---

① 参见奥利维耶·杜博斯(M.Olivier Dubos):《法国行政合同的类型》,中法行政合同国际研讨会,2016 年 9 月 8 日。
② 参见《联邦行政程序法》第 54 条规定:"公法范畴的法律关系可以通过合同设立、变更或撤销(公法合同),但以法规无相反规定为限。行政机关尤其可以与拟作出行政行为的相对人,以签订公法合同代替行政行为作出。"
③ [德]哈特穆特·毛雷尔:《行政法学总论》,高家伟译,法律出版社 2000 年版,第 349 页。
④ 该部分不能为"无关紧要"(unwesentliche)的部分。
⑤ [日]田中二郎:《行政法总论》,有斐阁 1979 年版,第 249 页。

同独立概念的意义和实际利益"①。第二次世界大战之后,日本学者主张将主体标准也纳入行政合同概念,故认为将由行政厅(行政主体)为达成行政目的而缔结的合同统称为行政合同。②

二、学界关于行政合同的名称使用及其内涵界定③
(一)行政合同的相关名称使用

行政合同在我国一直是一个颇受争议的概念,仅从名称用语而言,就有"行政合同"、"行政契约"、"行政协议"、"行政机关合同"和"政府合同"几种。行政法学理论界一般采用"行政契约"或"行政合同",而实务界则偏爱使用"行政合同"概念。2004 年国务院出台的《全面推进依法行政实施纲要》明确使用"行政合同"的概念,其后一些地方的行政程序规定中沿用了此概念。当然,地方立法也有采用"行政机关合同"或者"政府合同"用语的个别情况,但几乎没有使用"行政契约"的实例。新《行政诉讼法》并没有采纳行政合同概念,"主要是考虑到《合同法》明确规定的'合同'未包括行政合同,为了避免不必要的争议,用了'协议'这个词。"④然而,这与学者之前将"行政协议"用于研究区域政府之间协议的习惯用语相"竞合",一定程度上加剧了行政合同话语体系的混乱。因此,我国目前关于行政合同、行政契约和行政协议这三个词语存在着一定程度的混用状况,需要加以明确,从而避免行政合同理论研究中出现的冲突现象,有利于形成统一、明晰的行政合同理论体系。

1. 行政合同和行政契约适宜作为同质概念予以使用

回溯到"合同"与"契约"概念的关系,许多国外学者认为契约是双方的法律行为,合同是共同行为。德文合同概念为 Vertrag,其前缀是"合在一起"的意思,可见相对的行为和共同的行为在合同的概念中并没有严格分开。⑤ 一

---

① 杨建顺:《日本行政法通论》,中国法制出版社 1998 年版,第 509—510 页。
② 参见[日]石井昇:《行政契约的理论和程序》,弘文堂 1987 年版,第 1 页。
③ 本部分中的多数内容本人已经发表于《法大研究生》。详见冯莉:《论行政协议的识别标准与类型》,载《法大研究生》2017 年第 2 辑,第 99—101 页。
④ 江必新、邵长茂:《最高人民法院关于适用〈中华人民共和国行政诉讼法〉若干问题的解释辅导读本》,中国法制出版社 2015 年版,第 105 页。
⑤ 参见王利明:《合同法研究》(第一卷),中国人民大学出版社 2011 年版,第 17 页。

般认为,将合同与契约分开并无实质意义。① 目前,不仅在日常生活中为了表达上的方便,常将合同与契约交替使用,而且民法学界更是将这两个词作为内涵和外延完全一致的概念予以研究。

在行政法学领域,除了我国台湾地区学者持不同观点外,大陆学者对于行政合同与行政契约为同质概念这一认识基本已经达成共识。如罗豪才教授、应松年教授和陈光中教授等均认为行政合同又称为行政契约,②余凌云教授也认为行政合同与行政契约为同一意义,仅仅是表述不同。③ 笔者认为,在目前学界观点基本一致的情况下,仍要对二者的含义进行探究与考证,其严谨治学的精神可获赞许,但其意义却值得商榷。

笔者认为,由于地方立法中多采行政合同概念,较少使用行政契约概念,故将行政契约作为单纯学术概念或者法学概念较为适宜,而行政合同则可以既为法学概念,又为法律概念与行政契约概念同质使用。正如在日本,行政契约的概念,并非是实定法上的,而完全是学术上的。④ 如果我国学者在此问题上能够逐渐形成共识,则不仅有利于理论界形成共同的话语概念和言语背景,而且可以更方便地与国外行政法学界进行沟通与交流。

2. 行政协议与行政合同之间的关系

虽然"协议"与"合同"基本作为同义语使用,但还是有些许差别。协议的内涵主要强调国家、政党或团体间的协商,带有政治约定的意味,并不十分着力于合同的对价。在行政法学领域,我国台湾地区的一些学者明确提出应当区分行政契约与行政协定,这里的行政协定为新《行政诉讼法》修法之前的"行政协议"。如黄异认为:"所谓行政协定,是指行政主体间或行政机关间就行政事项之处理,相互缔订之合意。"⑤在大陆,新《行政诉讼法》修改之前也有部分学者对行政协议进行了定义,如何渊认为:"行政协议是指两个或者两

---

① 参见周林彬:《比较合同法》,兰州大学出版社 1989 年版,第 80 页。
② 参见罗豪才:《行政法学(新编本)》,北京大学出版社 1996 年版,第 258 页;应松年:《行政行为法——中国行政法制建设的理论与实践》,人民出版社 1993 年版,第 583 页;陈光中:《中华法学大辞典·诉讼法学卷》,中国检察出版社 1995 年版,第 656 页。
③ 参见余凌云:《行政契约论》,中国人民大学出版社 2000 年版,第 40 页。
④ 参见杨建顺:《日本行政法通论》,中国法制出版社 1998 年版,第 509 页。
⑤ 黄异:《行政法总论》,三民书局 1996 年版,第 122 页。

个以上的行政主体或行政机关互相意思表示一致而达成协议的双方行为。"①
由此,我们可以看出,在新《行政诉讼法》出台之前,行政协议的内涵是为狭义
理解的,即被限缩为行政机关之间的协议。

新《行政诉讼法》第十二条的规定从法律上肯定了"政府特许经营协议和
土地房屋征收补偿等协议"作为行政协议的类型,具有划时代的积极意义。
于 2020 年 1 月 1 日起实施的《最高人民法院关于审理行政协议案件若干问题
的规定》(以下简称《审理规定》)进一步明确提出了行政协议这一表述,并对
其概念进行了明确的界定。由此可见,尽管"行政协议"这一概念的提出打破
了实务界自《湖南省行政程序规定》起所形成的相对稳定的行政合同话语体
系,也与《行政诉讼法》修法前对行政协议的狭义理解有所不同,但实定法的
规定等于确定了行政协议的内涵,所以其与笔者所使用的行政合同概念相
等同。

本书没有选择"行政协议"而是采用"行政合同"概念主要基于以下三点
考虑:一是新《行政诉讼法》实施之前,行政协议的内涵是为狭义理解的,采用
这一概念恐造成语义的竞合;二是为了与民事合同制度对比研究的方便;三是
地方行政程序规定普遍采用行政合同概念,采用这一概念进行研究也具有地
方立法上的依据。

(二) 学界关于行政合同的内涵界定

我国的行政合同概念从源头而言是一个"舶来品",为了使行政合同的理
论更好地与我国行政法学体系相融合,理论界为此作了大量不懈的努力。目
前,我国行政法学界普遍认同行政合同的存在,但是在其概念的表述上大相径
庭,存在一定程度的混乱。梳理我国理论界关于行政合同的概念,笔者发现,
学者对于行政合同概念的界定与其认可的行政合同识别标准紧密关联,换言
之,行政合同的识别标准确定下来,行政合同的概念便呼之欲出了。因此,笔
者将行政合同的内涵与识别标准一并梳理。具体而言,包括如下两项标准:一
是形式标准,即行政主体之间签订的合同是否属于行政合同的范围;二是实质
标准,即行政合同的识别标准是"主体兼目的说"还是"在目的标准之外,兼采
法律关系说或行政优益权说"。

---

① 何渊:《论行政协议》,载《行政法学研究》2006 年第 3 期,第 46 页。

1. 行政合同概念争议之形式标准梳理

将"行政合同的当事人一方须为行政主体",作为行政合同的识别标准,在我国的理论界得到了普遍认同。然而,对于行政主体之间签订的合同是否为行政合同却存在很大的分歧。一派观点认为,只有行政主体和相对人之间才能缔结行政合同。如刘莘教授认为:"行政主体之间的合同,可称作行政协议,不适用行政合同的理论和原则。原因是这种合同无法适用行政优益权原则,且不宜由法院主管。"[①]另一派观点则认为,行政合同既可以在行政主体之间缔结,也可以在行政主体与行政相对人之间缔结,如应松年教授和邢鸿飞教授认为,行政契约的实质是双方当事人的合意,只要这种合意存在于行政主体之间,行政契约即可成立,行政主体之间缔结行政契约应当不成问题。[②]

2. 行政合同概念争议之实质标准梳理

（1）目的标准

合同订立的目的,是区别行政合同与民事合同重要的实质标准。对于行政合同的识别标准,我国很多学者都持"主体兼目的说"。例如,邢鸿飞教授认为,行政契约是行政主体为实现特定的行政目标,依法与其他行政主体或行政相对人签订的,具有行政法上权利义务内容的协议。并提出四项识别标准:第一,行政契约的当事人必有一方是行政主体;第二,行政契约的目的是执行公务;第三,行政契约的内容是行政法上的权利和义务;第四,行政契约的适用规则超越了私法范畴。[③] 这一观点采纳了法国行政合同理论,对我国行政合同的法律制度构建产生了广泛影响,但是,却受到民法学界的质疑,如崔建远教授就曾对上述标准逐一批驳。[④] 然而,崔建远教授仅仅论证了不能固化行政合同的识别标准,并不能否认行政合同的存在。尽管多数学者都主张"目的说",但是在具体的目的标准方面,学者们对于是"为实现国家行政管

①　刘莘:《行政合同刍议》,载《中国法学》1995 年第 5 期,第 70 页。

②　参见邢鸿飞:《行政契约》,载应松年主编:《当代中国行政法》(下卷),中国方正出版社 2004 年版,第 989 页。

③　参见邢鸿飞:《行政契约》,载应松年主编:《当代中国行政法》(下卷),中国方正出版社 2004 年版,第 988—995 页。

④　参见崔建远:《行政合同之我见》,载《河南省政法管理干部学院学报》2004 年第 1 期,第 99—102 页。

理的某些目标",还是"实现社会公共利益"问题,尚存在着分歧。王克稳教授主张:"行政合同作为行政机关执行公务的一种手段,应当是以实现行政管理目标为直接目的。"①而邢鸿飞教授等则认为:"行政合同是行政主体为满足社会公共利益的需要,行使行政职权,与行政相对人签订的协议。"②但是,有些学者并不对两者进行区分,认为都是目的的表现方式,如杨解君教授提出:"行政合同是指行政主体为了实现行政目的或者为了公共利益目的,而与另一方当事人就行政上的权利义务互为意思表示并达成合意的法律行为。"③

(2)行政优益权标准

受到法国的影响,部分学者在目的标准之外,将行政优益权作为识别行政合同的标准。如应松年教授提出:"在合同权利义务的配置上,行政主体保留了某些特别权力,如监督甚至指挥合同的实际履行,单方面变更合同的内容,认定对方违法并予以制裁。"④

(3)目的标准兼采法律关系标准

还有一部分学者主张在目的标准之外,兼采法律关系标准。以姜明安教授为代表,提出行政合同具有以下特征:第一,行政合同是具有公法上法律效果的行政法律行为。行政合同与其他合同最重要的区别在于客体,而非主体。判断行政合同的实质标准应当是看其中是否存在公法因素,包括:合同的目的——旨在实现公共管理目标,合同的内容——创设、变更或者消灭行政法律关系。第二,是双方当事人协商一致的结果。第三,行政合同中有弱行政权力因素存在。姜明安教授的观点不仅着力与民事合同区别,而且试图与行政命令等单方行政行为相界分。余凌云教授也主张,以"法律关系论"角度为标准也涵盖了"行政目的论"所要表达的内容,又避免了"行政目的论"表述不全的缺陷。⑤

---

① 王克稳:《政府合同研究》,苏州大学出版社 2007 年版,第 30 页。
② 邢鸿飞、赵联宁:《行政合同在 BOT 项目中的运用及其法律保障》,载《河海大学学报》(哲学社会科学版)2001 年第 4 期,第 14 页。
③ 杨解君主编:《中国行政合同的理论与实践探索》,法律出版社 2009 年版,第 3 页。
④ 应松年:《行政合同不容忽视》,载《法制日报》1997 年 6 月 9 日。
⑤ 参见余凌云:《行政契约论》,中国人民大学出版社 2006 年版,第 29 页。

三、立法中的行政合同概念及其内涵界定①

截至 2019 年 3 月 1 日,笔者利用北大法宝分别输入"合同"、"协议"、"契约"、"行政合同"、"行政协议"、"行政程序"、"行政机关合同"、"政府合同"等先行检索,后以百度进行补充,共查找到 33 部法律、15 部地方行政程序规定、32 部行政机关合同管理规定②以及 34 部政府合同管理办法。③ 在法律层面,只有新《行政诉讼法》将"行政协议"纳入司法审查范围中,但是并没有给出明确的定义,其他法律主要针对的是特定领域的行政合同。

我国对于行政合同的专门立法是地方先行,存在两条路径:一条路径是地方行政程序立法中关于行政合同的专章(专节)规定(除《浙江省行政程序办法》中仅有第八十条和第八十一条对行政合同进行了规定外);另一条路径是地方的行政机关合同管理办法和政府合同管理规定,笔者将分别进行梳理。

(一) 行政协议

2015 年新《行政诉讼法》采用"行政协议"这一概念,使得"行政协议"成为了法律概念,实际上"这里的行政协议也就是行政合同,没有采用行政合同的原因主要是为了避免争议"④。但是新《行政诉讼法》仅仅提出行政协议,并没有给出具体的概念,2015 年的《适用解释》第十一条第一款首次对行政协议的概念进行了界定,⑤,2020 年《审理规定》第一条在《适用解释》的基础上进行了修正,⑥主要确定了四个识别标准:(1)主体要素,要求行政机关必须为一方当事人,另一方则为公民、法人和其他组织。这里的行政机关是否包括法

---

① 本部分中的内容本人已经发表于《法大研究生》。详见冯莉:《论行政协议的识别标准与类型》,载《法大研究生》2017 年第 2 辑,第 101—106 页。

② 例如:《汕头市行政机关合同管理规定》、《咸宁市行政机关合同管理办法》、《北京市西城区行政机关合同管理办法》。

③ 例如:《珠海市政府合同管理办法》、《广州市政府合同管理规定》、《荆州市政府合同审查办法》。

④ 江必新、邵长茂:《最高人民法院关于适用〈中华人民共和国行政诉讼法〉若干问题的解释辅导读本》,中国法制出版社 2015 年版,第 105 页。

⑤ 《适用解释》第十一条第一款规定的行政协议的定义为:"行政机关为实现公共利益或者行政管理目标,在法定职责范围内,与公民、法人或者其他组织协商订立的具有行政法上权利义务内容的协议。"

⑥ 《审理规定》第一条规定:"行政机关为了实现行政管理或者公共服务目标,与公民、法人或者其他组织协商订立的具有行政法上权利义务内容的协议,属于行政诉讼法第十二条第一款第十一项规定的行政协议。"

律、法规、规章授权的组织？笔者认为，根据《行政诉讼法》第二条第二款关于行政行为的规定来看①，是应当包括的。（2）目的要素，《适用解释》规定目的是"为实现公共利益或者行政管理目标"，《审理规定》修正成"为了实现行政管理或者公共服务目标"。（3）意思表示要素，要求行政机关与相对人协商一致。这一标准是契约自由及合同合意性的体现，是合同所应具备的基本要素，却并非是识别行政合同的特殊标准。（4）内容要素，要求行政协议要"具有行政法上权利义务内容"。这一标准的确立主要采纳了德国的"法律关系说"，确实能够体现行政合同的实质内涵，然而，这一标准在司法实践中操作相对比较困难，尚需要进一步予以细化。值得一提的是，2015年的《适用解释》中还规定了职责要素，即要求在"法定职权范围内"，这一表述是值得商榷的，因为据此可以得出这样的判断，即：行政机关在法定职责范围内签订的具有行政法上权利义务内容的协议为行政协议，而行政机关超越法定权限签订的具有行政法上权利义务内容的协议则不是行政协议。众所周知，行政协议属于行政行为的一种，以行政行为类推之，行政机关在法定职权范围内的行为是行政行为，超越法定权限的行为便不是行政行为。显而易见，这一判断是不能成立的。或许是因为这个原因，2020年的《审理规定》删除了职责的规定。不过，综合以上梳理可以看出，《审理规定》关于行政协议概念所引申出的识别标准还是比较笼统，实际操作性并不强，可能会给司法审查带来一定的问题。

（二）行政合同

在立法层面，行政合同这一概念主要存在于地方行政程序规定之中，而地方行政程序规定对于行政合同的内涵基本达成共识，并无本质差别，采用的都是狭义的行政合同概念，并不包含行政机关之间签订的协议。除了《凉山州行政程序规定》中明确签订主体可以是行政机关授权机构外，基本都采用"主体标准说"与"目的标准说"的混合形态。在"主体标准"的认定上都将行政机关之间签订的协议排除在外；在"目的标准"认定上地方行政程序规定的表述有着些许差异，第一种表述是为了实现公共利益，第二种是为了实现行政管理

---

① 新《行政诉讼法》第二条规定："公民、法人或者其他组织认为行政机关和行政机关工作人员的行政行为侵犯其合法权益，有权依照本法向人民法院提起诉讼。前款所称行政行为，包括法律、法规、规章授权的组织作出的行政行为。"

目的,而第三种则是两者兼而有之。但笔者认为,从本质上来说,行政管理所追求的价值取向也是实现社会公共利益,实现社会公共利益实际上也是实现行政管理目的的应有之义。笔者梳理了地方行政程序规定中关于行政合同概念界定上的表述差异(详见表1-1)。

表1-1　地方行政程序规定对行政合同概念的界定

序号	概念表述	采用此概念的文件数量	采用此概念的文件名称
1	行政合同是指行政机关或者其授权机构为了实现公共利益的目的,与公民、法人或者其他组织之间,经双方意思表示一致所达成的协议。	1 部	《凉山州行政程序规定》。
2	行政合同是指行政机关为了实现行政管理目的,与公民、法人或者其他组织之间,经双方意思表示一致所达成的协议。	9 部	《湖南省行政程序规定》、《汕头市行政程序规定》、《西安市行政程序规定》、《海北藏族自治州行政程序规定》、《邢台市行政程序规定》、《兴安盟行政公署关于印发〈兴安盟行政程序规定(试行)〉的通知》、《白山市人民政府关于印发白山市行政程序规则的通知》、《永平县行政程序暂行办法》、《宁夏回族自治区行政程序规定》。
3	行政合同是指行政机关为了维护公共利益,实现行政管理目的,与公民、法人或者其他组织之间,经双方意思表示一致达成的协议。	5 部	《浙江省行政程序办法》、《江苏省行政程序规定》、《兰州市行政程序规定》、《海口市行政程序规定》、《山东省行政程序规定》。

（三）行政机关合同和政府合同

除地方行政程序规定中有关于行政合同的规定外,很多地方还制定了专门的行政合同立法和行政规范性文件,在这些专门行政合同规定中一般使用"行政机关合同"和"政府合同"的概念。行政机关合同并不是一个独立的概念,而是行政机关签订的合同的简称,但是在地方立法中却直接采用了这一概念,其与政府合同的表述虽然不同,但都侧重规定行政机关对合同的审查与监督管理,并没有对行政合同具体制度进行设计和规定,具有高度的相似性,因此归为同一路径,一并梳理。

笔者对 66 部地方相关规定进行了梳理,15 部没有规定,其余 51 部规定主要有以下九种定义(详见表 1-2)。

表 1-2　地方行政机关合同和政府合同的概念界定

序号	概念表述	采用此概念的文件数量	采用此概念的文件名称
1	政府及其工作部门以及政府授权或委托的组织,在履行职责、提供公共服务或从事民商事法律行为时,与公民、法人或其他组织之间,经谈判、协商一致,所订立的合同、协议及其他合意性法律文书。	14 部	《北京市西城区人民政府关于印发北京市西城区行政机关合同管理办法的通知》、《漯河市人民政府关于印发漯河市行政机关合同管理办法的通知》、《郑州市人民政府关于印发郑州市行政机关合同管理办法的通知》、《大连市人民政府关于印发大连市行政机关合同管理办法的通知》、《汕头市行政机关合同管理规定》、《咸宁市行政机关合同管理办法》、《金华市人民政府办公室关于加强市本级行政机关合同管理工作的实施意见》、《洛阳市人民政府办公室关于印发洛阳市政府合同监督管理办法的通知》、《洛阳市卫生局关于加强卫生系统政府合同监督管理工作的通知》、《深圳市人民政府关于印发深圳市政府合同管理规定的通知》、《舟山市人民政府关于进一步加强政府合同监督管理工作的通知》、《上海市杨浦区人民政府关于印发〈上海市杨浦区人民政府合同管理办法(试行)〉的通知》、《安阳市人民政府关于加强政府合同监督管理工作的通知》、《芷江侗族自治县人民政府办公室关于加强政府合同监督管理工作的通知》。
2	本级行政机关在行政管理、公共服务以及民事经济活动中,作为一方当事人所订立的(涉及国有资产、财政资金使用和自然资源、公共资源利用的)合同。	12 部	《南京市人民政府关于印发南京市行政机关合同管理办法的通知》、《南京市卫生局关于印发〈南京市卫生局行政机关合同管理办法(试行)〉的通知》、《宁波国家高新区管委会办公室关于印发高新区行政机关合同管理办法的通知》、《宁波市人民政府办公厅关于印发宁波市行政机关合同管理办法的通知》、《绍兴市人民政府办公室关于印发绍兴市规范行政机关合同管理工作实施办法的通知》、《湖州市人民政府关于印发湖州市本级行政机关合同管理工作实施细则》、《广州市政府合同管理规定》、《新晃侗族自治县人民政府关于印发〈新晃侗族自治县政府合同管理细则〉的通知》、《三明市人民政府关于印发三明市政府合同管理办法的通知》、《广州市卫生局关于印发〈广州市卫生局政府合同管理规定(试行)〉的通知》、《濮阳市人民政府关于印发濮阳市政府合同管理办法(试行)的通知》、《永州市人民政府关于印发〈永州市合同管理办法〉的通知》。

续表

序号	概念表述	采用此概念的文件数量	采用此概念的文件名称
3	市人民政府、市政府部门及其管理的行政机构、事业单位作为一方当事人所订立的涉及财政资金、国有资产使用和自然资源、公共资源利用、购买公共服务、发展合作、特许经营管理协议、意向书、备忘录、承诺书等契约性法律文件。	9部	《株洲市人民政府办公室关于印发〈株洲市政府合同审查管理办法〉的通知》、《邵阳市人民政府办公室关于印发〈邵阳市政府合同管理办法〉的通知》、《麻阳苗族自治县人民政府关于印发〈麻阳苗族自治县政府合同管理试行办法〉的通知》、《荆门市政府合同管理暂行办法》、《中卫市人民政府关于印发中卫市政府合同审查管理办法的通知》、《商洛市人民政府关于印发商洛市政府合同管理办法的通知》、《长沙市人民政府办公厅关于印发〈长沙市政府合同审查与管理办法〉的通知》、《张家界市人民政府关于印发〈张家界市政府合同管理办法（试行）〉的通知》、《湘潭市人民政府办公室关于印发〈湘潭市政府合同管理办法（试行）〉的通知》。
4	市政府及其工作部门及法律法规授权组织在行政管理、公共服务和经济活动中，作为一方当事人所签署的合同、协议、承诺书以及涉及双方权利义务关系的意向书、备忘录等法律文件。	8部	《珠海市政府合同管理办法》、《合肥市人民政府办公厅关于印发合肥市政府合同管理暂行办法的通知》、《益阳市人民政府关于印发〈益阳市政府合同管理规定〉的通知》、《玉溪市人民政府办公室关于印发〈玉溪市政府法律顾问管理办法〉、〈玉溪市政府合同审查办法〉、〈玉溪市政府法律顾问考核办法〉等三个办法的通知》、《惠州市人民政府关于印发〈惠州市政府合同管理规定〉的通知》、《眉山市人民政府办公室关于印发眉山市政府合同管理办法的通知》、《海口市人民政府关于印发海口市政府合同管理暂行办法的通知》、《贵港市人民政府办公室关于印发贵港市政府合同管理办法的通知》。
5	通过谈判（协商）达成协议而签订的合同。	3部	《淮安市人民政府关于印发淮安市行政机关合同管理办法的通知》、《嘉兴市人民政府办公室关于规范行政机关合同管理工作的通知》、《辽宁省人民政府办公厅转发省政府法制办关于进一步规范行政机关签订合同工作意见的通知》。
6	行政机关为实现行政管理目的或者经济目的与自然人、法人和其他组织之间设立、变更、终止权利义务关系的协议。	2部	《衢州市人民政府办公室关于印发衢州市行政机关合同管理办法的通知》、《益阳市人民政府关于印发〈益阳市政府行政合同和民商事合同管理的规定〉的通知》。

序号	概念表述	采用此概念的文件数量	采用此概念的文件名称
7	行政机关与公民、法人等民事主体,按照平等、自愿原则,设立、变更、终止民事权利义务关系的协议。(含承诺书、确认书及对合同的批复等)	1部	《湘潭市人民政府办公室关于加强行政机关合同管理的意见》。
8	各级行政机关签订的公务合同、民商合同、行政合同、招商引资协议、合作开发协议等。	1部	《周口市人民政府关于印发周口市行政机关合同签订管理办法的通知》。
9	市政府或其派出机构、工作部门在行政管理、公共服务以及民事经济活动中,作为一方当事人所订立的民事、行政、招商引资等合同。	1部	《北海市人民政府办公室关于印发北海市政府合同管理规定(试行)的通知》。

通过梳理可以看出,我国的地方立法无论是行政机关合同还是政府合同采取的是典型的形式标准——"主体标准说",即是以行政机关一方作为当事人签订的,故地方行政机关合同管理办法和政府合同管理规定对于行政机关合同和政府合同的概念采用了最为广义的界定,包括行政机关作为一方主体签订的行政合同和民事合同。其立法的目的是为了便于对以行政机关为一方当事人所签订的全部合同进行管理与监督,但因为该种地方立法并不区分行政合同与民事合同,因此无法从中得出行政合同的识别标准,也不能据此得出行政合同的概念。

综合上述梳理,可以发现无论是理论界还是立法层面,如果想要识别行政合同,并得出行政合同的定义需要综合考察形式标准和实质标准两个维度。从形式标准来说系行政机关与公民、法人和其他组织之间订立的;从实质标准而言则多采用单一标准,目的标准、法律关系标准或行政优益权标准。这种形式标准加上相对单一的实质标准模式尚不能清晰明确地识别行政合同,也是造成目前我国司法实践中认定不统一的重要原因。因此,还需要我们进一步完善行政合同的识别标准,进而确定行政合同的内涵。

四、本书对行政合同概念与内涵的界定①

如前所述,若要确定行政合同概念,首先需要对其识别标准予以明确,由于目前我国行政合同的识别标准尚不明晰,故笔者先确定识别标准,接下来便能水到渠成地得出行政合同的概念。

(一) 我国行政合同识别标准的确定

有学者认为:"若将法国的'公务理论'与德国的'法律关系'学说结合起来,从是否'直接执行公务'和是否'设立、变更和终止公法上的法律关系'两方面综合考虑,并以此为实际标准界定行政合同,似乎更适合中国的法制现状。"②虽然该观点对于行政合同识别标准的确定未必全面,但其中"综合考虑"的视角值得推崇。如何识别行政合同确实是一项系统工程,单一标准往往挂一漏万,不可避免存在不周延的情形,因此需要我们予以综合判断。

1. 直接认定——法律的直接规定

通说认为,合同性质的认定取决于订立合同时所依据的法律,如果依据公法则该合同为行政合同。如前述法国的识别标准,由于此种识别标准清晰明了,排除了法院对于行政合同与私法合同的选择,已经成为目前法国重要的行政合同识别标准之一。另外德国实务界也有相关认定标准,"契约合致之权利与义务,若有法规之依据,则视该法规本身之公、私法性质即可辨识该契约究属公法或私法契约。"③在我国,《行政诉讼法》只明确列举两种行政协议类型,因此,该标准可以作为区分行政合同与民事合同的辅助标准。随着行政法制的不断发展,如果未来"行政程序法"中明确列举更多的行政合同类型,那

---

① 本部分中的内容已经发表于《法大研究生》。详见冯莉:《论行政协议的识别标准与类型》,载《法大研究生》2017 年第 2 辑,第 107—110 页。

② 邢鸿飞:《行政契约》,载应松年主编:《当代中国行政法》(下卷),中国方正出版社 2004 年版,第 994 页。

③ 廖宏明:《行政契约之研究》,台湾司法部门 1995 年版,第 57 页。

么这些合同无疑都应当认定为行政合同。

2.必备标准——以一方当事人为行政机关

行政合同的一方当事人必须为行政机关,这是判断行政合同的前提和必备条件。德国等国家(地区)存在私人主体之间订立行政契约的特殊情况,在我国这种例外情况亦有可能会发生,如根据宏观调控或者国防建设的需要,国内重要生产资料需要遵循国家的订货管理规定,可能都以企业面貌出现的供需双方得依国家订货计划签订订货合同,因为这种合同缔结的权限直接来源于法律,合同的内容适用特别的公法规范,所以其当然应当属于行政协议。此外,行政机关还可以以私人主体的身份成为民事合同的当事人,比如租赁办公场所或购买集中采购目录以外的或者采购限额标准以下的办公用品。综上,当事人一方须为行政主体是识别行政合同的必备但并非充分条件。在这一点上,我国的理论界与实务界的认识基本一致。如在"嵩明县人民政府嵩阳街道办事处与云南普杰投资有限公司合同纠纷案"中,最高人民法院认为,"行政主体对外签订的合同并非必然是行政合同"①,还要具备其他条件方能予以认定。

如前所述,将"行政合同的当事人一方须为行政主体",作为行政合同的识别标准,在我国的理论界得到了普遍认同。然而,对于行政主体之间签订的合同是否为行政合同却一直存有异议。笔者赞同否定论,同时认为虽然行政主体之间也存在合意,但是由于行政主体之间的协作多涉及内部行政法律关系,其具体的制度设置亦与行政主体与相对人的行政合同差别甚大,如果将其纳入行政合同之中,恐造成行政合同内部规定缺乏自洽性,故应对行政合同进行狭义之界定,我国 2020 年《审理规定》及地方行政程序规定亦是此种理论界定之回应。

3.核心标准——发生、变更或消灭行政法律关系

德国是以法律关系说来界定行政契约的,因为合同的属性应由合同客观进行判断,合同当事人的主观意思并不能作为判断标准,而客观化的合同就是合同的标的。即要判断某合同属于行政契约还是民事合同,应依据系争合同所涉法律关系进行确定。此种学说能够比较清晰地说明行政契约与民事合同

①　参见最高人民法院(2015)民申字第 3591 号民事裁定书。

的根本区别,而且亦能够解释对行政契约单独进行规范的必要性。因此,识别行政合同的核心标准适宜确定为"发生、变更或消灭行政法律关系"。正如余凌云教授所指出的:"以法律关系论角度为标准也涵盖了行政目的论所要表达的内容,又避免了行政目的论表述不全的缺陷。"①在我国司法实践中,多将"法律关系说"与"目的说"结合起来作为识别行政合同的标准。例如,在"乐山市市中区玉秀石英砂厂诉乐山市国土资源局行政协议撤销案"中,法院认为:"《乐山市采矿权出让合同书》系国土部门为实现采矿权出让管理目标的需要而与原告所签订的具有行政法上权利义务内容的合意性协议,符合行政协议的构成要件,属于行政法律关系所调整的行政协议范畴。"②

4. 核心标准的辅助判断依据——行政机关享有行政优益权

由于核心标准"发生、变更或消灭行政法律关系"相对比较抽象,不仅非法律人判断何者属于行政合同,何者属于民事合同非常困难,纵使法律人亦不易判断哪些属于"行政法律关系"。所以,应当对这一标准予以细化,除了法律明确规定属于行政法律关系外,可以将行政机关具有行政优益权作为其重要判断依据。一般认为,行政优益权包括对合同相对人的选择权、对合同履行的指导权和监督权、单方变更或解除合同的权利、制裁权和强制执行权等。我国部分学者在目的标准之外,亦将行政优益权作为识别行政合同的标准。③司法实践当中也有将其与其他标准共同作为判断行政合同的标准,例如在"詹遂田诉遂昌县国土资源局不履行补偿安置职责案"中,法院认为,涉案征迁补偿安置协议书签订主体为行政机关,协议的目的为实现公共利益,被告负有协议履行之监督权等行政优益权,双方建立的是行政法上的权利义务关系,故该协议书属于行政协议。④ 但是,由于行政优益权会对合同的合意性造成一定的损害,因此余凌云教授提出:"行政优益权只是行政契约作为实现行政目的的行政手段所派生出的内容,不能反过来以此为识别行政契约的标准。"⑤如果深入分析行政合同的相关理论会发现确实如此,但是并不影响行

---

① 余凌云:《行政契约论》,中国人民大学出版社 2006 年版,第 29 页。
② 四川省峨眉山市人民法院(2015)峨眉行初字第 66 号行政判决书。
③ 如应松年教授提出:"在合同权利义务的配置上,行政主体保留了某些特别权力,如监督甚至指挥合同的实际履行,单方面变更合同的内容,认定对方违法并予以制裁。"
④ 参见浙江省丽水市松阳县人民法院(2015)丽松行初字第 18 号行政判决书。
⑤ 余凌云:《行政契约论》,中国人民大学出版社 2006 年版,第 24 页。

政优益权作为识别行政合同的一种辅助标准,尤其是可以将其作为判断行政法律关系的重要依据。当然,需要注意的是,行政机关具有行政优益权的合同一定为行政合同,但不具有行政优益权的合同并不能据此否定其行政合同的属性。

5. 辅助标准——合同目的

合同订立的目的,是区别行政合同与民事合同重要的实质标准。"行政合同作为行政机关执行公务的一种手段,应当是以实现行政管理目标为直接目的。"①需要注意的是,目的说并不能成为识别行政合同的核心标准,因为其并不能揭示出行政合同与民事合同的本质区别,仅可以作为辅助的判断标准。我国司法实践中存在运用"目的说"作为识别行政合同标准的例子,例如,江西省彭泽县公路运输管理所与彭泽县物资平安汽车运输有限公司联营合同纠纷一案,一审法院认为:"行政机关或法律法规授权的组织订立行政合同的直接目的是为了履行行政职能,当事人的法律地位并不平等,这是行政合同区别于民事合同的主要特点。"②

此外,我国学者对于行政合同的目的究竟是为了公共利益还是行政管理目标这一问题,尚存在分歧。有学者认为,公共利益的范畴远比行政管理目标宽泛,如果以公共利益为目的作为标准,恐怕会涵盖所有行政主体作为一方当事人的合同。③ 这种观点表面看来很有说服力,但仔细思考后发现确实值得商榷。第一,无论是行政管理目标还是社会公共利益都属于不确定概念,其内涵与外延并不清晰明了,对他们进行区分实属不易。第二,在实现行政目标任务的同时也是为了社会公共利益的目标,行政管理所追求的价值取向就是实现社会公共利益,实现社会公共利益实际上也是实现行政管理目的的应有之义,二者并无明确区分的必要。第三,"目的说"并非识别行政合同的唯一标准,其仅具有辅助核心标准进行判断的作用,即只有核心标准判断困难时,可以以目的标准辅助判断之。因此即便出现上述公共利益过于宽泛的情形,也可以通过"法律关系"或"行政优益权"标准予以排除。综上,"实现行政管理目标"和"实现社会公共利益"仅仅是表述不同而已,均可以作为缔结合同的

---

① 王克稳:《政府合同研究》,苏州大学出版社 2007 年版,第 30 页。

② 江西省高级人民法院(2003)赣民一终字第 72 号民事判决书。

③ 参见周汉华主编:《行政法学的新发展》,中国社会科学出版社 2013 年版,第 226 页。

行政机关的意思表示,进而作为判断合同性质的依据。相较于实现公共利益这一宽泛且不确定的目标,公共服务更加具象化,所以,2020 年的《审理规定》删掉了公共利益这一目的,增加了公共服务这一目标。

综上所述,要厘清行政合同的识别标准,首先考察是否有法律依据,如果一个合同是直接依据行政法缔结的,那么则可以认定其为行政合同。在没有法律明确规定时,要设置必备标准与核心标准,并辅之以目的标准。必备标准为合同一方当事人是行政机关,核心标准为产生、变更或消灭行政法律关系,而对这一核心标准的重要判断依据为行政机关具有行政优益权,当对核心标准的判断不明晰或者合同内容的约定过于中性,不容易区分其为公法或私法性质时,可以以实现行政管理目的或为了公共服务而履行法定职责进行辅助判断。最高人民法院关于永佳公司诉大英县政府、回马镇政府不履行行政协议纠纷案中所提出的行政合同识别标准,亦是对此种综合标准的印证。①

（二）本书对行政合同概念的界定

根据以上论证,行政合同概念的界定,笔者采"主体说"、"法律关系说"与"目的说"三者的结合。主体方面,行政合同系行政主体与公民、法人和其他组织之间签订的;法律关系方面,为发生、变更或消灭行政法律关系;目的方面,是为了实现行政管理目标和公共服务。

综合以上分析,笔者认为,行政合同是行政机关为实现行政管理或者公共服务目标,与公民、法人或者其他组织订立的,能够发生、变更或消灭行政法律关系的合意。

（三）我国台湾地区对行政合同概念的界定

根据我国台湾地区行政程序规定第 135 条的规定,我国台湾地区的理论界认为,行政契约是"以行政法上之法律关系为契约标的(内容),而发生、变

---

① 最高人民法院认为,识别行政合同与民事合同的标准有形式标准和实质标准。形式标准为发生在行政主体与公民、法人和其他组织之间;实质标准为行政合同的标的及内容,即行政法上的权利义务,如果标的及内容无法判断时,还可以结合"实现公共利益或者行政管理目标"这一目的要素进行判断。从所起的作用看,是否行使行政职权、履行行政职责为本质要素,只要符合该要素,所涉协议即为行政协议,而实现公共利益或者行政管理目标及行政机关的优益权这两个要素为判断是否行使行政职权的辅助要素。参见最高人民法院(2017)最高法行申195 号。

更或消灭行政法上权利义务的合意。"①行政法院在司法实践中形成了行政契约的识别标准。98 年 7 月 23 日 98 年度裁字第 1852 号裁定中运用以下具体识别标准:"(1)协议之一方为行政机关;(2)协议之内容系行政机关之一方负有作成行政处分或高权的事实行为之义务;(3)执行法规规定原本应作成行政处分,而以协议代替;(4)涉及人民公法上权利义务关系;(5)约定事项中具有显然偏袒行政机关一方之条款者。上述 5 个因素中,第 1 项必须具备,其余第 2 项至第 5 项中只要具有其中一项就可为判别行政契约之依据。"②接下来在 101 年 8 月 9 日 101 年度判字第 716 号判决中进一步发展为,"因给付内容属于'中性',无法根据前五项判断契约之属性时,则应就契约整体目的及给付目的为断。"也就是判断是否为行政契约,应以契约目的是否系行政机关基于公益履行其法定职务以及契约内容是否涉及人民公法上权利义务等综合判断之。③ 多数学者的观点与行政法院相似。如林明锵教授认为,我国台湾地区学界"目前关于行政契约与私法契约的区别,通说采取契约标的说与契约目的说之混合说,虽然教科书上有众多不同学说的主张,例如法律基础说、法律效力与内容说等不同用语,其实都同样建立在契约标的的理论上"④。

第二节　新《行政诉讼法》背景下行政合同性质之争

新《行政诉讼法》出台前,学界争议的焦点为行政合同这一概念的真伪,多年前梁慧星教授就曾指出:"目前在我国,不仅民法学界普遍否认行政合同的存在,行政法学界也有部分学者对行政合同持否定态度,认为行政合同概念本身是矛盾的。"⑤反对的理由概括起来主要包括:行政合同的合法性问题、行

---

①　林明锵:《行政契约法研究》,翰芦图书出版有限公司 2006 年版,第 5—6 页。
②　《行政程序法裁判要旨汇编(六)》,三民书局 2010 年版,第 544—545 页。
③　参见《行政程序法裁判要旨汇编(九)》,三民书局 2014 年版,第 523—524 页。
④　林明锵:《行政契约法研究》,翰芦图书出版有限公司 2006 年版,第 7 页。
⑤　梁慧星:《合同法讲座》,http://www.docin.com/p-797148935.html? docfrom = rrela,最后访问时间:2017 年 5 月 10 日。

政合同的合意性问题以及合同的公法可得性问题。① 随着新《行政诉讼法》确立了行政协议的合法性地位,我国理论界对于行政合同的适法性已经基本达成共识,转而探讨具体而微的前言问题。典型表现为在 2016 年 9 月 4 日梁慧星教授在湖南大学开讲《〈中华人民共和国民法总则(草案)〉权威解读》时提出:"关于行政合同,合同法制定的过程当中,哪些是行政合同? 哪些是民事合同? 有没有行政合同? 法工委当年也邀请过外国的学者(欧洲、美国)来开过征求意见的会议。现在看来,经过几十年,行政合同还是存在,这是第一点。第二点,行政合同和民事合同的区别在于行政合同一定至少有一方是行政法上的公权主体,行政法上的主体有行政管理权。第三,它的目的是实现公法上的目的。与民法在平等主体之间设定的民事权利义务是不一样的。所以说首先承认它是存在的,具体它有哪些类型呢? 这就很难说,需要进一步研究。"综合各家之言,理论界对于行政合同的争议主要有以下三个方面:行政合同与依法行政的关系、行政合同与民事合同的界分和行政合同的法律适用。将这三个问题从理论上予以解决,是证成行政合同的合理性的核心与关键。

一、新《行政诉讼法》出台后理论界对行政合同的反驳与质疑

(一) 行政合同与依法行政的关系问题

行政合同与依法行政的关系问题本质上是"如何调和依法行政在本质上所包括的羁束性与合同概念中所具有的自由性,使行政合同既受依法行政原则支配,亦保有契约自由之本质"②。正如毛雷尔所言:"行政合同的主要问题是其与依法行政原则的关系问题,行政的法网编织得越严密,所留下的真正的合同空间就越小。"③

依法行政原则是统帅行政法的基本原则,包括法律优位原则和法律保留原则。法律优位原则要求行政合同中的契约自由不得与法律相抵触,这一点理论界并无异议,而且也为多国(地区)的立法所承认。争议的焦点主要在于法律保留原则,即"法无授权不可为",崔建远教授认为,"中国的现行法律并

---

① 参见胡宝岭:《行政合同争议司法审查研究》,中国政法大学出版社 2015 年版,第 9 页。
② 黄明绢:《公法契约之研究》,台湾政治大学法律研究所硕士学位论文,1983 年。转引自廖宏明:《行政契约之研究》,台湾司法部门 1995 年版,第 72 页。
③ [德]哈特穆特·毛雷尔:《行政法学总论》,高家伟译,法律出版社 2000 年版,第 362 页。

未将政府招商引资合同、政府采购合同、国有建设用地使用权出让合同等规定为行政合同",根据"法无授权不可为"原则,行政机关无权全面干预此类合同,从而限制行政机关行使行政优益权。此外,由于在中国行政权历来强势,将上述合同界定为民事合同可以弱化行政权对合同及其履行的干涉,能够实现"把权力关进制度的笼子里"的思想。①

(二)行政合同与民事合同的界分问题

行政合同与民事合同的界分实际在理论上就表现为行政合同的识别标准,前文已经对此问题进行了梳理,由于行政法学者大都认可行政合同,对于其与民事合同的区分虽然各有标准,但对于行政合同的种类认定一般都持开放的态度。② 新《行政诉讼法》生效后,民法学者虽然转变态度,承认行政合同的存在,但都认为应当限缩行政合同的类型,其中以崔建远教授的观点最具有代表性。他认为,应当采用"近因理论"及合同的主要方面、主要矛盾来确定其归属法域。所谓"近因"理论是看合同与实现公共利益或行政管理职能的因果链条关系,"不宜将较为遥远的因果链条及其承载的属性、价值、功能等因素吸纳进来,而是要选取最接近合同的因果链条,并根据其所蕴含、体现的属性作为认定该合同的法律性质、类型归属。如果最接近合同的因果链条所蕴含、体现的是市场规律,而且该合同项下的权利义务呈现的是对等性,而非隶属和服从,那么,就将该合同认定为民商合同,而非行政合同"。此外,要区分行政合同与民事合同,除了依靠"近因"理论外,还要"根据有关主要方面和

---

① 参见崔建远:《行政合同族的边界及其确定依据》,载《环球法律评论》2017年第4期,第30—31页。

② 早在行政法学会研究会1997年年会论文中,有学者就对我国实践中出现的行政合同种类进行了归纳,包括国有企业承包合同、国有小型工业企业租赁合同、国有土地有偿转让合同、粮食征购合同、政府部门人事聘用合同、行政事务委托合同、计划生育合同、公共工程特许合同、公共工程捐助合同、公共工程承包合同、科研合同、公用征收合同、房屋拆迁移民安置及补偿合同、国家计划合同、安全保卫责任制合同、消防合同、承诺制合同、国土绿化合同、供电合同,等等。转引自姜明安主编:《行政法与行政诉讼法》,法律出版社2003年版,第212页。另外,江必新教授也认为,行政协议除了《行政诉讼法》明确规定的政府特许经营协议、土地房屋征收补偿协议外,还应包括国有自然资源出让协议、公共工程承办合同、PPP协议、特定类型的政府采购合同、以公共财政资金为支撑的教学科研协议、国有资产承包经营出售或者出租合同、政策信贷、行政机关委托的科研咨询、计划生育合同、治安担保协议、水土流失治理合同等。参见江必新、邵长茂:《最高人民法院关于适用〈中华人民共和国行政诉讼法〉若干问题的解释辅导读本》,中国法制出版社2015年版,第106—109页。

次要方面、主要矛盾与次要矛盾的哲学思想及思维方法,才有可能周延地定性和定位某合同究竟是行政合同还是民商合同"。由此,崔教授得出结论,应当将"政府招商引资合同、政府采购合同、国有建设用地使用权出让合同、探矿权转让合同、农村土地承包合同、国有企业租赁承包经营合同、经济协作合同、科技协作合同等合同确定为民商合同"①。这种观点不仅与法国法上的"直接执行公务说"殊途同归,而且亦体现了哲学的思想,乍一看起来很有道理,不禁引发我们的思考:是否要限缩行政合同的边界呢?

（三）行政合同的法律适用问题

新《行政诉讼法》对行政协议的法律适用规则并未作出规定,《审理规定》第十二条第二款和第二十七条第二款分别规定了人民法院确认行政协议无效时可以适用民事法律规范以及审理行政协议案件时可以参照适用民事法律规范关于民事合同的相关规定。由于第十二条第一款已经明确行政协议违反行政诉讼法相关规定时应当确认无效,故第二款规定的确认无效的适用规则并无异议。但是,第二十七条第二款的法律适用规则实际操作性并不强。在法院审理行政合同案件时,民事法律规范究竟是作为行政法律规范缺位时的补充,还是与行政法律规范同等适用是不明确的。崔建远教授曾指出:"行政合同要适用行政法,同时排除了《合同法》《侵权责任法》、不当得利法的适用,物权或知识产权受到侵害时,适用《国家赔偿法》,而不适用《侵权责任法》,这就会使得行政机关的相对人处于明显的不利境地。"②同时,崔教授认为,"在相对人拥有的物权、知识产权、人格权被行政机关不法侵害时,对相对人必需的、有效的救济手段是恢复原状、排除妨害、消除危险、消除影响、返还财产。行政法在这方面显现出短板,需要从民事法律规范中予以借用",但是这种"借用会带给行政法体系内部不自洽,因为恢复原状、排除妨害、消除危险与行政法的天然本性不相符"③。倘若按照这种理论进路进行研究,行政合同就只能适用行政法的规定,从而将行政合同逼入狭窄的死胡同之中。

---

① 崔建远:《行政合同族的边界及其确定依据》,载《环球法律评论》2017 年第 4 期,第24—27 页。

② 崔建远:《行政合同族的边界及其确定依据》,载《环球法律评论》2017 年第 4 期,第28 页。

③ 崔建远:《行政合同族的边界及其确定依据》,载《环球法律评论》2017 年第 4 期,第29 页。

二、行政合同合理性之证成

合同作为人类文明的产物,本无所谓公私,"契约不仅是私法的法律形态,而且也是公法的法律形态"①。然而,伴随着公私法的二元界分,合同逐渐被民法学者视为私法之"独占物"。行政合同的出现,打破了私法对于合同的独占,体现了公法与私法的相互渗透与融合。放眼世界,行政合同在域外蓬勃发展,且许多国家的相关立法已经非常成熟。而转视中国,行政合同步履维艰,直到现在民法学者对于行政合同的疑虑仍未打消,不过,这些质疑并不能阻碍行政法学者的研究与行政合同在实践中如火如荼地发展。经过几十年的努力,不仅使民法学者认识到行政合同确实独立于民事合同存在,而且新《行政诉讼法》亦明确了行政协议的合法性地位。当然,这只是万里长征所迈出的第一步,尽管是关键的一步,但未来的路还很长。时至今日,行政合同的基本理论体系在我国仍未建立,对于行政合同的合理性民法学者仍然存有疑惑,需要我们去论争与证明,毕竟真理越辩越明。

(一)契约自由与依法行政相兼容

传统行政法中依法行政理念的核心意旨为对行政权恣意的约束,伴随新公共管理运动的兴起,不仅使得公共事务治理方式发生了转型,而且依法行政的理念亦发生了变化,由传统的强调约束行政权转而更侧重于维护行政权的灵活性。行政合同作为一种行政规制工具,正是践行依法行政新理念的典型例证。因此,契约自由与依法行政并不必然互相排斥,而且契约与行政的结合,能够使行政管理活动既符合法律规定又灵活机动,不仅"琴瑟和鸣",而且相互兼容。

第一,从行政自由裁量权范围来看,现代法治下的自由裁量领域为契约自由在行政法中的施展提供了广阔的空间。随着国家行政职能的扩张,传统的"无法律即无行政"的观念越来越不适应行政事务日益增多和频繁变化的需要。现代法理一般认为:"行政机关享有自由裁量权,即使法律没有明文规定,在某些领域或范围内(如给付行政),行政机关也可主动地采取一定的措

---

① [德]奥特弗利德·赫费:《政治的正义性》,庞学铨、李张林译,上海译文出版社 1998 年版,第 388 页。

施;而且,如果一切行政活动都需要有国家权力机关制定的法律为依据,法律将会泛滥成灾,会致使国家权力机关的运作机制麻痹瘫痪。"①当然,这种裁量的自由并不是不受限制的,行政自由裁量必须在法定的范围内合理正当地行使。具体映射到行政合同领域,"应当从法律无明文禁止中证明公法合同因此合理"②。为了防止行政机关滥用行政权,各国法律通过书面缔约、禁止不正当连结等来保障依法行政原则在行政合同中的贯彻与遵守。

第二,从民事合同的契约自由发展历程来看,以自然法理论为精神指导的绝对契约自由原则随着社会分工和交换的发展,其理论基础已经发生动摇。由于市场经济的发展打破了经济个体间的均衡对等状态,形成了所谓的弱势群体一方。在这种情况下,享有优势的一方就可能滥用契约自由原则,侵害弱势方的利益。因此,法律开始对契约自由进行干预,世界上很多国家都通过立法和司法来限制契约自由。③ 传统的绝对的契约自由原则便开始演变为相对的契约自由,我国《民法典》中关于格式条款的限制等规定实际上正是相对契约自由理念的体现。相对契约自由观念的确立为行政合同的正当性提供了依据。行政合同在相对人的选择、缔结的程序、合同内容的确定、合同方式的选择及合同的变更解除等方面受到一定的限制,当事人享有"有限自由",这也能够为相对契约自由原则所包容。

诚然,崔建远教授关于"如果将政府招商引资合同等合同界定为行政合同可能导致行政机关滥用行政优益权"④的担忧也并非毫无道理,这与我国学者在研究行政合同时高度强调行政优益权密切相关,过度强调行政优益权,不但会招致民法学者的强烈批判,而且也会对行政合同产生否定和破坏。实际上,行政优益权并非洪水猛兽,通过完善的制度规范,既可以防止行政主体权力的滥用,督促行政主体履行义务;也可以保障相对方的参与权、发表意见的权利以及损失的补偿及赔偿权利,使相对方的合法权益在受到损害时能够得到及时有效的救济。

---

① 蔡志方:《行政法三十六讲》,成功大学法律学研究所法学丛书编辑委员会 1997 年版,第21 页。
② 林明锵:《行政契约法研究》,翰芦图书出版公司 2006 年版,第 194 页。
③ 参见尹辛华:《公共工程与采购法》,汉兴书局有限公司 1998 年版,第 2—31 页。
④ 崔建远:《行政合同族的边界及其确定依据》,载《环球法律评论》2017 年第 4 期,第29 页。

（二）行政合同与民事合同界分的根本出发点：发生、变更或消灭行政法律关系

崔建远教授运用哲学思想，采用"近因理论"及合同的主要方面、主要矛盾来确定其归属法域，看起来确实有理有据，且论证充分。然而，笔者仔细研读发现其关于民事合同与行政合同的区分是建立在"合同目的标准"的基础之上的。我国也有部分行政法学者推崇"合同目的标准"，理由是以合同目的为判断标准更能揭示行政合同的公共性，凸显行政合同行政性的一面。①但是，由于目的标准的涵盖面过于宽泛，单纯采用"目的标准"来界分行政合同与民事合同必然会引发一系列的问题。因为行政机关通过缔结民事合同来达到行政目的的情况亦时有发生，比如行政机关为了履行公务而与供应商签订的采购限额标准以下的采购合同，再比如崔教授在其文中所列举的工商行政管理局与维修商店之间的承揽合同和工商行政管理局与废品收购站之间所形成的买卖合同，尽管这些合同的缔结主体为行政机关，但是并没有产生行政法上的权利义务关系，因而应当为民事合同，受到民事法律规范的调整。所以，单纯以"目的标准"为识别行政合同的实质标准是存在一定缺陷的，并不能清晰界分行政合同与民事合同。

笔者认为，识别行政合同是一项系统工程，需要结合多项标准予以综合判断。其中"目的标准"仅是作为辅助标准，而并非核心标准，关键在于"目的标准说"并不能揭示出行政合同与民事合同的本质区别，因为合同的属性需要通过客观标准予以判断，而客观化的合同就是合同的标的。因此，区分行政合同与民事合同的根本出发点就在于是否发生、变更或消灭行政法律关系。所以以"合同目的标准"作为其确定合同所属法域的根本出发点就仿佛是在建设空中楼阁，不能坚固。

此外，崔教授以"近因理论"及合同的主要方面、主要矛盾来确定合同的法律属性虽然与法国法上的"直接执行公务说"有异曲同工之妙，但法国关于行政合同的识别标准并不仅限于这一单一标准，还有"超越私法规则的条款"，也就是说即使有些不是直接执行公务的合同，如果含有私法以外的规则

---

① 参见杨解君、陈咏梅、耿保建：《中国大陆行政合同的纠纷解决：现状、问题与选择》，载《中国行政法学研究会第十五届海峡两岸行政法学学术研讨会论文集》，第 5 页。

也认定为行政合同。①

（三）以"行政程序法"规范为基础,辅之以《民法典》等私法规则或许是解决行政合同法律适用问题的最佳路径

1. 公法与私法的共通性使得行政合同的法律适用并非非此即彼

公法与私法作为人类文明的产物,存在着一些共通的原则。有学者曾指出:"私法与公法有着共同适用的一般法理,只是因私法发达较早,有些规则遂被认为是私法所独有的法理,这种法理其实亦可直接适用于公法。"②从本质上来说,公法与私法均调整利益,只是对于具体利益的侧重有所不同。在这个强调公共利益的时代,私法中越来越多地出现了公法规范,出现了私法公法化的倾向。而公法本身并不排斥个人利益,公权力行使的目的也是为了促进社会公共福祉,增进个人利益。在这一过程中,行政法也要借鉴私法的原理,补充适用私法规范,从而出现公法私法化的倾向,③因为利益调节这一共同特点为公法与私法的相互融通提供了基础。因此,民法学者认为行政合同只能适用行政法,排除民事法律规范的适用,以及行政法需要借用民事法律规范时须证成其具有法律及法理上的依据的看法是片面的,缺乏对于公法与私法关系的一般原理的考察,多少体现出一种狭隘的利己主义色彩。

2. 由民事法律规范调整行政合同具有局限性

第一,行政合同的缔结并非完全基于当事人的意思自治。行政合同关涉公共利益,需要行政主体按照法定的条件和程序确定相对人并与之签订合同。政府不能完全按照意思自治来决定是否订立合同、与谁订立合同。如在特许经营领域,行政主体不仅不能随心所欲决定在哪些项目或哪个项目实施特许经营,而且在相对人的选择上也需要通过招标投标等公平竞争方式,以保证所有潜在投标人平等参与竞争。因此,行政合同是不能单独由民事法律规范来调整的。

第二,行政合同的内容并不是当事人自由协商的结果。行政合同作为一种新型柔性的行政管理方式,内容自然要体现国家政策,强调政府对社会公众

---

① 参见王名扬:《法国行政法》,北京大学出版社 2016 年版,第 146 页。

② 林纪东:《行政法》,三民书局 1984 年版,第 30 页。

③ 参见杨解君:《中国行政法的变革之道——契约理念的确立及其展开》,清华大学出版社 2011 年版,第 189—190 页。

的责任。这些责任需要强制性地写入合同条款之中,当事人不得排除适用。英国的 PFI 合同就要求主要条款应当不加修改地适用于 PFI 交易文件中。①由此可见,行政合同的条款兼有任意性与强制性,而这些是民事法律规范所难以胜任的。

第三,由民事法律规范调整行政合同导致监管的缺失从而损害社会公共利益。由民事法律规范调整行政合同典型的例子为《政府采购法》,该法制定时将政府采购合同定位为民事合同主要是我国当时处于从计划经济向市场经济的转型期,而传统上我国的行政权又素来强大,定位为民事合同可以保障采购人与供应商的平等法律地位。然而,随着社会的进步,适应《政府采购法》的社会环境已经发生了显著变化,更加需要强化政府采购合同的政策功能,便需要加强合同的监管。但正是由于《政府采购法》规定政府采购合同适用《民法典》中的合同编,使得目前对政府采购合同的监管不到位,尤其履约监管环节缺失,导致公共利益受损的案例屡见不鲜(有关这部分内容笔者将在第二章中进行详细分析及论证,在此不再赘述)。所以在当前背景下,应当还政府采购合同以行政合同的本来面目。

3. 行政合同独立于民事合同存在的必要性就在于其程序性

通常而言,行政合同作为独立类型存在的意义主要在于与民事合同的法律适用不同。在现代社会中,行政主体手握行政权力,且拥有一定的自由裁量权,倘若不加限制,就可能出现滥用行政权,损害社会公共利益的行为。笔者认为,确如崔建远教授所言,将政府招商引资合同、政府采购合同等合同纳入民事合同可以弱化行政权对合同及其履行的干涉,但是由于民事法律规范尊重当事人的意思自治,涉及合同履行等问题主管部门并不能介入,结果带来了监管的缺失。因而民事法律规范因为在程序上欠缺相应的规范约束机制而显得力不从心。至于规范和约束行政机关滥用权力,则正是"行政程序法"的目标及优势所在,其通过科学合理的程序制度设置,能够有效地抑制行政恣意行为,同时又能够保障相对人平等参与及意见表达,最终实现约束行政权的随意性及合同灵活性的动态平衡。

---

① 参见李冗:《PPP 的法律规制——以基础设施特许经营为中心》,法律出版社 2017 年版,第 83 页。

综上所述,行政合同同时兼有行政的强制性与民事的合意性,这种兼具公法和私法的双重属性决定了其法律适用上的混合型。以"行政程序法"规范为基础,辅之以《民法典》等私法规则可以避免行政恣意及腐败现象,更好地保障行政合同相对人及利害关系人的利益,从而真正实现"把权力关进制度的笼子里"的思想。

第三节　行政合同与民事合同的区别

伴随着公私法的二元划分,合同开始被一些民法学者视为私法的"独占物",合同的本质也成为进行商品交换的法律工具。[1] 然而,合同及其理论并不专属于私法,合同也不仅仅只是在私法土壤中才能开花和结果,合同理念具有超强的辐射性和渗透力,它早已逾越私法的疆域而延展至所有法律体系之中。在公法的领域,我们同样可以见到合同的身影,只是它作为一种法律现象在时间上迟于私法而已。[2] 所以说:"契约会产生一种效果,而且只会产生一种同样的效果。它在公法中的含义与它在私法中的含义是完全一样的。"[3]正是因为行政合同与民事合同同属合同范畴,它们的共同之处就在于同样具有合同的本质属性,即合意性,[4]也就是合同的成立以双方当事人的意思表示一致为前提。以此为基础可以推导出,行政合同与民事合同都需要遵循契约精神和诚实信用原则,在法律适用上也都可以适用民事法律的相关规定,即行政合同可以援引民事法律的规范。

诚然,行政合同毕竟是处于优势地位的行政主体作为一方当事人所签订

---

[1]　参见《法学研究》编辑部:《新中国民法学研究综述》,中国社会科学出版社 1990 年版,第 413 页。

[2]　参见杨解君:《中国行政法的变革之道——契约理念的确立及其展开》,清华大学出版社 2011 年版,第 63 页。

[3]　[法]狄骥:《公法的变迁》,郑戈译,商务印书馆 2013 年版,第 119 页。

[4]　王利明教授认为,合同的本质在于,它是一种合意或协议。实际上"协议"一词常常也就是指"合意"。法学者通常用"意思表示一致"或"合致"来表述或概括这种合意。我国关于合同的立法定义,也强调了合同本质上是当事人意思表示一致的产物。参见王利明:《合同法研究(第一卷)》,中国人民大学出版社 2011 年版,第 7 页。

的,所以其与民事合同自然具有诸多不同之处。即便是不区分公私法的英美法系国家也发展出一系列特别的规则以适用政府合同。大陆法系国家则普遍承认行政合同与私法合同的差异,因此,秉承大陆法系的行政合同理论与制度,"一开始,就被'卡住'在公、私法契约的区别问题上"①,而对于二者的区别标准,则"由于观察角度之不同,各是其所是,各非其所非"②。笔者在第一节中已经对行政合同的识别标准进行了详细的阐述,在本节中试图对行政合同与民事合同的主要差异进行详细比较与甄别,以期能够将行政合同从民事合同中分离出来,从而进一步论证行政合同确系独立于民事合同而存在。

一、合同的主体不同

行政合同的一方当事人须为行政主体,这是判断行政合同的前提和必备条件,而民事合同在合同的主体方面却并无严格限制,只要私主体具有相应的行为能力,在平等自愿的基础上所签订的合同均为民事合同。当然,需要注意的是,正如笔者在第一节中所探讨的,在特殊情况下,私人主体之间可以订立行政合同,同时行政机关亦可以以私人主体的身份成为民事合同的当事人,据此,笔者也得出结论,即当事人一方须为行政主体是识别行政合同的必备但并非充分条件。尽管如此,我们认为,行政合同是行政主体与相对人之间订立的,民事合同则为私主体之间所签订的,因此,合同的主体不同仍然可以成为行政合同与民事合同的主要区别之一。

二、合同的目的不同

行政合同作为一种新型柔性的行政管理方式是以执行公共事务、完成公共服务目标与维护社会公共利益为直接目的的;而民事合同的直接目的则是为了满足双方当事人个体的自身利益。当然,民事合同的结果也可能间接有利于公务的执行和公共利益的实现,但是,合同的目的为执行公务和实现公共利益与合同有利于执行公务和实现公共利益并不具有同质性,其差别显而易见。例如,国有土地出让合同是行政合同,但国土转让合同则为民事合同,因

---

① 林明昕:《行政契约法上实务问题之回顾——兼论公、私法契约之区别》,载《中正大学法学集刊》2005 年第 18 期,第 289 页。

② 1993 年 7 月 16 日我国台湾地区"司法部门大法官会议"释字第 324 号。

为转让本身并不是基于公共利益,而是转让方与受让方为了各自的利益所进行的活动。① 正如杨建顺教授所言:"行政合同是为履行公法上的权利和义务,即执行公务而签订的,在这一点上,区别于以私法上的效果发生为目的的民商法等私法合同。"②需要注意的是,合同目的并不能揭示出行政合同与民事合同的本质区别,一则由于目的的涵盖面过于宽泛,行政主体通过缔结民事合同来达到行政目的的情况亦时有发生;二则合同订立的目的有时并非明确显现,判断起来具有一定的难度。

三、合同所涉法律关系不同

合同所涉法律关系的不同是行政合同与民事合同的本质区别(具体原因笔者已经在第一节中进行了详细分析,在此不再赘述),行政合同中当事人之间形成的是行政法上的权利义务关系,而民事合同中当事人之间形成的是民法上的权利义务关系。德国、葡萄牙等国家均是以合同所涉法律关系来区别行政合同与民事合同的。"正是由于行政合同是以形成行政法上权利义务关系为主要内容的,而与规定民事法律关系的民事合同有着根本的区别,我们才将此类合同纳入行政法的范畴,而冠之以'行政'合同。"③

四、合同所适用的法律规则不同

民事合同作为典型的民事行为需要遵循民事法律制度的规定,而行政合同兼具公法和私法的双重属性决定了其法律适用上的混合性,行政合同不仅适用行政法等公法的一般规则,而且也应适用民事法律的相关规则。法国在行政法院的判例和立法的共同作用下,建立了一套与私法合同相平行的行政合同法律体系,其行政合同基本适用公法规则予以调整,少量地适用私法合同运行的普遍性规则。德国对于行政合同的法律适用以《联邦行政程序法》为基础,并补充适用民法典的有关规定。我国《审理规定》第二十七条也作出了类似规定。而在英国无论是私法合同还是政府合同,都需要遵守普通法的规

---

① 参见文正邦:《法治政府建构论——依法行政理论与实践研究》,法律出版社 2002 年版,第 809 页。

② 杨建顺:《行政规制与权利保障》,中国人民大学出版社 2007 年版,第 393 页。

③ 余凌云:《行政契约论》,中国人民大学出版社 2006 年版,第 31 页。

则,但是由于政府合同具有公共性质,完全适用私法规则无法满足现实的需要,美国的 Frenzen 教授就曾指出,拒绝适用私法合同规则会让人们接受起来比较困难,而如果完全将私法合同规则简单加诸于具有公共属性的合同中,或许会带来更大的危机。① 因此逐渐发展出了适用于政府合同的一系列特殊规则,英国的政府合同法就是普通法以外关于政府合同的特殊规则的总和。② 综合上述各国做法可以看出,行政合同与民事合同所适用的法律规则并不完全相同。

五、合同缔结自由的程度不同

从合同缔约自由的程度来看,民事合同基于契约自由的原则,当事人得自由订立合同,包括是否订立合同、选择缔约的对象及合同具体内容的约定等,而行政合同的缔结则基于依法行政的原则,需要受到行政法一般原则及相关规定的约束,所以,对于是否缔结行政合同,行政机关虽有一定的自由裁量权,但并非能够任意决定,而是需要在法定的授权范围内合理行使。例如,"英国原财政部定期确定各行业部门适合 PFI 的项目清单和优先顺序,确保可行性和持续性"③。

行政主体在缔约对象的选择上并不完全自由,既要受到法定程序的限制,也要受到实体规则的制约,从而保证行政合同缔结过程中的公开性和竞争性。从合同内容的角度而言,民事合同尊重当事人的意思自治,只要当事人所缔结合同的内容不违反法律、行政法规的强制性规定、不违背公序良俗,法律就承认其效力。而行政合同的内容并非完全是当事人自由协商的结果,因为行政合同作为政府执行公共管理的手段,内容需要体现国家政策,而且还要防止公共利益受到损失,这样就需要法律的介入,对政府的公共责任进行价值判断,从而作为法定义务写入合同条款之中,并禁止当事人排除适用。

---

① See Donald Frenzen, *The Administrative Contract in the United States*, George Washington Law Review, 1968, pp.270-292.

② 参见于安:《外商投资特许权项目协议(BOT)与行政合同法》,法律出版社 1998 年版,第 132 页。

③ 李亢:《PPP 的法律规制——以基础设施特许经营为中心》,法律出版社 2017 年版,第 81 页。

六、合同缔结的形式不同

从合同缔结形式的角度而言,法律大都允许民事合同当事人自由选择,可以说民事合同的缔结以非要式为原则,除法律有特别规定外,不以书面形式为必要。而行政合同由于关涉公共利益,故而缔结的一般原则即为采用书面形式,德国、葡萄牙、希腊等国家和地区的行政程序法或行政程序规定中均明确规定行政合同须以书面形式订立。在法国,以书面形式缔结行政合同已经成为惯例。我国虽然没有统一的关于行政合同的立法,但是涉及行政合同的各单行法律、行政法规、部门规章以及地方行政程序规定、地方行政机关合同和政府合同的规定中一般要求采用书面形式订立行政合同,可以说书面形式是我国行政合同的主要形式。

七、合同内容的调整规定不同

民事合同尊重契约自由,非依法律规定或者当事人协商一致,任何一方均不得变更、解除合同。而在行政合同中,行政机关享有单方变更解除合同的权力,系行政优益权的一种。法国注重公共利益,赋予行政机关单方变更解除合同的权力是其行政合同制度的特色。我国台湾地区的行政程序规定第 146 条规定:"行政契约当事人之一方为人民者,行政机关为防止或除去对公益之重大危害,得于必要范围内调整契约内容或终止契约。"我国江苏、山东、兰州、西安等十个地方行政程序规定中也对行政机关的单方变更解除权作出了类似的规定。

八、合同的救济途径不同

在合同的救济途径方面,民事合同通过民事诉讼或仲裁加以解决,在这一点上,没有任何异议。然而,行政合同的救济途径大陆法系国家与英美法系国家的做法并不相同。英美法系国家的政府合同纠纷由普通法院管辖。但是在实际运作中,因政府合同所引发的纠纷诉诸法院的并不多见,英国通常通过仲裁或当事人之间的非正式谈判解决。[①] 而以法、德为代表的大陆法系国家则

---

① See Peter Cane, *An Introduction to Administrative Law*, Oxford, Clarendon Press, 1992, pp. 263-264.

秉持着公私法二元界分的传统,行政合同由公法调整,并由独立的行政法院管辖。对于行政合同是否可以仲裁的问题,在法国有着公法人缔结的合同不得仲裁的传统,除了个别的单行立法为某些特殊类型的公法人和合同类型诉诸仲裁开了绿灯之外,原则上法国的行政合同不得仲裁。① 在我国,行政合同争议是通过行政诉讼、民事诉讼还是仲裁来解决,无论是在理论上还是在实践中均有不同的观点和做法,目前既有通过行政诉讼,也有通过民事诉讼或仲裁予以解决的。有关这部分内容笔者将在第七章中予以详细阐述。

表 1-3　行政合同与民事合同的比较

比较项目　合同类型	行政合同	民事合同
合同主体	一方须为行政主体	无限制
合同目的	执行公务、实现社会公共利益和完成公共服务目标	实现当事人个体的自身利益
合同所涉法律关系	行政法律关系	民事法律关系
合同所适用的法律规则	行政法规则+民事法律规则	民事法律规则
合同缔结自由的程度	缔结自由受到一定限制	遵循契约自由
合同缔结的形式	要式为原则	非要式为原则
合同内容的调整规定	行政机关基于公共利益,可以单方变更、解除合同	当事人不得单方变更、解除合同
合同的救济途径	行政诉讼、民事诉讼或仲裁	民事诉讼或仲裁

① 参见张莉:《行政协议及其纠纷解决——来自法国法的三点启示》,载公私合作合同国际研讨会会议材料,2017 年 10 月 11 日,第 88—91 页。

第二章　构建统一行政合同制度的
必要性与立法路径选择

　　尽管新《行政诉讼法》明确了行政合同的独立性地位,但是并没有规定具体的适用规则,制度供给严重不足,不仅无法适应行政合同广泛应用的需要,而且也导致法院在面对数量激增的行政合同案件时无所适从。因此,建立健全完善的行政合同法律制度,将行政合同纳入法制化的轨道,是我国新《行政诉讼法》修改后行政法学理论研究和立法所面临的一个重要课题。从我国台湾地区的经验来看,正是其行政程序规定和行政诉讼规定对行政契约的确立,极大地伸张了行政契约的适用范围、推动了行政契约方式的运用与发展,并促进行政契约研究的方兴未艾。① 可以说,合同理念的贯彻和实现,合同手段的利用,在很大程度上将取决于行政合同制度的建立和完善,制度化是我国行政合同未来发展的主题。② 然而,目前我国行政合同的立法在法律层面上呈现出碎片化的样态,而采用地方政府规章或规范性文件的地方行政程序规定中对于行政合同的规制反而是一般性规定。同时相关立法对行政合同具体制度的规范也存在着较为严重的缺陷,尤其是自 2014 年以来,我国政府注重运用政府与社会资本合作来进行公共管理模式的创新,大力推广 PPP 模式,使得 PPP 项目在全国遍地开花,所涉资金巨大,虽然国家和地方政府出台了一系列部门规章、地方性法规和地方政府规章予以规制,但是相关管理制度和措施存在"政出多门"、立法位阶过低、合作项目范围有泛化倾向、合作项目实施规范不足、民营资本的参与热情不高等问

---

　　① 参见江嘉琪:《行政契约的概念》,载《月旦法学教室》2017 年第 52 期,第 61—62 页。

　　② 参见杨解君:《中国行政法的变革之道——契约理念的确立及其展开》,清华大学出版社 2011 年版,第 348 页。

题,立法的脚步已经远远落后于现实的发展,带来了极大的风险和隐患。因此,对行政合同制定统一的法律规范予以调整,是比较理想且迫切的现实选择。

第一节 行政合同制度立法现状及存在的问题

由于我国尚未出台行政程序法,目前行政合同在国家层面并没有专门的立法,就法律层面而言,只有新《行政诉讼法》对"行政协议"进行了相关规定,其他法律主要针对的是特定领域的行政合同,呈现出碎片化的立法样态。关于行政合同的立法主要采用地方先行的立法路径,包括两个层面:一是地方的行政机关合同管理办法和政府合同管理规定;二是地方行政程序规定中关于行政合同的专章(专节)规定(除《浙江省行政程序办法》中仅有第八十条和第八十一条对行政合同进行了规定外)。行政机关合同和政府合同的规定侧重于行政机关对行政合同的管理,主要表现为合法性审查和监督管理规定得比较详尽;而地方行政程序立法中关于行政合同的专门规定则更强调行政合同从订立、履行、法律适用到纠纷解决的整个过程。我国行政合同的立法状况及存在的种种问题是研究行政合同法律制度构建的现实依据,而这一点又往往是研究者所极易忽视的,就有可能造成理论研究的不周延并落入以偏概全的窠臼。因此,准确把握行政合同的立法现状及存在的问题是必不可少的关键环节。

一、行政合同制度的立法现状

(一) 法律层面关于行政合同的立法状况

如前所述,笔者通过北大法宝及百度检索到 32 部法律,表 2-1 详细描述了 32 部法律及涉及的条款。

表 2-1 涉及行政合同的现行法律①及条款

序号	法律名称	生效时间	涉及条款
1	网络安全法	2017—06—01	第 24、36 条

---

① 此处的法律是狭义的法律,即指由全国人大及其常委会制定。

续表

序号	法律名称	生效时间	涉及条款
2	国防交通法	2017—01—01	第 32 条
3	煤炭法	1996—12—01 2016—11—07 修正实施	第 45 条
4	公路法	1998—01—01 2017—11—05 修正实施	第 24、26、65 条
5	节约能源法	2008—04—01 2018—10—26 修正实施	第 66 条
6	深海海底区域资源勘探开发法	2016—05—01	第 8、9、10、13、20、23、24、25 条
7	大气污染防治法	2016—01—01 2018—10—26 修正实施	第 69 条
8	高等教育法	1999—01—01 2018—12—29 修正实施	第 48 条
9	行政诉讼法	1990—10—01 2017—07—01 修正实施	第 12、78 条
10	城乡规划法	2008—01—01 2019—04—23 修正实施	第 38、39、61、62 条
11	税收征收管理法	2001—05—01 2015—04—24 修正实施	第 38、40、43、88 条
12	电力法	1996—04—01 2018—12—29 修正实施	第 20、27、59 条
13	政府采购法	2003—01—01 2014—08—31 修正实施	第五章 政府采购合同
14	草原法	2003—03—01 2021—04—29 修正实施	第 14、15 条
15	治安管理处罚法	2006—03—01 2013—01—01 修正实施	第 107、108、109、110 条
16	清洁生产促进法	2003—01—01 2012—07—01 修正实施	第 28、31 条
17	行政强制法	2012—01—01	第 42 条
18	社会保险法	2011—07—01 2018—12—29 修正实施	第 31 条
19	水土保持法	2011—03—01	第 34 条
20	石油天然气管道保护法	2010—10—01	第 35 条
21	保守国家秘密法	2010—10—01	第 30、34 条

序号	法律名称	生效时间	涉及条款
22	农村土地承包经营纠纷调解仲裁法	2010—01—01	第2条
23	农村土地承包法	2003—03—01　2019—01—01 修正实施	各章均有规定
24	行政复议法	1999—10—01　2018—01—01 修正实施	第6条
25	城市房地产管理法	1995—01—01　2020—01—01 修正实施	第13、15、16、17、18、20、22条
26	教师法	1994—01—01　2009—08—27 修正实施	第17条
27	森林法	2020—07—01	第17、19条
28	禁毒法	2008—06—01	第34、35、38条
29	公务员法	2019—06—01	第102、103、104、105条
30	土地管理法	1999—01—01　2020—01—01 修正实施	第13、47、56、57、58、63条
31	防沙治沙法	2002—01—01　2018—10—26 修正实施	第17、34条
32	招标投标法	2000—01—01　2017—12—28 修正实施	第19、31、46、48、49、59、60条

通过表2-1可以看出,在法律层面,只有新《行政诉讼法》对"行政协议"进行了相关规定,其他法律主要针对的是特定领域的行政合同。具体分析如下:

第一,从合同名称上看,上述法律除了《行政诉讼法》规定行政协议外,其他法律并没有提出"行政合同"概念,也没有将上述法律所涉及领域中的合同明确定性为行政合同。至于合同名称的提炼与概括上主要存在两种情况:一种是法律并没有规定具体合同的名称,而仅要求签订合同或协议,如《招标投标法》第四十六条规定招标人与中标人在规定时间内订立书面合同。另一种则是法律明确提炼概括出合同的名称,具体包括《网络安全法》的安全保密协议、《节约能源法》的节能自愿协议、《深海海底区域资源勘探开发法》的勘探开发合同、《高等教育法》的高等学校聘任合同、《城乡规划法》的国有土地使用权出让合同、《电力法》的供用电合同、《政府采购法》的政府采购合同、《草原法》的草原承包合同、《清洁生产促进法》的节约资源、消减污染物排放量的协议、《行政强制法》的执行协议、《社会保险法》的医疗服务协议、《石油天然气管道保护法》的安全防护协议、《保守国家秘密法》的保密协议、《农村土地承包法》的农村土地承包合同、《教师法》的教师聘用合同、《森林法》中的承包合同、《禁毒法》的社区戒毒协议、《公务员法》的公务员聘任合同、《土地管理法》的土地承包合同和临时使用土地合同、《防沙治沙法》的治沙土地承包合同。

第二，从可签订合同的事项上看，范围比较广泛，而有些合同由于其内容丰富，横跨行政管理的不同领域，因而出现同一合同分别由不同法律予以调整和规制的情况。如土地承包合同由《土地管理法》进行一般性的规定，在《农村土地承包法》中又针对农村土地承包合同进行进一步具体的规定，同时因为土地承包方具有预防和治理水土流失及植被保护的义务，于是《水土保持法》第三十四条第二款和《防沙治沙法》第十七条第三款分别对此进行了规定。

第三，从法律适用上看，规定适用合同法等相关规定的有两部法律：一是《政府采购法》第四十三条的规定；二是《农村土地承包法》第五十九条的规定。① 规定合同缔结适用其他法律规范的仅有一部法律——《电力法》。② 其他法律对于合同的具体法律适用并没有作出明确规定。在缔结合同所应遵循的原则方面，《公务员法》、《高等教育法》、《电力法》规定应当根据平等自愿、协商一致的原则签订合同。

第四，从具体的制度设置上看，多数法律并没有作出详细规定，而仅仅是原则性地规定相关主体之间可以签订合同，明确双方的权利义务。少数法律尽管对于相关领域行政合同的具体制度进行了规定，也规定得比较简单，具体如下：一是规定合同签订须采用书面形式的有：政府采购合同、草原承包合同、农村土地承包合同、土地使用权出让合同、公务员聘任合同及招投标合同。二

---

① 《农村土地承包法》第五十九条规定："当事人一方不履行合同义务或者履行义务不符合约定的，应当依法承担违约责任。"

② 《电力法》第二十七条规定："电力供应与使用双方应当根据平等自愿、协商一致的原则，按照国务院制定的电力供应与使用办法签订供用电合同，确定双方的权利和义务。"

是规定合同应当包括的具体内容的有:《城乡规划法》第三十八条规定的国有土地使用权出让合同的组成部分包括出让地块的位置、使用性质、开发强度等规划条件;《农村土地承包法》第二十二条规定了承包合同一般包括的条款。三是规定了合同的生效或无效的有:《城乡规划法》第三十九条规定了国有土地使用权出让合同的无效情形;《农村土地承包法》第二十三条规定,承包合同自成立之日起生效。四是规定行政机关可以基于公共利益的需要提前变更、解除合同,并依法给予补偿的有:《城市房地产管理法》第二十条和《土地管理法》第五十八条。五是规定违反合同约定,行政机关给予相对人行政处罚的有:《深海海底区域资源勘探开发法》第二十三条、《城乡规划法》第六十一条、《税收征收管理法》第四十条以及《招标投标法》第五十九条和第六十条。六是规定了救济途径,有关农村土地承包合同所发生的纠纷,《农村土地承包法》第五十五条和《农村土地承包经营纠纷调解仲裁法》第二条均规定可以向农村土地承包仲裁机构申请仲裁,同时《农村土地承包法》规定也可以直接向人民法院起诉;认为行政机关变更或者废止农业承包合同,侵犯其合法权益的,属于《行政复议法》第六条所规定的复议范围;《税收征收管理法》第八十八条规定,纳税担保人与税务机关发生争议时,可以申请行政复议和向人民法院起诉。

由此可见,我国目前关于行政合同法律层面的立法呈现碎片化样态,尚缺乏一般性规则的规定,基本处于法制缺位状态,而且行政合同的法律制度体系尚未形成,许多相关问题并未进行明确规定。

(二) 地方层面关于行政合同的立法状况

如前所述,笔者通过北大法宝及百度检索到 15 部地方行政程序规定、32 部行政机关合同管理办法和 34 部政府合同管理规定,这些地方立法为行政合同中央立法积累了立法与实践经验。

1. 区域分布比较广泛

我国目前 23 个省、自治区、直辖市有关于行政合同的规定,约占全国 31 个省级行政区的 74.2%,其中 7 个省、自治区、直辖市制定了省级行政合同规定,具体为 5 个省(湖南省、江苏省、山东省、辽宁省和浙江省)、1 个自治区(宁夏回族自治区)和 1 个直辖市(上海市),约占全国 31 个省级行政区的 22.6%。其他 16 个省、自治区、直辖市虽然没有制定省级行政合同规定,但省内有市级、县级人民政府制定了行政合同规定,如《兰州市行政程序规定》、《汕头市行政机关合同管理规定》、《珠海市政府合同管理办法》等。(区域分配比例详见图 2-1)

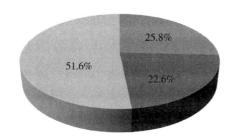

图 2-1 地方行政合同立法区域分配比例图

2. 以制定专门的行政合同规定为主要立法形式

笔者共检索到 81 部地方行政合同立法,其立法形式包括两种:一种是在地方行政程序规定中专章或者专节规定行政合同;另一种是制定专门的行政合同规定。

在 81 部地方行政合同立法中有 15 部地方行政程序规定,约占全部规定的 18.5%。自 2008 年《湖南省行政程序规定》开启破冰之旅,在程序规定中设专节规定行政合同程序后,各地纷纷效仿。除了《浙江省行政程序办法》仅用第八十条和第八十一条对行政合同进行规定,而且由于其发布时间为 2016 年 10 月 1 日,为了与新《行政诉讼法》保持名称一致,采用"行政协议"用语外,其他 14 部地方行政程序规定中均采用专章或专节的方式规定行政合同程序,而且规定内容具有高度的相似性。

制定专门的行政合同规定是行政合同地方立法的主要立法形式,共有 66 部,约占全部 81 部地方行政合同立法的 81.5%。这 81 部专门立法又分为两种形式:

一种是行政机关合同管理办法,如《咸宁市行政机关合同管理办法》、《青岛市工商局行政机关合同管理暂行办法》,共有 32 部,约占全部 81 部地方行政合同立法的 39.5%。

另一种是政府合同管理规定,如《广州市政府合同管理规定》、《上海市杨浦区人民政府合同管理办法(试行)》,共有 34 部,约占全部 81 部地方行政合

同立法的 42%。（立法形式详见图 2-2）

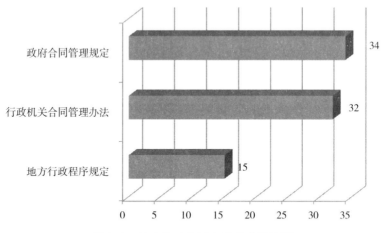

图 2-2 地方行政合同立法形式统计图

3. 立法位阶为政府规章和行政规范性文件

81 部地方行政合同立法采用政府规章和行政规范性文件两种方式,其中,14 部政府规章,约占地方行政合同立法总数的 17.3%;其他 67 部为行政规范性文件,约占地方行政合同立法总数的 82.7%。(具体立法位阶数量统计情况详见图 2-3)

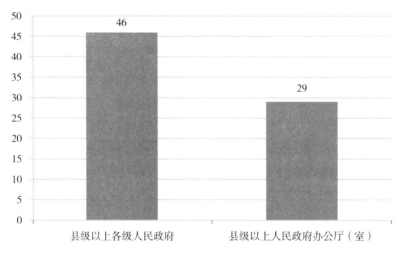

图 2-3 地方行政合同立法位阶数量统计图

4. 制定主体均为地方各级人民政府

如前所述,地方行政合同立法采用政府规章和行政规范性文件两种方式,因此,81 部地方行政合同立法的制定主体都是地方各级人民政府,其中,15 部地方行政程序规定的制定机关均为地方人民政府;其他 66 部行政机关合同办法和政府合同管理规定中,有 31 部由地方人民政府制定,29 部由各级政府办公厅(室)制定,3 部由政府职能部门卫生局制定,1 部由教育局制定(《吉林市教育行政机关及其所属事业单位对外签订合同暂行规定》),1 部由工商行政管理局制定(《青岛市工商局行政机关合同管理暂行办法》),还有 1 部由政府城乡建设和管理委员会制定(《上海市城乡建设和管理委员会机关合同管理规定》)。(具体行政合同地方立法制定主体情况详见图 2-4)

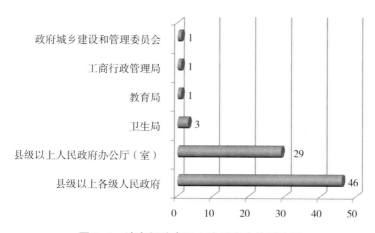

图 2-4　地方行政合同立法制定主体对比图

5. 生效时间与国家不同时期发布的指导性文件中关于行政合同的要求密切关联

15 部地方行政程序规定生效时间最早的为 2008 年的《湖南省行政程序规定》。66 部行政合同专门立法中,除了《吉林市人民政府关于行政机关对外签订合同的若干规定》于 2002 年生效外,其他 65 部均于 2006 年之后生效。(地方行政合同立法生效时间统计详见图 2-5)

2004 年国务院发布的《全面推进依法行政实施纲要》中要求"充分发挥行政规划、行政指导、行政合同等方式的作用",为贯彻落实《纲要》的要求,部分地方政府开始陆续制定行政合同专门立法和行政程序规定。

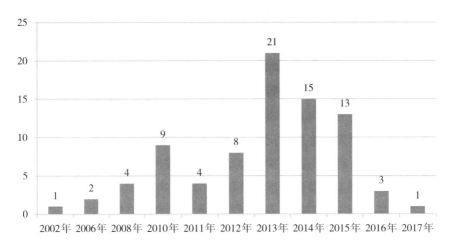

图 2-5   地方行政合同立法生效时间统计图

2008 年出台的《湖南省行政程序规定》中设立专节对行政合同进行了规定,起到了非常好的示范作用,为其他地方的行政合同立法树立了具体的样本。2008 年至 2012 年县级以上地方人民政府制定行政合同规定的数量开始增多,在这 5 年里共有 25 部地方行政合同相关规定出台,约占 81 部地方行政合同立法的 30.9%。

2013 年《中共中央关于全面深化改革若干重大问题的决定》中对推广政府购买服务通过合同等方式提出了要求,与此相适应,出现了县级以上地方人民政府制定行政合同立法的高峰,2013 年至 2015 年制定的行政合同相关规定为 48 部,约占 81 部地方行政合同立法的 59.3%。其中仅 2013 年一年制定的地方行政合同规定就为 21 部,是制定行政合同规定最多的一年。

通过以上的分析我们可以看出,地方行政合同相关规定的出台与国家不同时期发布的指导性文件中关于行政合同的要求密切关联,在国家层面规范性文件确定的制度框架要求下地方立法先行,从而为未来国家的统一立法奠定基础,可以说二者在一定程度上形成了良性的互动。

二、我国行政合同立法存在的问题

(一) 国家层面行政合同立法存在的问题——以 PPP 项目合同立法为例

由于 PPP 模式投资规模大、所涉利益众多且关系错综复杂,确实需要通过一定的形式来确定各方的权利义务从而建立相对稳定的关系,而合同无疑是实现该目标最为有效的方式。由此,整个PPP项目需要由一系列合同共同构成PPP项目合同体系,其中PPP项目合同是整个合同体系的核心和基础,也是典型的行政合同(相关内容将在第三章中进行论证),其立法所反映出的问题能够全部折射到行政合同的立法中,具有代表性与普遍性。因此笔者试图通过分析PPP领域立法中的问题,见微知著,从而窥见国家层面关于行政合同立法中存在的问题。

1. PPP项目合同的缔结在法律层面适用上存在冲突与空白

在法律层面上,目前我国PPP领域并没有专门立法,关于PPP项目合同的缔结主要适用《招标投标法》和《政府采购法》这两部法律,但因为PPP项目与传统的政府采购存在很大差异,加上两部法律在合同的缔结方式、程序等方面的规定存在不同,造成PPP项目合同的缔结在法律适用上存在矛盾与冲突。

PPP项目的回报机制一般包括政府付费、使用者付费和可行性缺口补助三种模式,其中政府付费和可行性缺口补助都涉及财政性资金的使用,故而属于《政府采购法》的适用范围,但是对于使用者付费模式而言,资金的来源是使用者的有偿付费,并不涉及财政性资金的使用,所以便不能适用《政府采购法》。同时采用使用者付费模式的PPP项目中,如果项目合同的缔结采取公开招标或者邀请招标的方式,则可以适用《招标投标法》,但是对于非招标项目则不能适用。例如山东嘉祥九顶山养老服务和生态综合治理PPP项目的运作方式为BOT,资金来源在投资建设初期主要由社会资本方投入和招商引资、社会融资、申请金融机构贷款、争取专项信贷支持等多种途径分期解决,建成之后则采取使用者付费的回报机制以弥补初期资金的投入和后期的运营维护。由于在整个PPP项目中并没有财政性资金的使用,故并不适用《政府采购法》。另外,该项目在采购方式上采用的是竞争性磋商,竞争性磋商是2014年财政部为PPP项目引入的新型采购方式,主要通过《政府采购竞争性磋商采购方式管理暂行办法》(财库〔2014〕214号)和《政府和社会资本合作项目政府采购管理办法》(财库〔2014〕215号)两个文件予以明确。然而,这两个文件作为部门的规范性文件,是否符合《政府采购法》第二十六条兜底条款所认定层级也值得商榷。回溯到山东嘉祥九顶山PPP项目,由于在采购方式上采用竞争性磋商,并不适用《招标投标法》,这样就造成了 PPP 项目合同缔结方式在法律层面适用上的空白。

2. PPP 项目合同法律属性的界定仍存在矛盾

在 PPP 项目中,除了项目合同之外,还存在一系列合同,如股东协议、原料供应合同等,这些合同各自相对独立,具有鲜明的民事合同的特征,与项目合同共同构成 PPP 项目合同体系。其中 PPP 项目合同是整个合同体系的核心,尽管个案中的 PPP 项目合同内容可能存在较大差异,但其仍然存在一些共性条款和机制,法律需要基于这些共性条款和机制对合同性质予以明确。然而,我国对于 PPP 项目合同法律属性问题的规定却存在矛盾。有些规定明确 PPP 项目合同为平等主体之间签订的民事合同,如财政部《关于规范政府和社会资本合作合同管理工作的通知》(财金〔2014〕156 号);①有些规定并没有直接规定属性,而是通过争议解决方式反推其法律属性,如财政部发布的《政府和社会资本合作模式操作指南》第二十八条、发改委发布的《政府和社会资本合作项目通用合同指南(2014 年版)》第七十三条,《基础设施和公共服务领域政府和社会资本合作条例》(征求意见稿)(以下简称《PPP 条例征求意见稿》)第四十条也规定,双方发生争议,可以依法申请仲裁或者向人民法院提起诉讼。通过部委的文件及《PPP 条例征求意见稿》看,有关 PPP 项目合同的争议应当通过民事诉讼方式予以救济,从而能够反推出将项目合同的法律属性定位为民事合同。而新《行政诉讼法》明确特许经营协议等行政协议为司法审查范围,《审理规定》又进一步明确政府与社会资本合作协议属于行政协议的范畴。当然,如果将其界定为民事合同,单纯适用民商法的规定会带来很多制度上的缺陷,导致监管的缺位。

另外,《PPP 条例征求意见稿》中回避了政府特许经营,这究竟是特许经营的放弃还是制度安排的理性转折至今不得而知,2014 年以来发改委有关 PPP 的立法一直以政府特许经营来命名,这一立法举措将政府特许经营与 PPP 的关系问题推到风口浪尖,也引起人们对于政府特许经营存废的猜测。

---

① 财政部关于规范政府和社会资本合作合同管理工作的通知(财金〔2014〕156 号)规定:"在 PPP 模式下,政府与社会资本是基于 PPP 项目合同的平等法律主体,双方法律地位平等、权利义务对等,应在充分协商、互利互惠的基础上订立合同,并依法平等地主张合同权利、履行合同义务。"

实际上在以往的实践中,由于对行政协议的误解,就有将 PPP 项目合同与特许经营割裂开来的先例。例如江苏南京市城东污水处理厂和仙林污水处理厂 PPP 项目"考虑到特许经营协议已经被归类为行政协议的范畴,而 PPP 项目合同更侧重于合同双方作为平等民商事合同主体的属性,本项目法律顾问建议本项目主要适用 PPP 项目法律体系并将 PPP 项目合同作为项目主合同,同时由实施机构以特许经营授权书的方式授予中标社会资本与政府出资机构成立的项目公司特许经营权"①。

3. 立法的缺失是 PPP 项目落地难、实际签约率低的重要原因

根据财政部 PPP 中心 PPP 综合信息平台项目库季报数据,截至 2017 年 6 月末,全国入库项目 13554 个,总投资 16.4 万亿元,6 月末处于识别、准备、采购、执行阶段的项目数分别为 7638、2550、1345、2021 个,落地率为 34.2%,实际签约率仅为 14.9%。PPP 项目落地难的原因是多重的,如融资困难、投资量巨大而收益率偏低等,但最重要的还是社会资本对 PPP 的信心不足,而造成这一现象的根源则在于很多制度法律并没有作出清晰明确的规定,使得各地在具体适用时千差万别,从而影响了 PPP 的实际运作效果。以 PPP 的争议解决机制为例,新《行政诉讼法》将行政合同纳入行政诉讼的司法审查范围,而《仲裁法》又明确规定行政争议不能仲裁,那么新《行政诉讼法》的规定是否排斥了行政合同争议的仲裁解决?《仲裁法》的这一规定又是否与仲裁的发展相适应?这一系列的问题仍然没有得到有效解决,使得 PPP 的争议解决机制缺乏清晰明确的指导与规范,这是造成民营资本参与度不高并导致 PPP 项目落地率较低的重要原因。

PPP 项目的实际签约率低主要体现在两个方面:一是与落地率低紧密关联;二是通过甄选程序所确定的社会资本方最终与政府未签约,下文仅就第二方面作出分析。一般来说,在项目初期阶段,即在政府选定 PPP 项目的社会资本后,应当与社会资本签订 PPP 项目协议,以明确各自的权利义务。然而在实践中却时常因为政府方或者社会资本方的原因而导致出现 PPP 项目合同不予缔结或迟迟不能缔结的情形。因为社会资本方的原因造成的合同缔结

①　财政部政府和社会资本合作中心:《PPP 示范项目案例选编(第一辑)》,http://www.cp-ppc.org/zh/pppxmalxb/5321.jhtml,最后访问日期:2018 年 3 月 2 日。

不能或推迟情形,一般可以通过取消缔结资格并不予退还保证金等方式解决,相关法律法规亦有规定。而对于政府方的原因相关法律法规规定并不明确,因为政府方的原因主要包括两种情形:第一种情形为政府方无正当理由推迟或拒绝签订合同;第二种情形为政府方因为政策变更或公共利益的需要而拒绝签订合同。无论上述哪种情形所造成的政府方推迟或拒绝订约,社会资本方是否具有缔约请求权和损失补(赔)偿请求权? 根据《招标投标法实施条例》第七十三条规定,①社会资本方具有损失赔偿权,但如前所述,《招标投标法》及《招标投标法实施条例》并不适用全部 PPP 项目,而且也仅规定了依法承担赔偿责任,具体的赔偿依据是信赖利益受损予以补偿还是民法中的缔约过失责任? 赔偿的范围是什么? 另外,因为政策变更或公共利益的需要而不能与社会资本方缔结合同时,是否可以参照行政合同履行时行政机关单方变更解除合同时的补偿责任? 这些不明确的规定使得社会资本存在一定的疑虑,进而降低了 PPP 项目的签约率。

(二) 地方层面行政合同立法存在的问题

我国的行政合同立法采用的是地方先行先试的立法路径,这些地方立法为行政合同中央立法积累了一定的经验,而且与国家不同时期发布的指导性文件相呼应,其实施效果的正面效应值得肯定。然而,地方立法的位阶过低,行政机关合同办法和政府合同管理规定这类专门立法又陷入各自为战、自说自话的局面,甚至对于行政合同的概念、范围及签订主体等基本问题的规定亦大相径庭。这种种问题的存在不仅给我国行政合同法律制度的理论研究带来障碍,而且也容易造成司法实践中的迷惘和困惑。

1. 立法位阶较低

如前所述,在笔者收集到的 81 部地方行政合同立法中,仅有 14 部为地方政府规章,其他 67 部均为行政规范性文件。也就是说,地方行政合同立法位阶最高为地方政府规章,甚至都没有一部地方性法规。地方行政合同立法位阶过低是行政合同在我国难以发挥其应有效果的重要原因之一。

此外,地方政府规章和规范性文件在司法审查中面临着障碍:首先,根据

---

① 《招标投标法实施条例》第七十三条规定,招标人无正当理由不与中标人订立合同或者在订立合同时向中标人提出附加条件的,由有关行政监督部门责令改正,可以处中标项目金额10‰以下的罚款;给他人造成损失的,依法承担赔偿责任。

《行政诉讼法》第六十三条规定,人民法院审理行政案件,参照规章。也就是说法院在审理行政合同纠纷时,地方政府规章仅具有"参照"的地位,在认定其合法有效的基础上才能适用。其次,根据《适用解释》第十四条规定,行政合同可以适用民事法律规范,所以对行政合同效力的认定亦可以参考民事法律中合同无效的规则。而从最高人民法院《关于适用〈中华人民共和国合同法〉若干问题的解释(一)》第四条规定来看,①法院便不得以行政规章作为依据来确认行政合同无效。综上,地方政府规章和行政规范性文件因其立法位阶过低,不能作为法院审理行政合同的依据,也就不能通过司法审查来强化其约束力。

2. 概念规定并不一致

笔者在第一章中已经对地方立法中关于行政合同、行政机关合同和政府合同的概念进行梳理后认为,地方行政程序立法中关于行政合同概念的界定并无本质差别,主要是以《湖南省行政程序规定》为范本进行定义,基本都采用"主体说"与"目的说"的混合形态,只是在行文表述上有些许差异。而地方立法对行政机关合同和政府合同概念的规定可谓五花八门。区别主要表现在以下两个方面:一是从主体角度而言,有 3 部地方立法没有明确行政合同的主体,仅仅规定通过谈判达成协议而签订的合同;16 部地方立法规定主体一方为行政机关,另一方为公民、法人和其他组织;而 30 部地方立法采取典型的"主体说",即规定以行政机关一方作为当事人,其中,对于行政机关的范围各地方立法的规定亦不统一,有的仅概括规定为行政机关,有的进一步详细规定为地方政府、地方政府工作部门及法律法规授权组织,有的甚至规定为地方政府的派出机构及其管理的行政机构和事业单位。二是从范围角度而言,一些地方立法在概念界定中不仅明确规定行政机关合同或政府合同的表现形式可以为合同、协议、意向书、备忘录、承诺书等契约性法律文件外,而且认可行政机关合同或政府合同中包括民商事合同,《湘潭市人民政府办公室关于加强行政机关合同管理的意见》更是直接规定,其所称的行政机关合同为行政机

---

① 最高人民法院《关于适用〈中华人民共和国合同法〉若干问题的解释(一)》第四条规定:"合同法实施以后,人民法院确认合同无效,应当以全国人大及其常委会制定的法律和国务院制定的行政法规为依据,不得以地方性法规、行政规章为依据。"

关与民事主体缔结的民事合同。① 这些地方立法显然混淆了行政合同与民事合同的界限,加剧了司法实践中的混乱与迷惘。

综上,我国行政合同立法采用的是地方先行先试的立法路径,期望通过地方立法经验的累积为中央立法奠定坚实基础。然而,地方立法中对于行政合同最为基础的概念问题的界定仍然不统一,甚至存在一定的冲突与矛盾,这一方面说明我国对于行政合同基本理论的研究仍有很长的路要走,另一方面也进一步证明了行政合同中的一些重大问题在我国长期得不到解决,可以说与地方立法规定的混乱不无关系。

3. 立法内容差异较大

如前所述,我国行政合同的地方立法主要包括两个层面:一是地方行政程序立法中对于行政合同的专章(专节)规定;二是地方的行政机关合同管理办法和政府合同管理规定。地方行政程序立法中关于行政合同的规定相似程度比较高,主要都效仿《湖南省行政程序规定》,侧重于行政合同从订立、履行、法律适用到纠纷解决整个过程的程序机制;而地方的行政机关合同管理办法和政府合同管理规定则更强调行政机关对于合同的管理与监控,②故而对其合法性审查和监督管理规定得比较详尽。

4. 立法的民主性因素不高

"从治理理念上看,既是立法就应当综合多元化利益,衡平各方利益以达成交涉性合意。"③然而,当前行政合同的地方立法往往以行政机关为本位,多是行政主管部门根据治理上的便利和管理中的经验进行立法,行政相对人或者社会公众参与度比较低。同时,现有的地方行政合同立法中,还存在着权力与权利配置不合理的问题,这一点在地方的行政机关合同管理办法和政府合

---

① 《湘潭市人民政府办公室关于加强行政机关合同管理的意见》规定:"本意见所称行政机关合同是指行政机关与公民、法人等民事主体,按照平等、自愿原则,设立、变更、终止民事权利义务关系的协议。"

② 如《杭州市行政机关合同管理办法》第一条规定:"为加强行政机关合同管理,预防和减少合同纠纷,依法维护国家利益和社会公共利益,根据《中华人民共和国合同法》、《浙江省人民政府办公厅关于规范行政机关合同管理工作的意见》(浙政办发〔2013〕37 号)等有关规定,结合我市实际,制定本办法。"

③ [德]彼得·巴杜拉:《自由主义法治国与社会法治国中的行政法》,陈新民译,载陈新民:《公法学札记》,三民书局 1995 年版,第 115 页。

同管理规定中表现得尤为突出。无论是合同示范文本的制定还是合同的起草,乃至合同的缔结,都由行政机关占据主导地位。① 这种行政机关和相对人之间利益分配的不平衡和不公平,与行政合同强调当事人之间的平等协商及合意性不相兼容,不但可能招致民法学者的批判,而且也会对行政合同制度的构建产生一定程度的破坏作用。

5. 重复立法现象严重

通过对行政合同地方立法的梳理,笔者发现地方立法复制或重复上位法及其他地方立法文件的现象比较严重。在地方行政程序立法层面,"《湖南省行政程序规定》开启了中国统一行政程序立法的破冰之旅"②。之后,各地纷纷出台行政程序规定,但是除了《浙江省行政程序办法》外,其他 13 部均没有跳出湖南程序规定的藩篱,只是对个别条文进行修改与补充,无论在体例上还是在法条表述上几乎都是复制与照搬。在地方关于行政合同的专门立法层面,重复立法亦大量存在。如《青岛市工商局行政机关合同管理暂行办法》与《青岛市行政机关合同审查暂行规定》的重复法条及表述达 95% 以上;又如鞍山市和阜新市关于行政机关合同的立法几乎就是辽宁省规定的翻版。"地方立法,贵在有地方特色。"③地方重复立法无法体现地方多样化的实际需要,不能够有针对性地解决本地区的实际问题,造成立法资源的浪费。

6. 立法内容缺乏外部关系调整

从立法内容上来看,地方行政合同立法尤其是政府合同和行政机关合同立法以内部管理机制为主,从行政合同的签订主体、起草部门、订立程序、审查(包括审查范围、审查机构、审查期限、审查内容、专家论证、审查意见书及审查结果)等方面详细进行了规定。然而,这些规定实际上是从方便行政机关管理行政合同的角度出发,缺乏对于外部关系的调整,并非着眼于行政合同的整体制度构建,存在着各自为战、自说自话的局面。

---

① 例如《广州市政府合同管理规定》第九条规定:"市政府合同示范文本由市司法行政部门负责牵头制定。部门合同示范文本由各工作部门组织制定。涉及多个部门的,可以由两个以上部门联合制定。"第二十七条第一款规定:"市政府工作部门应当根据合法性审查意见对合同草拟稿进行修改,形成合同正式文本。"

② 王万华:《统一行政程序立法的破冰之举——解读〈湖南省行政程序规定〉》,载《行政法学研究》2008 年第 3 期,第 115 页。

③ 周旺生:《立法学教程》,北京大学出版社 2006 年版,第 305 页。

我国行政合同地方立法除了上述的问题之外,对于一些重要的制度仍然缺乏规范,例如有关信息公开、情势变更和争议解决机制等均未作出明确规定。另外,行政机关合同和政府合同的范围过大,不仅包括行政合同,也包括行政主体之间的协议和民事合同,给行政合同法律制度的构建带来一定的障碍,也导致实务中的无所适从。因此,构建统一的行政合同法律制度已经成为我国亟待解决之现实需要。

第二节　构建统一行政合同制度的必要性

目前,随着理论研究的深入和实践经验的累积,行政合同概念已经得以明确,但是,确立行政合同所固有的法理,构架通用于全部合同的法律体系,仍是现代行政法学的重要课题。① 构建统一的行政合同法律制度,有利于改变目前单行立法各自为政的局面,改善分散立法的弊端,也可以对行政合同的不当使用予以防范和限制。

一、行政合同案件数量激增提出的立法需求

新《行政诉讼法》虽然将"行政协议"正式纳入司法审查范围,但对于具体的适用规则并未作出规定,仅仅在第七十八条规定如何作出判决。于同日实施的《适用解释》进一步进行了细化规定,包括行政协议的内涵、范围、行政协议案件的起诉期限、管辖法院、法律适用、诉讼费用及判决方式。然而这些规定仍然比较简单化、原则化,相关配套法律制度并没有及时跟进。于2020年1月1日实施的《审理规定》由于生效时间尚短,其作用并未完全显现。于是乎新《行政诉讼法》已经开始显现和暴露出一系列问题。

(一) 新《行政诉讼法》出台后行政合同案件数量激增

新《行政诉讼法》修改后,大量的行政协议纠纷进入行政诉讼中。截至2020年5月21日,笔者利用中国裁判文书网输入"行政协议"进行搜索,共查找到40075个案例,接下来通过案由筛选,筛选出"行政案由"的为39973个案

---

① 参见杨建顺:《日本行政法通论》,中国社会科学出版社1998年版,第533页。

例，新《行政诉讼法》修法之前共有 6 个案例（当然，这与之前行政合同并没有纳入行政诉讼的受案范围，而是作为民事案件审理有关），修法后五个年度的时间里，各级人民法院行政审判庭共审理 39967 件有关行政协议的纠纷，其中 2019 年度数量最多，达到 12869 件，2018 年度次之，达到 11767 件，2015、2016、2017 年度分别为 1181 件、4894 件和 7818 件。通过以上数据可以发现，新《行政诉讼法》修法后，行政协议案件数量猛增。然而，与数量庞大的行政协议纠纷不相适应的是我国尚缺乏统一的行政合同法律制度，一些规则又存在一定的缺陷，如《适用解释》将行政协议不同类型适用不同诉讼程序，有可能带来法律适用上的混乱，[①]法律并没有明确规定行政协议补偿和赔偿适用公法规则还是私法规则，适用公法规则的国家赔偿标准远低于民事合同的全面赔偿标准。因此，"出于对赔偿标准的顾虑，已经出现了很多市场主体考虑如何将合同避免确定为行政合同的倾向"[②]。笔者曾经与北京市几个中级人民法院的行政庭法官交流时，他们感慨地说："现在最怕人家问我们行政协议案件怎么审、如何判，实际上我们也很迷茫，亟需立法完善。"《审理规定》的出台对于上述问题予以了积极的回应，但是司法解释毕竟具有一定的局限性，其作用不能与立法相等同，法院亦不能代替立法机关行使立法权，故仍需统一立法予以完善。

（二）行政合同识别标准认定的模糊性为司法审查设置了障碍

笔者在第一章中通过对我国立法中关于行政合同识别标准的梳理得出了标准模糊、不清晰的结论，在本部分中进一步分析行政合同识别标准的模糊给司法审查所带来的一系列问题。如"重庆市酉阳土家族苗族自治县麻旺镇平桥村六组诉重庆市酉阳土家族苗族自治县国土资源和房屋管理局土地使用权出让合同案中，重庆市高级人民法院认为，新《行政诉讼法》并未将国有土地使用权出让合同作为行政协议进行列举，而根据《最高人民法院关于审理涉及国有土地使用权纠纷案件适用法律问题的解释》之规定，国有土地使用权出让合同纠纷属民事审判权限范围，故平桥村六组就国有土地使用权出让合

---

① 参见王万华:《新行政诉讼法中"行政行为"辨析——兼论我国应加快制定行政程序法》，载《国家检察官学院学报》2015 年第 4 期，第 12 页。

② 吕立秋:《行政协议的纠纷解决路径与思考》，载《中国法律评论》2017 年第 1 期，第 69 页。

同提起的诉讼不属于行政诉讼受案范围。① 而作为最高人民法院第三巡回法庭第一案——江苏瑞豪置业有限公司、顾明、汪有恒诉盐城市大丰区人民政府、盐城市大丰区国土资源局建设用地使用权出让合同纠纷案,最高人民法院认为,建设用地使用权出让合同是出让方为实现社会公共利益或者行政管理目标,在法定职责范围内,与公民、法人或者其他组织协商订立的,具有行政法上权利义务内容的行政协议。"②

"上述两个案例,同样都是土地使用权出让合同纠纷,且审理时间都是在新《行政诉讼法》实施之后,最高人民法院认定为行政合同,而重庆市高级人民法院受到相关司法解释的影响将其定性为民事合同,出现了两种截然不同的司法审查模式,这势必会带来司法实践中的混乱,从而对当事人的权益产生影响。"③

2020 年《审理规定》第二条第三项规定"矿业权等国有自然资源使用权出让协议"属于行政协议,其中的国有自然资源是否包括国有土地仍然存在争议。《宪法》第九条关于自然资源的列举并不包含土地,但是从最高人民法院将"萍乡市亚鹏房地产开发有限公司诉萍乡市国土资源局不履行行政协议案"作为第 76 号指导案例发布,似乎又期望明确国有土地使用权出让合同属于行政协议。实际上,无论是从经济收益还是从纠纷数量上看,国有土地使用权出让都远远超过矿业权出让,其更具有代表性。所以,如果国有土地使用权出让合同定性明确的话,最高人民法院在《审理规定》将第二条第三项中表述为"国有土地使用权等国有自然资源使用权出让协议"似乎更为合理。《审理规定》采用这种模糊的处理方式说明至少在国家层面上对于国有土地使用权出让合同的性质并没有达成共识,而这种不明确的表述将可能导致争议的进一步扩大。

---

① 参见重庆市高级人民法院(2015)渝高法行申字第 00683 号行政裁定书。
② 上述内容已经发表于《法大研究生》。详见冯莉:《论行政协议的识别标准与类型》,载《法大研究生》2017 年第 2 辑,第 111—112 页。其中的案例参见最高人民法院网:http://www.chinacourt.org/article/subjectdetail/id/MzAwNEjPNoABAA%3D%3D.shtml,最后访问日期:2017 年 4 月 6 日。
③ 上述内容已经发表于《法大研究生》。详见冯莉:《论行政协议的识别标准与类型》,载《法大研究生》2017 年第 2 辑,第 112 页。

（三）行政合同效力认定标准的不统一阻碍了司法审查实践的发展

德国《联邦行政程序法》第 54 条规定："订立合同所代替的行政行为的作出需其他行政机关的批准、同意或赞成的,则得到其他机关相应的回应后,该合同方为有效。"我国新《行政诉讼法》对此并未作出规定,只是一些地方立法中有类似的规定。① 法律上的缺位直接导致司法审查中行政合同无效的标准不一,有认定审批不影响合同效力的,如"青岛市崂山区国土资源局与诉青岛南太置业有限公司国有土地使用权出让合同纠纷案"中,最高人民法院认为:"政府机关对有关事项或者合同审批或者批准的权限和职责,源于法律和行政法规的规定,审批权或者批准权不产生限制合同效力的法律效果。"②也有认定未经审批行政合同无效的,如"陈顺烟等 16 人诉莆田市教育委员会不予安排就业及请求行政赔偿案"中,莆田市中级人民法院认为:"本案所涉'定向培养学生协议书',因没有得到省教育主管部门的审核而无效。"③这表明法院在行政合同效力的认定上,适用了完全不同的标准。值得高兴的是,《审理规定》第十三条对此问题进行了规范,相信这一标准的统一将有利于司法实践的发展。

此外,对于行政合同效力的法律适用标准司法实践中存在一定的冲突,主要有单一认定标准与双重认定标准两种。所谓单一认定标准包括两种情形,其一是对行政合同无效仅审查其是否具有违反《民法典》关于民事法律行为和合同无效的规定,只要具备其中之一则行政合同无效。如"牛晓民等 165人诉陕西省商洛市国土资源局案"中,最高人民法院认为:"判断行政协议案件是否有效,可以参考《合同法》第五十二条关于合同无效之规定。"④其二是对行政合同无效要审查是否缺乏依据且违反法定程序这一行政行为无效的规定,如"朱安莉诉明光市人民政府拆迁行政协议案"中,一审法院认为,本案补

---

① 如《湖南省行政程序规定》第九十六条规定:"行政合同依照法律、法规规定须经其他行政机关批准或者会同办理的,经过其他行政机关批准或者会同办理后,行政合同才能生效。"《凉山州行政程序规定》第一百一十三条规定:"行政合同所涉事项依照法律、法规规定需要前置批准方能生效的,因行政机关过错造成履约损失,行政机关应依法承担相应法律责任。"

② 最高人民法院(2004)民一终字第 106 号民事判决书。

③ 福建省莆田市中级人民法院(2001)莆中行终字第 101 号行政判决书。

④ 最高人民法院(2016)最高法行申 3486 号行政裁定书。

偿安置协议在签订时缺乏依据且违反法定程序，应确认无效。[①] 所谓双重认定标准是对行政合同无效不仅审查是否违反《民法典》关于民事法律行为和合同无效的规定，还要审查是否违反了行政诉讼法关于行政行为无效的规定[②]。如“范存勰诉太和县城关镇人民政府、太和县人民政府行政协议案”中，二审法院认为：“行政协议属于行政行为的一种，同时兼具合同的特征，对行政协议效力的判断不仅可以适用行政诉讼法关于无效行政行为的规定，还可以适用《合同法》第五十二条的规定。”[③]通过上述案例我们可以看出，行政合同效力司法审查标准的不一致将导致相同的行政协议出现不同的审理结果，进而可能引起司法不公。

综合以上分析，新《行政诉讼法》出台后行政合同案件数量激增，但现有的规范尚存在诸多的缺位与不足，给司法审查实践带来了严峻的考验，亟需统一的行政合同立法来予以完善和回应。

二、行政合同在实践中广泛应用带来的立法需求

随着时代的进步及福利国家思想的盛行，使得行政合同在行政实务上逐渐占有一席之地。在我国，行政合同作为各级政府招商引资、完善基础设施建设、履行公共服务职能日益广泛使用的方式，在实践中得到迅速发展。通说认为，我国以行政合同代替传统的行政命令或指令性计划，始于农业联产承包责任制。[④] 1985 年，国家将粮食和棉花的统购改为合同订购。于是，“在农业领域国家管理的方式上，行政合同已占据了主导地位。”[⑤]1987 年，党的十三大报告明确提出了“以合同方式确定国家与企业之间的债、权、利关系”，行政合同在我国开始广泛应用。迄今为止，行政合同不仅应用于政府特许经营、自然资源使用权出让、公共工程承包、公用征收、科研、公职人员聘用等领域，而且在行政机关的内外部管理活动中，也存在着治安承包合同等行政合同，表明行

① 参见安徽省滁州市中级人民法院(2015)滁行初字第 00008 号行政判决书。

② 参见新《行政诉讼法》第七十五条规定：“行政行为有实施主体不具有行政主体资格或者没有依据等重大且明显违法情形，原告申请确认行政行为无效的，人民法院判决确认无效。”

③ 安徽省高级人民法院(2016)皖行终 525 号行政判决书。

④ 参见刘莘：《论行政合同的存在意义》，载《法律科学》1999 年第 5 期，第 53 页。

⑤ 张树义：《行政合同》，中国政法大学出版社 1994 年版，第 3 页。

政合同正向干预行政领域渗透。笔者将在第三章中详细梳理我国立法及司法实践中对于行政合同类型的确定,以进一步证明其适用范围之广泛。然而,新《行政诉讼法》仅仅明确两种行政协议类型,《审理规定》尽管扩充至五种,但仍与实践当中大量存在的行政合同案件并不相匹配,也较之地方行政程序规定中的行政合同类型明显缩水。这在一定程度上说明,现行法律并不能很好回应行政合同在实践中的广泛应用。

众所周知,一项制度的良性有序发展,离不开法律的保驾护航。同理而言,行政合同的持续稳定发展,必然要求立法的完善。然而,我国目前并没有统一的行政合同立法,这无疑会给行政合同的未来布满荆棘,而且也会使其效用大打折扣。行政合同是典型的"实践导向"产物,通过实践的日益丰满来倒逼立法是很多国家行政合同立法的历程与写照。也许有学者会提出我国理论界对行政合同诸多问题并未达成一致意见,构建统一立法尚缺乏基础。但是,笔者认为,理论界的争议,恰恰反映出实践的迫切需要,通过立法构建来减少或终结争议或许是目前最理想的现实选择。"立法需要理论上做充分准备,但并不要求达成理论共识(即便是基本共识)。理论共识与法制构建之间是互促关系而非先后关系,不能以一方作为另一方的前提。"[1]

三、PPP 的大力推进所产生的立法需求

PPP 在我国并非新鲜事物,只是最近几年国家的大力推进才使得其广为人知,但其实早在 20 世纪末,我国就已经开始了 PPP 的起步探索。20 世纪 80 年代中期,土耳其率先出现了 BOT 模式,随后被其他发展中国家所效仿。这一阶段典型的案例为最早引入国内民营资本以 BOT 方式建设的刺桐大桥项目。2004 年,《市政公用事业特许经营管理办法》的实施,标志着特许经营的概念正式引入市政公用事业,并在城市供水、污水处理及燃气供应等领域广泛应用。正当各地如火如荼地开展 PPP 项目之时,2008 年的全球金融危机袭来,为了抵御冲击,我国政府投资 4 万亿予以应对。在这 4 万亿政府投资中,过半被分配到给当地政府用于配套设施的建设,使得地方政府对资本的需求

---

[1]　江必新:《中国行政合同法律制度:体系、内容及其构建》,载《中外法学》2012 年第 6 期,第 24 卷,第 1164 页。

不再强烈,PPP 模式进入了调整期。2013 年以来,我国经济增长速度开始逐渐呈现下行趋势,地方债务剧增,而基础设施建设领域仍需要大规模的投资力度,地方政府在现实的压力下,开始寻求社会资本的帮助,PPP 又重回历史舞台。政府开始注重运用政府与社会资本合作来进行公共管理模式的创新,大力推广 PPP 模式,使得 PPP 项目在全国遍地开花,呈现井喷之势。仅 2019 年全国政府和社会资本合作(PPP)综合信息平台收录管理库项目累计 9440 个,累计投资额 14.4 万亿元①,且广泛应用于市政工程、交通运输、城镇综合开发、生态建设和环境保护、旅游、教育、医疗卫生、养老、能源、体育、科技、农业、林业及社会保障等各个领域。在"一带一路"倡议实施的背景及进程中,PPP模式更是成为地方政府与国家乃至国际层面优先选择的融资模式。随着"一带一路"倡议的推进,沿线铁路、公路、信息、能源及产业园区等多项基础设施重大工程的建设运营需要大量的资金,而民间资本的快速发展亦使得 PPP 模式大有用武之地。在财政部政府和社会资本合作中心官方网站上公布的"一带一路"PPP 项目案例就有斯里兰卡科伦坡港口城项目、柬埔寨额勒赛下游水电项目等十个。② PPP 模式不仅可以有效缓解国家和政府的债务压力,而且能够提高社会福利,助推国家治理体系与治理能力的现代化。然而,PPP模式一般应用于基础设施和公用事业项目,具有投资规模大、周期长、信息不对称等弊端,有可能给政府、社会组织和公共利益带来风险。因此,需要进行有效规制以矫正市场失灵带来的扭曲,更好地维护社会公共利益。需要注意的是,由于 PPP 项目的核心为 PPP 项目合同,所以运用统一的行政合同立法来规制 PPP 项目合同,便可以助力 PPP 模式的良性发展。

然而,目前我国行政合同法律层面的立法呈现碎片化样态,尚缺乏一般性规则的规定,而国家层面关于行政合同的规定大量存在于行政法规及部门规章之中,其中又以部门规章为主。这一特点在 PPP 领域立法中表现得尤为突出,我国并没有规制 PPP 领域的专门法律,截至 2020 年 5 月 23 日,笔者通过北大法宝搜索到关于政府和社会资本的部门规章达 57 项之多,以财政部和国

---

① 参见政府与社会资本合作(PPP)研究中心:《全国 PPP 综合信息平台管理库项目 2019 年报》,https://www.cpppc.org/jb/1781.jhtml,最后访问日期:2020 年 5 月 22 日。

② 参见财政部政府和社会资本合作中心官网:http://www.cpppc.org/zh/ydylal/index.jhtml,最后访问日期:2019 年 1 月 22 日。

家发展改革委员会发布或牵头发布为主,这些部门规章在规范 PPP 模式运转的同时也滋生了一些亟待解决的突出问题,如相关管理制度和措施存在"政出多门",合作项目范围有泛化倾向、合作项目实施不够规范、民营资本的参与热情不高等。针对上述问题,《PPP 条例征求意见稿》规定了调整对象、管理体制、合作项目的发起、实施、监督管理和争议解决六部分内容。该征求意见稿是 PPP 领域的首个条例,是 PPP 领域立法的一项重大进展,然而,通过这一条例能否解决实践中的诸多疑难问题也确实值得怀疑。例如《PPP 条例征求意见稿》所确立的监管体系,就存在着组织体制与运行系统的相互交叉,很难从根本上解决"政出多门"的问题。综上,PPP 的大力推进给我国行政合同立法提出了巨大的挑战的同时,也倒逼行政合同法制的完善,亟需统一的行政合同立法来予以回应。

四、立法分散且存在缺陷无法适应新的立法需求

如前所述,我国目前对于行政合同法律层面的立法呈现碎片化、分散的样态,尚缺乏一般性规则的规定,基本处于法制缺位状态,行政合同的法律制度体系尚未形成,许多重要的制度并没有作出规定,例如行政合同的缔结制度、信息公开制度和争议解决机制等均须进一步予以明确。当然,这与以前法律上并没有认可行政合同,而且其理论研究并不深入的社会条件是相符合的。但是近年来,行政合同已经成为重要的行政管理手段,而且新《行政诉讼法》也将其纳入司法审查的范围。因此,单行的分散立法已经远远不能适应行政合同的现实需要,主要表现在以下几个方面:

首先,难以满足行政合同适用范围逐步扩展所带来的立法需求。行政合同的适用范围应当是一个动态发展的开放空间,在理论上,除非法定除外或者性质除外,否则不应对行政合同的容许范围进行限制。在未来的行政管理中,行政合同的应用必将越来越广,内容亦会逐步丰富。如果继续分散的单行立法思路,其立法速度与立法需求不成正比,恐将出现立法空白。

其次,分散的单行立法不具有普遍适用性,无法对行政合同的基本原则、法律适用、缔结、履行、变更、解除等普适性的一般规范予以规定,而这些恰恰是构建行政合同法律制度的基础和关键。我国理论界和司法实践中关于行政合同的争议,反映出上述总则性法律规范的缺失,如行政合同的缔结制度不完

善、争议解决制度规定不统一。单行立法受制于立法权限,只能满足特别规范的立法需求,并不能作出具有普遍约束力的一般规范,需要制定统一的行政合同立法。

最后,从立法技术而言,分散的单行立法容易出现法律之间缺乏内在逻辑、立法重复及法律条文之间的矛盾、冲突等现象,而这又是单行立法本身所无法克服的,因此需要制定统一的行政合同立法。

第三节　建构统一行政合同制度的立法路径

目前分散化、碎片化的立法无法回应现实的迫切需要,制定统一立法确实是规范行政合同制度发展的现实选择。具体而言,有两种方案可供选择:一是制定专门的"行政合同法";二是在"行政程序法"中设专章对行政合同予以规范。笔者通过对域外立法的梳理,结合这两种方案进行分析,试图寻找到更适合我国国情的立法模式。

一、域外行政合同制度的立法形式

"他山之石,可以攻玉。"关于行政合同的立法路径,考察其他国家的立法实践或许会给我们带来一些灵感与启示。

(一)法国

法国作为行政合同理论的先行者,其有关行政合同的法律制度,主要是通过行政法院的判例形成的,包括行政合同的标准、不可预见性、行政机关可以单方面变更或解除等具体的规则。除判例法外,规范行政合同的成文法也大量存在,主要有:公共采购法典、关于公共服务委托合同的法令、公法人与私法人合作合同的法令、刑事法典、欧盟法、宪法;另外,民法典,尤其是与合同相关的普通规则,也可适用于行政合同。① 需要说明的是,由于法国行政合同制度以经由司法判例形成的法律规范作为主要内容,不仅在规则的明确性和体系

---

① 参见[法]菲利普·岱尔纳尔:《法国行政合同的法律制度描述》,载杨解君编:《法国行政合同》,复旦大学出版社 2009 年版,第 31 页。

化方面略有欠缺外,亦与我国的实际情况相距甚远,我国借鉴其立法路径会有相当的难度。

(二) 德国

作为大陆法系国家典型代表的德国通过《联邦行政程序法》对行政合同予以规范,其中既包括程序法的内容,也有部分实体法的规定,这与德国行政法注重实体法的历史传统相契合。除了德国之外,域外很多国家和地区都制定了专门的行政程序法。在 20 世纪的百年间,世界范围内共掀起了三次制定行政程序法的高潮,[①]其中,1966 年《西德行政程序法标准草案(慕尼黑草案)》、1976 年《联邦德国行政程序法》、1999 年《西班牙公共行政机关法律制度及共同的行政程序法》、1991 年《葡萄牙行政程序法》、1999 年《希腊行政程序法》都对行政合同进行了规定,除了《西班牙公共行政机关法律制度及共同的行政程序法》仅规定了行政机关之间的协作协议外,其他国家的行政程序法对行政合同的概念、种类、适用范围、行政优益权、行政合同的形成及共同订立合同人的选择、公开招标的必要与例外、缔约前的公告与意见表示、行政合同的变更和终止、行政合同规定的补充适用及仲裁的选择等方面进行了详尽的规定。通过完善的行政程序立法规范行政合同成为域外普遍应用的规范模式,近年来,这种普遍应用性在域外进一步由国家层面发展到国际组织层面。2014 年 9 月 1 日,欧盟行政法研究网发布了《欧盟示范行政程序规则》(专家意见稿),[②]该意见稿的第四节通过 32 个条文专门针对行政合同进行了规定。[③]

(三) 英国和美国

英国和美国作为典型的普通法系国家,并不严格区分公法与私法,对凡是涉及政府一方为当事人签订的合同统称为"政府合同",适用合同法的一般规则,并由普通法院管辖。[④] 但是由于行政机关代表公共利益,与私人合同存在

---

① 参见王万华:《行政程序法研究》,中国法制出版社 2000 年版,第 70—81 页。

② 参见王万华:《法治政府建设的地方程序立法推进——制定〈北京市行政程序条例〉的几个问题》,载《法学杂志》2015 年第 8 期,第 15 页。

③ 详细中文翻译文本请参见北大公法网,http://www.publiclaw.cn/? c = news&m = view&id = 7206,最后访问日期:2020 年 5 月 23 日。

④ 参见[英]威廉·韦德:《行政法》,徐炳等译,中国大百科全书出版社 1997 年版,第 487—491 页。

较大不同,故逐渐发展出了一些专门适用于政府合同的特殊法律规则。英国关于政府合同的规范主要有:一是于 1948 年 1 月 1 日起实行的《王权诉讼法》;二是契约不能束缚行政机关自由裁量权行使规则以及 1974 年工会和劳动关系法的英王雇用契约规则;三是地方政府制定的法规、公共部门颁布的规章、基本原则及标准格式或标准条款。① 美国关于政府合同的基本法律主要有:一是美国宪法第 1 条第 10 款关于公共契约的规定;二是普通合同法体系;三是涉及政府采购等公共服务的专门立法,其中对于进行物品或服务采购的程序性规范进行了详细规定。

通过对上述国家行政合同立法路径的分析,我们可以看出:第一,行政合同作为一种新型柔性的行政管理方式在世界各国得到了广泛应用,而且形成了不同于私法合同的特殊的法律规则体系。各国的立法实践再次证明,行政合同与民事合同存在本质上的差异,行政合同需要确立独立于民事合同的法律规范体系。第二,各国都是以本国的国情为基本出发点,根据各自的法律体系和行政体制的特点,选择适合本国的行政合同立法模式,以期最大限度地发挥行政合同的价值功能。第三,重视成文法的制定是各国行政合同立法的趋势与方向。在法国,自 20 世纪 80 年代人们就开始质疑,难道行政合同的法律渊源只能由判例来构成吗? 现今行政合同的判例渊源已经逐渐衰弱,与之相适应的是,有关的成文法正呈现出上升的趋势。② 英美国家虽然有判例法的传统,但也重视制定成文法来规制行政合同。第四,对行政合同立法需要充分参考民事合同的相关规定,一方面可以保障契约自由,有利于行政民主的实现,另一方面运用私法合同规则体系能够完善行政合同的适用规则。

二、制定"行政合同法"利弊分析

(一) 制定"行政合同法"的优势

其一,虽然行政合同兼具行政性与合同性,但行政性仍然是其本质属性,这也是它与民事合同的主要区别,决定了其理应受到行政法律规范的调整。制定冠以"行政合同法"为名称的单行法,通过适用特别法优于一般法的原

---

① 参见王名扬:《英国行政法、比较行政法》,北京大学出版社 2016 年版,第 185—197 页。
② 参见[法]菲利普·岱尔纳尔:《法国行政合同的法律制度描述》,载杨解君编:《法国行政合同》,复旦大学出版社 2009 年版,第 30—31 页。

则,能够保证行政合同的特殊性。

其二,制定"行政合同法"是构建我国行政合同制度的终极目标及理想所在,可以充分吸收并借鉴《民法典》的相关条文,将实体法和程序法内容一并予以规定,对行政合同作出类似于民事合同那样完备的规范,使得"行政合同法"完全胜任解决行政合同争议的需要,无须再适用《民法典》的相关规定。这样不仅符合我国行政法制的制度背景,而且也为行政合同法律制度更深层次的修改、补充和完善留下了空间和余地。此外,由于专门的行政合同法规定内容比较全面,能够为法院审理案件提供明确的指引,其生效后或将很快发挥作用,可能会收到比较理想的实施效果。

(二) 制定"行政合同法"的弊端

首先,制定"行政合同法"是构建我国行政合同制度的理想所在,但与我国的现实相距甚远。目前,我国行政合同的理论研究仍然处于初级阶段,尚未形成统一完整的行政合同法律体系,制定"行政合同法"无异于架构一个空中楼阁,并不符合我国的现实国情。

其次,制定"行政合同法"恐对我国的立法形成太大的压力。从立法成本角度而言,制定"行政合同法"从提交法律案到审议再到表决,不仅需要耗费大量的人力、物力和财力,而且在时间上可能要花费几年甚至数十年。但是行政合同在实体上主要适用民法、合同法等私法规则,主要在程序上适用公法规则,制定"行政合同法"显然有浪费立法资源之嫌。从地方立法基础而言,我国的行政合同立法采取的是地方先行先试的立法路径,而地方立法中有的仅是行政机关合同和政府合同管理办法,强调行政机关的管理与监督,并非是对行政合同的法律制度构建。由此,制定"行政合同法"并不具备地方立法基础。

最后,制定"行政合同法"需要对行政合同的基本理论形成较多的共识,而我国法学界对行政合同的诸多问题认识尚不统一。目前我国理论界对行政合同的概念、识别标准、适用范围、法律适用及争议解决等问题均存在较大争议。以行政合同的适用范围为例,实践中行政合同的种类繁多,而且很多合同的定性并不明确,理论界及司法实践中的认识亦不统一,行政合同的适用范围很难确定,将众多的合同统一定性的可能性并不很大。有学者指出,基于当下中国已经存在大量行政合同实践,面对社会的实际需要,可以先由国务院制定关于行政合同的行政法规,假以时日,当我们在理论上对行政合同的基本问题认识得更清晰了,实践中也积累了一些经验和教训,各方面的条件均已成熟,就可以着手制定独立的"行政合同法"。① 尽管现阶段由国务院制定有关行政合同的行政法规是否可行仍有待商榷,但这确实反映出该学者对我国现阶段无法制定"行政合同法"的无奈。王周户教授也曾断言:"行政合同法典的制定所需要的实践和理论积淀绝不是短期可完成的。"②

综合以上分析,我国制定专门的行政合同法弊大于利,且缺乏相关的理论与实践基础,此种立法方案在现阶段尚不可取。

三、我国宜在"行政程序法"中设专章规定行政合同

"一切有权力的人都容易滥用权力。"③为了防止行政权被滥用,现代行政法将"运用程序控制行政权力"视为基本准则。日本行政合同运用中出现过"行政主体廉价出卖行政权"④的现象。美国行政合同的应用有时可能"使得政府能够通过委任逃避宪法审查"⑤。西方国家行政合同运行的实践表明:"一个妥当的事前程序比事后的救济手段更能保障公民的利益。"⑥所以说,公法程序规范不仅可以防止行政恣意,而且能够保障相对人的合法权益。

(一) 我国适宜在"行政程序法"中设专章规定行政合同的原因分析

1. 通过《行政程序法》规范行政合同制度是大陆法系国家比较通行的做法且有其制度缘由

德国是运用行政程序法规制行政合同制度的鼻祖,《联邦德国行政程序法》第四章从 54 条到 62 条对公法合同进行了专门的规范。其后《葡萄牙行政程序法》第三章从 178 条到 189 条明确规定了行政合同,《西班牙公共行政机关法律制度及共同的行政程序法》规定了行政机关之间的协作协议,《希腊

---

① 参见葛自丹:《行政惠民理念的生成与制度研究》,中国政法大学出版社 2013 年版,第168—169 页。

② 王周户主编:《行政法学》,中国政法大学出版社 2015 年版,第 303 页。

③ [法]孟德斯鸠:《论法的精神》(上),商务印书馆 1992 年版,第 154 页。

④ [日]南博方:《日本行政法》,杨建顺译,中国人民大学出版社 1988 年版,第 64 页。

⑤ [美]朱迪·弗里曼:《契约国家》,载[美]朱迪·弗里曼:《合作治理与新行政法》,毕洪海、陈标冲译,商务印书馆 2010 年版,第 494 页。

⑥ 王名扬:《法国行政法》,北京大学出版社 2016 年版,第 123 页。

行政程序法》第四章通过 22 条形式和 23 条缔约规范了行政合同。通过行政程序立法规范行政合同已经成为域外普遍应用的模式,近年来,这种普遍应用性在域外进一步由国家层面发展到国际组织层面,《欧盟示范行政程序规则》(专家意见稿)第四节通过 32 个条文专门针对行政合同进行了规定。

德国通过行政程序法规制行政合同的制度缘由在于,一方面是"德国行政程序法上将行政合同视为对外发生效力的行为,基于对外行政手段的理论模式的考虑欲在行政程序法中统一协调行政主体的高权行为与合同行为"①。另一方面"德国在立法及理论上承认行政合同的缔结基础存在着不对等,同时也认识到这又极易导致行政合同运用的失控,因此,必须从行政程序上予以防范性规范"②。

在多元复杂的现代社会中,行政主体拥有一定的自由裁量权,倘若未加规制,其通过"不当连结"破坏对价给付的现象便会时有发生,私法规则因欠缺相应的机制力不从心,因此,"行政程序法"的构建将是今后我国行政合同法制化的重点。正如学者詹镇荣所云:"在行政任务日益分化及专业化之趋势下,现代国家行政机关亦随之享有日益宽广之行政判断及裁量空间,为因此等法治国家行政合法性控制之'危机',由实体控制转向程序控制之策略提出,应是可行且必然变化之趋势。"③

域外的经验可以为我国所借鉴,当然有反对者会质疑统一行政程序法典未必适合我国的国情,盲目引入我国可能会引起水土不服,但实际上"程序法富有科学性与技术性,与实体法比较,少有国家、民族、地方、传统或伦理色彩"④。我国地方行政程序立法的同质性也能说明这一论点。因此,我国可以借鉴大陆法系国家的普遍做法,通过统一的行政程序法典来规范行政合同制度。

---

① 翁岳生:《行政法与现代法治国家》,台湾大学法学丛书编辑委员会 1990 年版,第 208 页。

② [德]Fritz Ossenbuhl:《德国行政程序法十五年来之经验与展望》,载《政大法学评论》第 47 期,第 8 页。

③ 詹镇荣:《公私协力与行政合作法》,新学林出版股份有限公司 2014 年版,第 163—164 页。

④ 翁岳生:《日本 1964 年行政程序法草案研究》,载翁岳生主编:《行政法与现代法治国家》,台湾大学法学丛书编辑委员会 1990 年版,第 329 页。

2.学者们提出的行政程序法专家意见稿及地方行政程序立法中对行政合同的专章(节)规定是其理论及现实基础

自 20 世纪 90 年代开始,行政法学者就开始致力于"行政程序法"的研究,直至现在努力仍在持续,始终未曾停歇。多数学者认为,在未来的行政程序立法中,应当将行政合同单独予以规范,此种观点亦在学者们提出的"行政程序法"的建议稿中得以充分体现。例如,全国人大法工委行政立法组起草的《中华人民共和国行政程序法(试拟稿)》的第七章为"行政合同";马怀德教授的《行政程序法建议稿》中也是把第九章作为"行政合同"的专章予以规定;姜明安教授主持起草的《行政程序法(专家建议稿)》亦通过第六章第一节对"行政合同"予以单独规定。学者们提出的专家意见稿均设专章(节)对行政合同进行明确规定,为我国今后运用行政程序法规制行政合同制度提供了范本和依据。

如前所述,我国的行政程序采用地方先行先试的立法路径,2008 年的《湖南省行政程序规定》虽然仅仅是地方政府规章,立法位阶较低,但是其开创了我国行政程序立法的先河,并且在第五章"特别行为程序与应急程序"下的第一节专门规定了行政合同,此后各地纷纷出台行政程序规定,但是除了《浙江省行政程序办法》外,其他 13 部均以《湖南省行政程序规定》为模板,都对行政合同予以专章(节)规定,反映出地方行政合同立法面临问题所具有的相似性。这些地方立法不仅为行政合同中央立法积累了立法经验,为未来中央立法在地方的实施打下坚实的基础,而且也是我国在"行政程序法"中规定行政合同制度的现实基础。

3.运用"行政程序法"规范行政合同可以在一定程度上消弭质疑和争议

我国台湾地区经验表明,运用行政程序法规制行政合同具有消弭质疑和争议的效果。我国台湾地区的行政程序规定通过之前,理论界对于行政契约的诸多问题争议不断,行政契约制度的发展迟缓,停滞于课堂举例阶段。[1] 行政程序规定草案第 84 条说明了立法前的情形及立法理由,"行政契约在实务上迭有适用,然因未尝见诸任何法规明文,以致不仅行政契约之概念为何,甚至行政机关究竟得否缔结行政契约等基本问题,均不免引发争议。为使实务

---

[1]   参见林明锵:《行政契约法研究》,翰芦图书出版有限公司 2006 年版,第 59 页。

上早已存在经年之行政契约纳入正轨,爰设本条规定其定义及适法性,正式承认其法制地位。"[1]行政程序规定正式确立行政契约制度后,理论界关于行政合同的适法性等基本问题便不再争论,转而研究细致而微的具体制度构建,而且研究的热情亦空前高涨,涌现出大量相关的研究成果。因此,运用"行政程序法"对行政合同的缔结、履行、终止的过程进行调控,不仅可以消除争议,促进行政合同法律制度的良性发展,而且亦能够保证行政管理目标的实现,从而更好地实现社会公共利益。

4. 通过"行政程序法"规范行政合同是保障行政合同相对人及利害关系人知情权的需要

在一个良性运行的竞争市场中,买方需要通过充分的信息对竞争的产品进行评估。卖方为了使自己的身份与产品质量广为人知,也要投入资本进行研究和推广。在一个运作良好的市场中,人们会期待,消费者为降低成本或提高选择质量,愿意花费多少来获得信息,就能够得到多少信息。[2] 然而,在运用行政合同进行行政管理的过程中,行政主体掌握着大量的信息,与行政合同相对人及利害关系人存在着严重的信息不对称的问题。如在行政合同缔结阶段,无论是缔结意向的提出,还是选择缔结相对人或缔结方式,行政主体都占据主动的地位,行政合同相对人及利害关系人一般只能被动接受。通过公开程序,将相关事项予以公开,能够使行政合同的缔结过程处于透明状态,可以避免"暗箱操作",避免腐败现象和行政权力的滥用,进而保障相对人及利害关系人的知情权。

目前,各国的行政程序法中均确定了公开制度。通过公开程序,可以使相对人充分了解行政合同的订立机会及主要内容,进而作出是否参与合同订立的决定。另外,行政合同相对人的理性参与可以使行政主体更加有效地对相对人的信息资源进行甄选,达到最优的缔约目的。

综上所述,通过公平正当的行政程序不仅可以弥补实体立法的不足,活化行政合同的运用,而且又能够恰当地控制行政合同的灵活性,有利于行政合同价值功能的施展。通过"行政程序法"来规范和约束行政合同,从客观效力上

---

① 应松年主编:《外国行政程序法汇编》,中国法制出版社 2004 年版,第 724—725 页。

② 参见[美]史蒂芬·布雷耶:《规制及其改革》,李洪雷、宋华琳等译,北京大学出版社 2008 年版,第 40 页。

看,可以增进行政效能、保障人民权益,落实公民的行政参与;在微观行政合同法制上而言,消极层面上可以消弭理论界及实务界对行政合同的误解,在积极层面上,也可以为行政合同法制未来的发展,树立一个坚固的碉堡,作为未来行政合同法制更加细致和完善的起点。对于行政合同的概念、种类、适用范围、缔结、履行、效力、行政机关的单方变更、解除等问题,如果能在"行政程序法"中予以确实规定,将可以减少许多不必要的争议且能够更好地实现依法行政原则的基本要求。

(二) 公法程序规范缺失所引发的问题

我国目前并没有一部统一的行政程序法典,关于行政程序方面的立法项目属于第十二届全国人大常委会立法规划的第三类立法项目,也就是"立法条件尚不完全具备,需要继续研究论证的项目"。而在实践当中,行政权恣意任性的现象比较严重,表现在行政合同领域,较为典型的是以"不正当连结"来破坏对价给付的相当性原则,迫切需要从规范公权着手,而规范公权的核心就是要解决好"行政程序法"完善的问题。笔者试图从规范和实证两个维度入手,分析公法程序规范缺失所引发的问题,从而进一步论证运用"行政程序法"规范行政合同的紧迫性与必要性。

1. 规范层面分析

在行政合同领域,如果奉行绝对的契约自由原则,一概适用私法规则进行调整,则一方面,由于人的外部性的存在,具有自利倾向的经济人以经济理性为原则,追求利润最大化的天性可能妨害公共利益的实现。另一方面,"契约自由——其流弊使经济上的强者利用契约为欺压弱者的工具,或以契约自由为掩护而产生影响社会公序良俗的事情"[1]。在市场环境下,存在着不同利益的冲突与交织,仅依靠私法规则调整而没有公法程序规则的适用,行政管理活动很难完成,行政合同目的的实现将大打折扣,也必然会带来诸多真空之处,主要表现如下:

第一,合同相对人选择的任意性。基于契约自由原则,民事合同的当事人享有自由选择相对人的权利。这是当事人在行使和处分自己的权利,与他人

---

[1] 管欧:《当前法律思潮问题》,载刁荣华主编:《法律之演进与适用》,台湾翰林出版社1977年版,第122页。

无涉。但是,在行政合同中,由于行政主体一方是公共利益的代表人,如果仅凭其意志进行判断,自由选择合同相对人,不仅无法保证相对人的公平竞争环境,而且容易产生"寻租"的空间,造成营私舞弊和财政资金的浪费现象,进而损害社会公共利益。因此,行政合同以公开招标方式为原则已经为很多国家和地区行政程序立法所肯认,如《葡萄牙行政程序法》第 182 条。所以,面对形形色色的参与竞争者,行政主体必须遵守竞争和公开等公法程序原则,严格按照既定的标准和程序进行审慎选择,最大程度地选择最为适格的相对人来缔结行政合同。此外,在行政合同履行的过程中还应当坚持相对人自己履行的原则,如果由他人代为履行合同,就可能无法实现行政管理目标,损害社会公共利益。

第二,缔结范围的不当扩大。根据契约自由原则,民事合同只要不违反法律的强制性规定,可以适用社会生活的各个领域。而如果行政合同一概适用私法规则,就会使其缔结范围扩大到所有行政领域,这显然是不合理的。我国台湾地区黄锦堂教授认为:"特殊或复杂个案之灵活解决需要,为行政契约之基础;反之,就高度规则性行政事务之核心事项,则不能成为行政契约之范围。"①由于行政合同具有公法性,它的缔结范围是应当受到一定限制的,而不能不当予以无限扩大。

第三,行政主体缔约权能的随意扩张。私法规则仅要求民事合同主体具有相应的权利能力和行为能力,而这一要求对于作为行政合同主体的行政机关而言,显然有些过低。公法程序规则要求行政主体不仅要具有相应的行为能力,而且还要拥有法定的行政权限。《联邦德国行政程序法》对参与保留制度进行了规定,②如侵害第三人权利的,需要得到第三人的书面同意,这一方面是为了保护第三人的合法权益,另一方面我们也能解读出立法者对于行政主体缔约权能的限制。此外,在法国的行政合同实践中,"国家签订合同金额达到一定数额以上时,必须就合同草案咨询一个部际专门委员会的意见"③。

---

① 黄锦堂:《行政契约法主要适用问题之研究》,载杨解君编:《行政契约与政府信息公开》,东南大学出版社 2002 年版,第 136 页。

② 《联邦德国行政程序法》第 58 条规定:"(1)公法合同损及第三人权利的,得到第三人书面同意,合同方为有效。(2)订立合同所代替的行政行为的作出需其他行政机关的批准、同意或赞成的,则得到其他机关相应的回应后,该合同方为有效。"

③ 王名扬:《法国行政法》,北京大学出版社 2016 年版,第 148 页。

"如果由行政权力机关(如市长)以法人的名义签订行政合同时,需要获得议会的批准。"①这些规定都是对行政主体缔约能力的限制,如果仅仅适用私法规则,势必导致行政主体缔约权能的任意扩张。

第四,订立形式的随意性。根据私法自治原则,除了法律另有规定以外,合同当事人有选择合同形式的自由,可以选择口头形式,也可以选择书面形式,抑或选择推定形式。然而由于行政合同是以实现行政管理为目的,如果采用口头形式,过于随意,不利于行政合同的安定性;采用推定形式不符合行政合同的公法性特征,有可能损害社会公共利益。目前,书面形式已经成为法国行政合同订立方式的趋势,而《联邦德国行政程序法》亦对行政合同的书面形式进行了明确的规定。因此,如果单纯适用私法规则,就可能导致订立形式的随意性。

第五,无法兼顾合同相对人的利益。有约必守是私法规则中的普遍性原则,行政机关当然也须遵守,但行政机关与私人不同,其具有双重身份,既作为法人缔结合同,又要作为公共管理机关行使职权,履行法定的义务。当出现合同约定的义务与法定的义务相抵触时,合同的效力究竟如何,这恐怕是一个颇为复杂的现实问题。英国对待这一问题的立法态度转变恰好能证明公法程序规则的重要性。上述情形的发生,如果一概适用私法规则,就会使得公共利益受到损害。于是,英国政府不得不面对现实,制定一般合同规则之外的规则。其法律规定:"当合同的义务和行政机关法定的权力和义务发生抵触时,行政机关没有权力签订这个契约,这是无效的契约。"后来上议院的判例进一步发展为"契约不能束缚行政机关的自由裁量权",然而这一原则适用范围上并不明确。上述事实表明,在英国仅适用私法规则于行政合同中就会存在诸多困难。

此外,在英国,当行政机关的合同义务与其法定权利义务相抵触时,行政机关不享有单方变更或解除合同的权利,如果此种情况下合同被确认无效,只能适用普通法,即只有当合同一方当事人违法不履行义务时,对方当事人才有请求赔偿的权利,而不能援引特别法中补偿责任的规定,这样就无法兼顾相对

① [法]古斯塔夫·佩泽尔:《法国行政法》(第十九版),缪坤明、周洁译,国家行政学院出版社2002年版,第87页。

人的利益。如果在赋予行政机关单方变更解除权的同时承认对方因此造成损失的求偿权则能合理地解决这一问题。正如王名扬教授所评论的:"法国的行政契约制度兼顾双方当事人的利益,正确地解决了公共机构在契约关系中双重地位的矛盾,远比英国理论更符合行政上的实际需要。"①

2. 实证层面分析:以政府采购合同为例

政府采购合同与民事合同不同,其具有公众性、非营利性及政策属性,可以促进产业结构调整,通过优先购买本国产品,保护国内产业,还可以扶持本国中小企业的发展。另外,政府采购合同当事人之间的自由合意受到一定的制约,从采购人角度而言,虽然相对人的选择上享有一定的主动权,但其要受到预算及权力职责范围的约束,《政府采购法》也对这种选择权在程序上进行了严格的限制,主要体现为公平竞争和公开透明原则,而这正是"行政程序法"的基本原则,与"由个人行使有限的立法权"民事合同有很大区别。② 民法上的意思自治和合同自由原则并不能完全适用于政府采购合同,采购人的合同自治自由要受到公共义务的限制。然而,《政府采购法》一方面从公法程序层面对整个政府采购进行了规制,另一方面又确认政府采购合同适用合同法,其法律制度框架本身就存在着矛盾,造成采购合同监管的缺失。同时,由于《政府采购法》将政府采购合同定性为民事合同,对公法程序规则的相关制度设计势必不能完善,出现了一些法律的真空或空白地带,引发了实践中的一系列问题,这或许就是《政府采购法》实施十几年来鲜有典型案例的重要原因。

其一,采购方式确定依据模糊。虽然《政府采购法》规定了五种政府采购方式及其适用条件,但这些适用条件均缺乏明确而客观的标准。同类采购项目在实践中运用了不同的采购方式,这其中既有客观原因或特殊情况,当然也不排除存在人为因素的影响。采购方式的模糊界定目前已经成为政府采购供应商质疑投诉的主要原因之一。③ 例如,询价采购适用于采购现成的、货源丰富且价格变化不大的采购项目。然而,实践中对于标准化货物如何界定并不清晰,"标准的模糊导致在采购实践中,询价采购在一定程度上成为公开招标

---

① 王名扬:《英国行政法、比较行政法》,北京大学出版社 2016 年版,第 186—187 页。

② See H.L.A.Hart,The Concept of Law,Oxford,Clarendon Press,1994,p.96.

③ 参见张璐:《政府采购理论与实务》,首都经济贸易大学出版社 2011 年版,第 203 页。

的避风港。"①

其二,政府采购合同的格式文本并不统一。政府采购合同的缔结是整个政府采购的关键环节,直接决定了政府采购的目标能否实现。而政府采购合同本质上为行政合同,内容具有公益性而且要体现国家政策,强调政府对公众的责任。因此,需要将政府的责任转化为合同条款,并禁止当事人排除适用。当然,这种公共责任的体现,并不等于可以无视供应商的私益,政府需要通过必要的利益激励,保证供应商的合理利润空间,这就需要制定统一的政府采购合同示范文本,从而减少采购交易的时间和供应商的投标成本。然而,《政府采购法》将政府采购合同定性为民事合同,充分尊重当事人的意思自治,合同内容按照平等、自愿的原则约定,只是第四十五条又要求相关部门规定政府采购合同必须具备的条款,这样势必会造成合同文本的不尽统一。在实践中,货物类合同文本主要是以世界银行招标文件所附合同文本制定的,工程类合同文本是以建设部2004年建设工程实施合同示范文本为基础制定的,国际招标采购合同采用其行业主管部门商务部的示范文本,有的还使用行业协会制定的示范文本,更有甚者使用供应商提供的合同文本等,可谓五花八门、亟需统一规范。

其三,政府采购合同内容对采购文件进行了实质性变更。《政府采购法》将政府采购合同定性为民事合同,基于当事人的意思自治原则,合同的条款自然可以由当事人充分协商,但是立法者同时也意识到政府采购合同与一般民事合同不同,关涉公共利益,故而作出了比较原则的有限意思自治的条款,即规定应当按照采购文件确定的事项签订政府采购合同。对此,《招标投标法实施条例》第五十七条也作出了规定,②然而,尽管如此,笔者在某市财政局政府采购办调研时了解到,目前政府采购合同履约过程中最严重的问题就是供应商为谋取不正当利益,与采购人串通,改变项目参数、标准配置等指标。例如有的供应商与采购单位串通,减少、降低或更改设备的标准配置及配件,缩短设备的质保期限或者降低设备的质保方式。

---

① 赵辉:《询价采购:小项目隐藏大问题》,载《中国政府采购报》2011年9月16日。

② 《招标投标法实施条例》第五十七条规定:"合同的标的、价款、质量、履行期限等主要条款应当与招标文件和中标人的投标文件的内容一致。招标人和中标人不得再行订立背离合同实质性内容的其他协议。"

其四,政府采购合同当事人擅自变更、解除合同。根据《政府采购法》第四十九、五十条的规定,政府采购合同的当事人除了两种法定情形之外,原则上不得擅自变更解除合同。然而,由于《政府采购法》没有对于擅自变更解除合同行为规定相应的法律责任,加之政府采购合同适用《民法典》,当事人协商变更解除合同理应允许,故而在实务中经常发生诸如当事人擅自变更货物的规格型号,为了掩盖已经超出预算的事实,采购人与中标供应商签订虚假的补充合同以及采购人擅自终止合同的履行等行为。司法实践中也出现了类似的案例,2007 年 3 月江苏省档案馆就"28 万分钟历史录像原带修复"项目向全国公开招标。南京盛博数字映像传播有限公司中标,随后双方签订了《政府采购合同(专用条款)》。但项目实施不到 2 个月采购人突然单方面终止了合同,而此时,盛博公司刚刚完成不到 7 万分钟的录像带资料的修复抢救,不到合同任务总量的四分之一。后来盛博公司经多次协商无果后提起诉讼。在本案诉讼中,双方争议的焦点是合同的性质。被告江苏省档案馆认为:"双方签订的合同属于《合同法》规定的承揽合同,因此定作人可以随时解除承揽合同,且该解除权的行使无需附带任何条件,更不以对方根本违约为前提。"而盛博公司则主张:"所涉合同为政府采购合同,要求按照政府采购合同的约定继续全面履行。"该案经过近 3 年时间后,一审法院判决:"原政府采购合同终止履行,被告江苏省档案局支付原告赔偿金 211421 元。"[①]通过上述案例,我们发现由于法律规定的模糊,导致本案出现适用承揽合同和政府采购合同的结果截然不同的情况。如果将政府采购合同定性为行政合同,且适用"行政程序法"予以规范,能够更好地约束行政权,行政机关要单方面变更解除合同的条件是为了公共利益的需要,该案被判终止合同的可能性会小很多。

其五,对政府采购合同的监管不力。采购合同的管理阶段包括合同履行和验收两个流程,此阶段是整个政府采购的关键环节,如果在此时出现问题,则极有可能造成采购活动的功亏一篑,给采购人和公共资金造成重大损失,因此,需要由监管部门加强监管。然而,由于《政府采购法》规定政府采购合同适用《民法典》的规定,导致实践中的监管部门按照两阶段属性予以监管,即

---

① 丁国锋:《江苏政府采购纠纷案一审判决,省档案局被判赔 21 万》,载《法制日报》2010 年 10 月 22 日。根据相关报道,原告不服,已经上诉至中级人民法院,然而笔者搜索中国裁判文书网和北大法宝,并没有找到此案的一审和二审裁判。

从预算招标到在政府采购合同的订立阶段具有公法属性,由监管部门进行监督把关;而在采购合同订立之后,采购人与供应商之间为民事关系,由《民法典》规范,监管部门不再具有监管职责。此外,监管的不力也直接导致验收环节薄弱。由于监管部门对于政府采购合同的两阶段管理,致使其对于政府采购合同的监管积极性不高,一般不主动参与验收环节的监督,监督力量也较为薄弱。而作为验收主体的采购人、采购代理机构和国家认可的质量检测机构发挥的作用也极为有限。

综上所述,我国《政府采购法》的框架本身就是个矛盾体,既规定了一定的公法程序规则,又将政府采购合同定位为民事合同,这种内部逻辑的混乱必然导致实务中的无所适从。政府采购合同本质上应当为行政合同,完全适用《民法典》的规定,缺乏完善的公法程序规范的规制,是其实务中发生种种问题的根源所在。因此,正视政府采购合同的公法属性,还其以行政合同的本来面目,原则上适用"行政程序法",并辅之以《民法典》等私法或许是解决其尴尬困境的最佳选择。

第三章　公私合作治理背景下的
行政合同范围定位

　　行政合同的出现适应了法律关系多样化、复杂化及福利国家思想盛行的迫切需要,也是社会结构变迁所引发的必然结果。而从更深刻的意义上讲,"它表明国家在价值观上将公民看作一个对国家行政管理具有责任感且在法律上可以确保对国家负责的合作伙伴"①。这种价值观念上的巨大转变,不仅使得行政合同理论研究呈现出勃勃生机,而且也扩大了行政合同的容许范围。近年来,随着公私合作(PPP)的兴起,行政合同进一步得到了勃兴和深化。到目前为止,在世界范围内,PPP 已经从传统的基础设施和公共事业,逐步扩展到科技领域,并渗入治安、监狱、军队等传统上为政府所垄断的领域。② 在我国,截至 2018 年 12 月,PPP 所涉领域包括市政工程、交通运输、旅游、生态建设和环境保护、城镇综合开发、教育、养老、医疗卫生、能源、农业、科技、社会保障等 19 项之多。由此可见,行政合同容许范围是一个动态发展的开放空间,它随着国家职能的不断扩张、国家与公民之间关系由"对抗"转向"对话"而逐渐拓展。当然,并非任何事项、任何领域均可缔结行政合同,为了防止行政权"遁入私法",控制行政恣意,避免行政机关滥用职权,需要对行政合同容许范围作出清晰明确的规定。我国目前对于行政合同范围的确定采用的是法律、法规明确规定的"法定容许",这种保守立法在公私合作治理的背景下显得力不从心,不仅无法回应行政合同在实践中广泛应用的需求,而且也不符合国际

---

　　① 于安:《德国行政法》,清华大学出版社 1999 年版,第 136 页。
　　② 参见李霞:《行政合同研究——以公私合作为背景》,社会科学文献出版社 2015 年版,第 126 页。

上关于行政合同容许性的立法趋势,因此适宜由法定容许转向国际通行的法定除外与性质除外,即行政机关原则上可以采用合同的方式来完成公务,除非法律禁止或者行政事务的性质不适合采用合同方式完成。那么哪些行政事务的性质不适合采用合同方式? 或者说哪些事项系不得缔结行政合同的事项? 这一问题涉及政府职能的性质,所以,政府职能的本质属性便是确定行政合同容许范围的关键因素,而透过这一关键因素我们便可以得出行政合同的禁区。基于此,本章拟对我国行政合同的种类、我国行政合同容许性范围及存在的问题、确定行政合同容许性范围的关键因素、不得缔结行政合同的事项等问题展开讨论。

第一节　我国行政合同的种类

一、我国地方立法关于行政合同类型的规定[①]

综合收集到的 15 部地方行政程序规定和 68 部管理办法,除了 30 部没有规定外,其余我国地方立法中关于行政合同的类型都是从其适用事项上予以规定的,笔者梳理总结了十二种类型。(详见图 3-1)

二、我国司法实务中关于行政合同类型的认定[②]

在司法实践中,某种合同究竟属于行政合同还是民事合同,法院在认定上仍然存在着一定的矛盾与冲突,而对于国有土地使用权出让合同、公共工程建设合同、招商引资合作协议等合同的审查法院更是出现态度摇摆、民行割据的局面。[③]"这种局面在新《行政诉讼法》出台之后得到了部分缓解,而且法院对于行政合同类型的认定是有扩大化的趋势的。笔者于 2020 年 5 月 20 日在'中国裁判文书网'上分别输入'行政合同'和'行政协议',并将裁判作出时

---

① 本部分内容已经发表,详见冯莉:《论我国行政协议的容许性范围》,载《行政法学研究》2020 年第 1 期。

② 本部分内容已经发表,详见冯莉:《论我国行政协议的容许性范围》,载《行政法学研究》2020 年第 1 期。

③ 参见郑春燕:《大陆行政合同的审查现状与困境》,载《浙江社会科学》2014 年第 11 期,第 107—108 页。

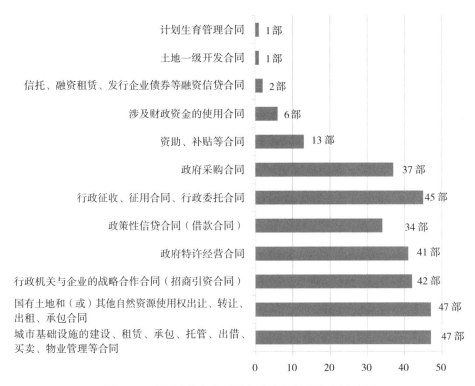

图 3-1　我国地方立法对于行政合同类型规定统计图

间限定在《行政诉讼法》生效（2015 年 5 月 1 日）之后进行检索,各级法院确认为行政合同的类型主要有(除《行政诉讼法》明确规定的政府特许经营协议和房屋征收补偿协议外)":

（一）息诉息访协议书

在"陈明树、黎万琼诉四川省仪陇县人民政府行政协议案"中,最高人民法院再审认为,"涉案《息诉息访协议书》就主体而言属于行政机关与私人之间的行为;就客体而言,是行政机关在法定职权范围内为实现公共利益或社会管理目标而进行的约定;就形式而言,是双方协商订立,体现了合意性。《息诉息访协议书》具备行政协议的核心特征,属行政协议。"[①]

（二）项目（开发）合作协议书

最高人民法院行政和民事审判庭均认定项目（开发）合作协议书为行政

—————————

① 最高人民法院(2016)最高法行申 2513 号行政裁定书。

合同。在"奎屯浩泽商贸有限公司诉博尔塔拉蒙古自治州人民政府、博尔塔拉蒙古自治州国有资产监督管理委员会水生物资源行政管理暨行政赔偿案"中,最高人民法院认为:"原审判决从行政合同概念、特征及签约合同的内容、目的等方面,对被申请人博州国资委与原审第三人新疆三宝公司签订的《博州艾比湖卤虫资源暨盐化工项目开发合作协议》进行认定分析,认为其属于行政合同范畴,且具有可诉性正确,本院予以确认。"①在六盘水传奇广告有限责任公司诉贵州省六盘水市钟山区城市管理局违约损害赔偿案中,最高人民法院认为:"本案《凉都城市语音广告美容箱项目合作协议书》目的为整治城市脏乱问题,协议内容包含实现行政管理目标和社会公共利益,因此涉案协议属于行政协议。"②

（三）开发建设协议书

在"贵州广建集团房地产开发有限公司诉麻江县人民政府不履行行政协议"案中,贵州市高级人民法院认为:"《麻江县新城(县城西部片区)开发建设协议书》的协议签订主体,一方为麻江县人民政府,另一方为广建房开公司,协议双方主体在形式上与行政协议相符。根据协议约定的内容,广建房开公司必须按照麻江县政府批准的麻江新城修建性详细规划的项目内容和相关指标进行投资建设,必然要受到麻江县政府的管理,从而在实施涉及协议项目的行政管理活动中,与麻江县政府形成被管理者与管理者的关系,成为相关行政管理行为的相对人,接受麻江县政府及其相关职能部门的监督和管理。因此,双方签订的协议属于具有行政法上权利义务内容的协议。另,从签订协议的目的上看,麻江县政府通过引进社会资本投资房地产开发,推进城镇化建设,增建和运营城市公共基础设施,增进公共服务,显然是为了实现和增益公共利益。综上,双方签订的协议属于《行政诉讼法》规定的行政协议。"③

（四）招商引资协议

在"包头市煜立强物资有限公司诉包头市青山区人民政府行政协议案"中,包头市中级人民法院认为,本案被诉的《吉利汽车4S店建设用地协议》已经不单单是意向性协议,而是含有具体权利义务并已部分实际履行的招商引

---

① 最高人民法院(2016)最高法行申 367 号行政裁定书。
② 最高人民法院(2016)最高法民申 339 号民事裁定书。
③ 贵州省高级人民法院(2016)黔行终 835 号行政裁定书。

资行政协议；内蒙古自治区高级人民法院也认为该协议在性质上属于行政协议，且合法有效并已部分履行。①

（五）师范生免费教育协议书

在"黄璟诉江苏省教育厅履行教育行政协议案"中，最高人民法院再审认为："本案的争议焦点是江苏省教育厅作为教育行政协议的丙方是否履行了协议所约定的义务。"②通过此案例可以看出最高人民法院对于师范生免费教育协议书是认可其行政协议性质的。

（六）移民安置协议

在"王志全诉北京市顺义区人民政府行政协议案"中，北京市第四中级人民法院认为："顺义区移民安置办、密云县移民办与王志全签订的《移民协议书》，是根据国务院《会议纪要》、北京市政府常务会议精神、京移通字（1998）38 号《北京市密云水库移民工作若干规定》的要求，为妥善做好移民安置工作，经三方当事人协商一致签订的协议。该协议是北京市密云县人民政府（现北京市密云区人民政府）、顺义区政府为保障大型水利工程建设，解决密云水库移民遗留问题，履行公共行政管理职能的过程中，与公民、法人或者其他组织协商订立的具有行政法上权利义务内容的行政协议。"③

（七）医疗保险协议书

在"顾恒忍诉本溪市丹霞实业有限公司社会保险纠纷、福利待遇纠纷案"中，本溪市平山区人民法院认为："《集体困难企业参加医疗保险协议书》是被告与本溪市社会保险事业管理局依照本溪市人民政府《关于集体困难企业退休人员参加基本医疗保险的意见》的规定，以及本溪市信访联席会议精神的要求，经双方协商而订立的，该协议符合行政协议的构成要件，应认定是行政协议，具体属于办理社会保险手续的行政协议。"④

（八）政府采购合同

在"怀化鼎牌服装有限公司诉怀化市教育局不履行行政合同及行政赔偿案"中，湖南省怀化市鹤城区人民法院认为："行政协议是行政机关为促进社

---

①　参见内蒙古自治区高级人民法院(2016)内行终 102 号行政判决书。

②　最高人民法院(2016)最高法行申 1991 号行政裁定书。

③　北京市第四中级人民法院(2015)四中行初字第 779 号行政判决书。

④　辽宁省本溪市平山区人民法院(2015)平民初字第 01149 号民事裁定书。

会公共利益、实现行政管理目的,就特定事项与公民、法人或者其他组织达成的设立、变更和终止行政法律关系的协议,故政府采购合同属于行政协议的范围。"①

(九) 国有土地使用权出让合同

在前述提到的"江苏瑞豪置业有限公司、顾明、汪有恒诉盐城市大丰区人民政府、盐城市大丰区国土资源局建设用地使用权出让合同纠纷案"中,最高人民法院认为:"建设用地使用权出让合同是具有行政法上权利义务内容的行政协议。"②

三、我国行政合同类型的确立

《行政诉讼法》明确了政府特许经营协议和土地房屋征收补偿协议为行政协议,《审理规定》进一步规定行政协议除了《行政诉讼法》所列举的两类之外,还包括矿业权等国有自然资源使用权出让协议、政府投资的保障性住房的租赁、买卖等协议以及政府与社会资本合作协议等其他行政协议,更具有包容性。因此,《行政诉讼法》中关于行政协议条文中的'等'字为等外等。③ 尽管如此,从立法角度而言,也仅仅明确两种行政协议类型,与实践当中大量存在的行政合同案件并不相匹配,也较之地方行政程序规定中的行政合同类型明显缩水。这在一定程度上说明,在行政合同法定种类问题上,至少在法律层面仍然缺乏充分共识。同时,由于目前行政合同的识别标准模糊不清,导致司法实践中对于一些合同的定性存在较大争议,不同法院对于同一类型的合同在性质认定上亦大相径庭。笔者希望根据已有的规范、文献和案例,运用上文得出的识别标准,结合地方立法关于行政合同类型的规定,对现实中分歧较大的几类行政合同予以阐释和分析,以期为行政合同法律制度的构建贡献绵薄之力。

(一) 国有自然资源使用权出让合同

国有自然资源使用权出让合同主要包括探矿权出让合同、河道砂石开采

---

① 湖南省怀化市鹤城区人民法院(2016)湘 1202 行初 57 号行政判决书。

② 最高人民法院网:http://www.chinacourt.org/article/subjectdetail/id/MzAwNEjPNoABAA%3D%3D.shtml,最后访问日期:2020 年 5 月 25 日。

③ 参见江必新、邵长茂:《最高人民法院关于适用〈中华人民共和国行政诉讼法〉若干问题的解释辅导读本》,中国法制出版社 2015 年版,第 106 页。

权出让合同和国有土地使用权出让合同等。国土资源部于 2009 年 12 月 31 日发布并实施的《关于进一步规范探矿权管理有关问题的通知》中就实施合同管理进行了明确规定,①进而明确了探矿权出让合同为行政合同。在司法实践领域中,法院亦确认探矿权出让合同为行政合同。例如"王洪文、王功安诉宜昌市国土资源局行政收费及行政赔偿案"中,湖北省宜昌市中级人民法院认为:"《探矿权出让合同》属于《适用解释》第十一条规定的行政协议。"②至于河道砂石开采权出让合同,具有行政色彩,《衡阳市人民政府办公室关于进一步加强河道采砂管理工作的通知》中强调对河道砂石开采权出让合同规范管理,严格监管措施,并要求"每个可采区必须长期驻扎管理机构监管人员"。对于河道砂石开采权出让费的具体收取、使用、管理办法多地关于河道采砂管理条例均规定由政府财政主管部门会同价格、水行政主管部门制定。③而在"汨罗市长江砂石有限公司诉汨罗市人民政府、第三人岳阳市水务局河道砂石开采权出让合同确认行政许可违法案"中,法院更是将河道砂石开采权出让合同认定为行政许可行为。④ 2020 年《审理规定》对此进行了明确规定。

　　国有土地使用权出让合同是否属于国有自然资源使用权出让合同的典型样态,以及其合同性质究竟属行政合同抑或民事合同一直存有争议。我国《宪法》第九条对自然资源种类采用了列举的方式予以明确,其中并未包含土地;《审理规定》第二条第三项中亦并未明确指出国有土地使用权出让合同的定性,仅采用了"国有自然资源使用权出让协议"的表述,故时至今日该争议似乎并未得到平息,反而进一步凸显出来,成为亟待解决之现实需要。国有土地使用权由无偿划拨转变为有偿出让始于 1988 年 1 月 3 日公布实施的《深圳经济特区土地管理条例》(该条例已于 1991 年 5 月 22 日废止),该《条例》第八条规定:"特区国有土地使用权,由市政府垄断经营,统一进行有偿出让。"

---

①　《关于进一步规范探矿权管理有关问题的通知》中规定:"登记管理机关可依法以行政合同方式与探矿权人就勘查工作法规规定及相关事宜作出约定,进一步明确双方的责任、权利与义务,对勘查实施方案的实施实行合同管理。"

②　湖北省宜昌市中级人民法院(2016)鄂 05 行终 121 号行政裁定书。

③　参见《江西省河道采砂管理条例》第 24 条、《广西壮族自治区河道采砂管理条例》第 22 条、《北京市河道砂石开采管理暂行规定》第 6 条。

④　参见湖南省华容县人民法院(2014)华行初字第 00048—2 号行政判决书。

同时第十条要求"受让人必须与市国土局签订土地使用合同"。然而,这一变化并未从本质上改变政府供应土地的行政属性。《行政许可法》第十二条第二项将有限自然资源开发利用设定为行政许可事项,《土地管理法》第十二条第一款要求对土地的所有权和使用权进行登记。这些规定都给国有土地使用权出让打上了深深的公法烙印。而国有土地使用权出让合同作为国有土地使用权出让的重要载体,其行政性亦不容置疑。关于国有土地使用权出让合同,我国司法实务中目前出现两种截然不同的司法审查模式,原因主要在于2005年《最高人民法院关于审理涉及国有土地使用权纠纷案件适用法律问题的解释》将其界定为民事合同,这很大程度上与我国先前的法律没有行政合同的相关规定有很大关系。新《行政诉讼法》实施后,需要正本清源,明确国有土地使用权出让合同应该界定为行政合同,理由主要有以下四点:(1)从识别标准上来看,首先,国有土地使用权出让合同的一方当事人为市、县人民政府土地管理部门,是符合条件的行政主体;其次,国有土地使用权出让的目的是合理开发和配置土地资源,国有土地使用权出让合同的订立是以实现该行政目标为直接目的的;再次,在国有土地使用权出让合同中,行政主体享有行政优益权。如国家在特殊情况下的土地使用权提前收回权,又如在合同履行过程中闲置土地使用权的无偿收回。(2)从地方立法来看,如前所述,我国目前已经有47部地方立法明确将国有土地使用权出让合同列为行政合同,可以说具备一定的法制基础。(3)从同类国有自然资源使用权出让合同来看,探矿权出让合同和河道砂石开采权出让合同《审理规定》均认定为行政合同。(4)从效果上来看,目前,浙江省已将所有的国有土地使用权出让合同划归行政庭,运行良好。① 由此,国有自然资源使用权出让合同与社会公共利益密切关联,应当属于行政合同的范畴。

(二) 政府采购合同

关于政府采购合同的法律性质,理论界的争议之声一直不绝于耳。有学者认为:"政府采购合同本质上是一种民事合同,但是政府采购合同制度具有一定程度的行政性,国家必须对政府采购合同进行一定的监管,并赋予政府以

---

① 参见杨科雄:《国有土地使用权出让合同属于行政协议》,载《人民法院报》2017 年 2 月 8 日。

某些特殊权力以实现政府采购的目的。"①笔者认为,该观点的后半部分是值得肯定的,至于"政府采购合同本质上是一种民事合同"的结论得出则过于轻率。《政府采购法》第四十三条明确规定"政府采购合同适用《合同法》",有学者据此认定是"从权威与立法层面对政府采购合同进行了定性",②这种以法律适用来确定法律属性的分析路径,其科学性与合理性颇为值得怀疑。另有学者指出,政府采购合同性质的分歧,可能在于政府采购阶段的划分不甚清晰,③可以借鉴德国法上的双阶理论。"将我国政府采购区分为公私法性质不同的两个阶段:第一阶段是决定阶段,涵盖发布采购文件到最终中标、成交之间的全过程。采购人是以公权力主体的身份实施采购,这一阶段法律关系的性质属于公法。第二阶段是履行阶段,涵盖中标、成交之后到合同履行完毕之前的全过程,性质属于私法。"④笔者认为决定阶段具有公法性质是毋庸置疑的,然而在履行阶段行政机关的监督管理职责不也是一种公权力的介入么?另外,将政府采购分为两个阶段意味着发生纠纷由两个不同审判庭进行审理,这又在一定程度上增加了政府采购合同当事人和法院的负担,造成了资源的浪费。

《政府采购法》的出台并没有结束政府采购合同的法律性质之争,反而进一步造成司法实践中的分歧与混乱。如前所述的"怀化鼎牌服装有限公司诉怀化市教育局不履行行政合同及行政赔偿案",法院认为政府采购合同属于行政协议的范围。而"赤峰市委员会党校与赤峰高州建筑建材有限责任公司建设工程施工合同纠纷案"中,二审法院将政府采购合同认定为民事合同,最高人民法院再审后认为,该政府采购合同作为平等民事主体之间的合同纠纷,本案属于人民法院民事案件受理范围。⑤

笔者认为,对于政府采购合同的性质要作出区分,不能一概认为是行政合同或者民事合同。那些为了满足日常工作需要的采购合同,由于其并不是直

---

①　朱慈蕴、郑博恩:《论政府采购合同的性质》,载《中国政府采购》2001 年第 1 期,第 29 页。

②　肖北庚:《论政府采购合同的法律性质》,载《当代法学》2005 年第 4 期,第 24 页。

③　参见韩宁:《行政协议判断标准之重构——以行政法上权利义务为核心》,载《华东政法大学学报》2017 年第 1 期,第 78 页。

④　严益州:《德国行政法上的双阶理论》,载《环球法律评论》2015 年第 1 期,第 103 页。

⑤　参见最高人民法院民事裁定书,(2013)民申字第 1430 号。

接执行公务,而是一种行政辅助行为,因此属于民事合同的范畴;而为了满足社会公共需求的政府采购合同则属于行政合同,理由如下:(1)从识别标准上看,第一,政府采购合同一方主体为各级国家机关、事业单位和团体组织,符合行政合同的必备标准,即合同一方当事人为行政机关。第二,政府采购合同的根本目的是完成国家行政管理任务和维护社会公共利益。① 尤其政府采购的资金来源为公共资金,其公益性就更为突出。第三,政府采购合同从订立到履行阶段与公权力的行使紧密相连,体现了行政法上的权利义务关系。从行政主体对供应商的审查权、采购合同必备条款的制定权、合同订立时的公开竞争原则到作为行政机关的财政部门的合同撤销权,②乃至不良行为的处罚权等都是行政优益权的体现。(2)与前述国有土地使用权出让合同类似,我国目前已经有 31 部地方立法明确将政府采购合同列为行政合同。(3)从西方国家的经验来看,政府采购合同也多被视为行政合同。如法国的公共工程承包等政府采购合同已被纳入行政合同的范畴之中,美国的政府采购合同(government procurement contract)也是政府合同的典型类型之一。③

(三) PPP 项目合同

PPP 是 Public—Private Partnership 的简称,域外研究多称为"公私合作"或"公私协力"等,我国的官方称谓为"政府和社会资本合作"。通说认为,PPP 概念首先于 20 世纪 70 年代由美、英国家提出,并在 20 世纪 80 年代盛行于欧洲。④ 近年来,PPP 作为国家履行公共任务的一种新型方式,已经普遍被世界各国政府视为解决当代国家财政拮据及振兴经济的良方。PPP 是公、私

---

① 参见《政府采购法》第一条和第九条的规定。第一条规定:"为了规范政府采购行为,提高政府采购资金的使用效益,维护国家利益和社会公共利益,保护政府采购当事人的合法权益,促进廉政建设,制定本法。"第九条规定:"政府采购应当有助于实现国家的经济和社会发展政策目标,包括保护环境,扶持不发达地区和少数民族地区,促进中小企业发展等。"

② 参见财政部发布的《政府采购供应商投诉处理办法》(财政部令第 20 号)第十九条的规定:"财政部门经审查,认定采购文件、采购过程影响或者可能影响中标、成交结果的,或者中标、成交结果的产生过程存在违法行为的,按下列情况分别处理:(一)政府采购合同尚未签订的,分别根据不同情况决定全部或者部分采购行为违法,责令重新开展采购活动;(二)政府采购合同已经签订但尚未履行的,决定撤销合同,责令重新开展采购活动;(三)政府采购合同已经履行的,决定采购活动违法,给采购人、投诉人造成损失的,由相关责任人承担赔偿责任。"

③ See W.Noel Keyes, *Government Contracts*, West Publishing Company, 2004, pp.1-3.

④ See D.Buddäus & P.Eichhorn, *Public Private Partnership*, 1996, p.25.

部门在现代合作国家理念下扮演角色变化所出现的现象,具有如下特征:第一,PPP 的特色在于公、私部门间以平等伙伴的地位,自愿达成共同目标,以创造加成效果或双赢的公共任务执行局面。换言之,地位平等、自愿合作和目标共同是其典型特征。第二,现代意义下的 PPP,不应该仅观察公共任务执行的单一面向,而是要注意到由公部门单独行使向私部门参与之转变趋向,即 PPP 蕴含有公、私部门"责任分担"的内在特性。① 就私人而言,其因参与公共任务的履行而负担了一部分或全部的"公共任务执行责任"。至于国家,因私人参与公共任务的履行,可以舒缓一部分执行责任,但并不能免除私人履行公共服务品质的"担保责任",必要时,国家还要担负起"临时接管责任",从而恢复公共任务给付者的原有角色。因此,可以将国家和社会视为负有任务执行的"责任共同体"。第三,PPP 的运用往往旨在共同实现持续的公共利益目标,故而其终极目的是为了实现社会公共利益,同时需要注意到,这种合作伙伴关系并不是短期的,一般具有较长的生命周期。在此特征下,PPP 所涉关系因长期持续合作,事项及范围多元化,故往往呈现出极为复杂且各方利益交织的情形。

　　上述 PPP 的特性在型式化趋势下,不可避免地将全部映射到 PPP 合同上,从而导致 PPP 合同法律性质的认定极为困难,我国学界对此问题亦是百花齐放,观点纷呈。有学者从当事人意思自治、双方当事人地位平等及保护私人投资者利益的角度,认为 PPP 合同属于民事合同。② 有学者从维护社会公共利益的角度认为 PPP 合同系行政合同。③ 有学者认为 PPP 合同中"反映了公共部门与私人部门之间对于公共服务的买卖合同关系,还反映了私人部门作为公共服务的生产者和经营者与公共部门作为公共服务市场的监管者之间的管理与被管理关系,应属于兼具公法和私法性质的混合合同"④。还有学者认为,PPP 合同既非民商事合同,也非行政合同,而是自成一体的

---

　　① 转引自詹镇荣:《公私协力与行政合作法》,新学林出版股份有限公司 2014 年版,第 250 页。

　　② 参见刘绍梁:《论 BOT 基本法》,载台湾《月旦法学杂志》1998 年第 2 期,第 25 页。

　　③ 参见于安:《外商投资特许权项目协议(BOT)与行政合同法》,法律出版社 1998 年版,第 24 页。

　　④ 湛中乐、刘书燃:《PPP 协议中的公私法律关系及其制度抉择》,载《法治研究》2007 年第 4 期,第 6 页。

独立的契约类型。① 笔者赞同 PPP 合同属于行政合同说,理由如下:(1)从识别标准来看,首先,PPP 合同系公私合作模式,因而合同一方当事人为享有行政职权,执行公务的行政主体,符合行政合同的必备标准;其次,根据发改委和财政部发布的部门规章来看,开展 PPP 模式的主要目的是促进政府职能转变,增强公共产品供给能力,提高公共产品和公共服务质量等,其终极目的就是为了实现社会公共利益;最后,PPP 合同从订立前的前置许可及审批,到履行过程中政府合理的监督权与介入权,再到退出的事先批准②及必要时的临时接管制度,都是行政法上权利义务关系的体现。(2)PPP 是政府与社会组织为提供公共产品或服务,以特许经营协议为基础,③彼此之间形成的一种共担风险、共享收益的伙伴合作关系。而《行政诉讼法》已经明确政府特许经营协议为行政协议,因此将 PPP 纳入行政合同范畴并无法律上的障碍。(3)从比较法的角度看,在法国,PPP 合同是行政合同的一种,在立法与司法上并无疑义。在德国,尽管《联邦行政程序法》并没有明确规定 PPP 合同,但基本认可 PPP 合同具有公法合同的性质。例如,接受德国联邦内政部委托进行有关行政合作法相关议题研究的 Gunnar Folke Schupper 以及 Jan Ziekow 两位教授认为 PPP 合同具有公法合同的性质,但因为《联邦行政程序法》中关于公法契约的规定不足以适应 PPP 的法制需求,建议作出修正,从而使 PPP 法制化工程得以进一步到位。④ 综上,PPP 合同既强调民事的合意性,也强调行政的强制性,符合行政合同兼具私法与公法的双重属性,属于典型的行政合同,《审理规定》对此进行了积极的回应,明确符合《审理规定》第一条规定的政府与社会资本合作协议属于行政协议。

(四) 招商引资合同

随着我国经济的不断发展,招商引资已经成为地方政府实现经济繁荣和产业转型升级的重要手段之一。地方政府一般通过土地、税收等优惠政

---

① 参见孟国碧:《BOT 特许协议的法律性质新论》,载《武汉大学学报(哲学社会科学版)》2006 年第 6 期,总第 59 卷,第 860 页。

② 如《银川市市政公用事业特许经营管理条例》第二十五条规定:"市政公用事业特许经营者在特许经营协议有效期内单方提出解除特许经营协议的,应当提前六个月提出书面申请。"

③ 参见邢会强:《PPP 模式中的政府定位》,载《法学》2015 年第 11 期,第 17 页。

④ 参见詹镇荣:《行政合作法之建制与展开》,载台湾行政法学会主编:《行政契约之法理——各国行政法学发展方向》,元照出版有限公司 2009 年版,第 128—131 页。

策和提供扶持资金等奖励办法来吸引投资商。目前,各地的招商引资进行得如火如荼,招商引资合同亦得到了广泛应用。然而,与此不相适应的是我国目前的法律法规对于招商引资合同规定较少,理论界对于该合同的性质也没有达成共识,使得相关争议逐渐增多,一定程度上阻碍了地方经济的持续稳定发展。笔者认为,招商引资合同系属行政合同,理由如下:(1)从识别标准来看,首先,招商引资合同的一方主体一般为各级地方政府,符合行政合同的必备标准;其次,招商引资合同的目的在于引进资金、加速产业转型升级和发展地区经济,这些不仅可以实现行政管理目标,而且最终有利于增益社会公共利益;再次,招商引资合同中涉及的土地、税收等优惠政策所涉及的《土地管理法》《税收征管法》等,这些法律法规一般都具有公法性质;最后,在招商引资合同中,政府一般享有行政优益权,如政府不仅在合同履行中享有监督权,而且在特殊情况下,政府可以单方面取消优惠政策;在涉及土地使用权的合同中,政府享有无偿收回土地使用权的权利。(2)从立法角度看,最高人民法院《关于依法平等保护非公有制经济　促进非公有制经济健康发展的意见》中规定,行政审判要"审理好政府招商引资合同案件,监督政府机关诚实守信地履行政府文件和合同所约定的义务"。由此可见,最高院明确招商引资合同为行政合同。此外,如前所述,我国目前已经有42部地方立法明确将招商引资合同规定为行政合同。(3)从我国的司法实践角度看,招商引资合同一般被认定为行政合同,如前述"包头市煜立强物资有限公司诉包头市青山区人民政府行政协议案"。此外,在"萍乡经济技术开发区管理委员会诉江西新恒通塑业有限公司合同纠纷案"中,二审法院认为:"从合同的签订主体来看,萍乡开发区管委会是萍乡市人民政府的派出机构,行使的是政府机构才能行使的权力,其属于行政主体的范畴。其次,从合同签订的目的来看,萍乡开发区管委会与被上诉人签订的该合同,属于招商引资合同,其目的是为了促进地方经济的发展,维护开发区公共利益。再次,从合同内容来看,上诉人的主要义务是提供正常的生产、生活环境,负责维护企业生产经营的周边环境和工农矛盾,办理或者代办各种证照,负责通路、通信、供水等设施建设等,上诉人在合同中行使的是行政管理职能,其在合同中的权利义务并非民事权利义务。因此,上诉人与被上诉人签订的《入区投资工业项目协议书》属于行政合同的范畴,应通过行政诉讼解决。"①

（五）教学科研合同

教学科研合同是在教学科研领域，以公共财政资金为支撑，行政机关为了实现教育管理和公共科研管理目标而与学生、教师、科研机构或人员签订的合同。实践中常见的此类合同主要有委托培养合同和科研合同等。对于委托培养合同的规定最早可以追溯至 1984 年 6 月 24 日实施的《高等学校接受委托培养学生的试行办法》，该办法规定"委托培养学生，一律采用合同制的办法"。在我国以公共财政资金为支撑的委托培养合同为典型的行政合同。不仅因为其签订主体为行政机关，目的是为了培养人才，其招生计划、学校及专业、招生来源、毕业生的分配、经常费用等需要国家相关部门的审核批准，具有浓重的行政管理色彩。而且目前已经有 31 部地方立法明确将行政委托视为行政合同适用领域，更为重要的是我国目前的司法实践多将委托培养合同认定为行政合同。②

国务院《关于科学技术拨款管理的暂行规定》要求"国家重大科技项目普遍实行合同制"。《国家科技计划项目管理暂行办法》第十九条规定也提出采用合同书或任务书的方式。这里所探讨的科研合同是以公共财政资金为支撑的，就是一般所称纵向科研合同。对于纵向科研合同具有行政合同的性质，目前理论界基本达成共识。③ 笔者亦赞同该观点。首先，科研合同签订的主体一方为行政主体，通常为国家或者省市政府、机关单位科研主管部门；其次，科研合同的目的是为了实现科学技术发展，满足社会公共利益的需要，再加上运

---

① 江西省萍乡市中级人民法院(2016)赣 03 民终 641 号民事裁定书。

② 如郑细(世)清诉仙游县教育局不履行教育行政委托培养合同案中，一审法院认为，原告虽未与被告仙游县教育局直接签订书面的教育行政委培合同，但被告与福建广播电视大学莆田分校于 1996 年 10 月 30 日签订的"委托培养学生合同书"，及被告于同日向莆田市教委所作的书面"报告"，均针对包括原告在内的 9 名学生这一特定对象，且福建广播电视大学莆田分校及原告也完全按 1996 年 10 月 30 日"委托培养合同书"所约定的内容履行了义务，应视为原、被告间确立了事实上的教育行政委培合同关系，本案属于行政诉讼的受案范围。在此案中法院直接将委托培养合同称行政委培合同，足见其行政合同的性质。参见福建省仙游县人民法院(2001)仙行初字第 18 号行政判决书。

③ 参见熊文钊：《现代行政法原理》，法律出版社 2000 年版，第 459—466 页；叶必丰：《行政法学》，武汉大学出版社 2003 年版，第 183 页；张树义：《行政法学》，北京大学出版社 2005 年版，第 279 页；杨解君：《中国行政合同的理论与实践探索》，法律出版社 2009 年版，第 10 页。

用公共财政资金,其公益性就更为显著;再次,《山东省行政程序规定》和《兰州市行政程序规定》都规定行政机关委托的科研合同属于行政合同;最后,科研合同履行过程中行政机关享有中止拨付经费、终止经费资助、单方解约和追回剩余科研经费等权力,这些都是行政优益权的体现。

(六) 目标责任合同

近些年行政合同发展迅猛,甚至在行政机关内部管理领域也可觅见其踪迹,其中公安机关签订责任书的偏好非常明显,例如其内部层层签订的"执法目标责任书"、"夜间摊点治安责任书"、"消防安全责任书"、"娱乐场所管理责任书"等。[①] 而在其他行政管理领域,责任书的签订亦屡见不鲜,如云南省政府与 16 个州市签订 2016 年节能降耗目标责任书[②]和安徽省政府与 16 个市政府和有直接实施任务的 5 个省直部门签订 2016 年 33 项民生工程目标责任书。[③] 在英国,也存在类似的合同,称为近似合同(near-contract)、准合同(quasi-contract)或者假合同(pseudo-contract)。[④] 通常来说,目标责任合同可以存在于上下级行政机关之间,也可能存在于行政机关与行政相对人之间。此类合同的合意性比较弱,但并不能否定其为合意的结果。在我国司法实践中,一般也将目标责任合同认定为行政合同。如"常胜强诉延津县人民政府、延津县工业经济发展局行政合同案"中,一审法院认为:"原告常胜强与延津县经济委员会签订的目标责任书是行政机关为了加强对企业的管理,以行政手段签订的,属于行政奖励合同的范畴。"[⑤]再如"郭强、陈金权诉息县濮公山管理区行政合同纠纷案"中,一审法院认为:"本案所诉《河砂资源管理目标协议书》属典型的行政合同,是行政主体为实施行政管理而订立的,应遵循行政合同的合法性原则。"[⑥]

除了上述六种行政合同外,政府投资的保障性住房的租赁、买卖等合同、

---

① 参见余凌云:《行政契约论》,中国人民大学出版社 2006 年版,第 273—279 页。

② 参见 http://news.eastday.com/eastday/13news/auto/news/china/20160201/u7ai5250882. html,最后访问日期:2020 年 5 月 26 日。

③ 参见 http://news.ifeng.com/a/20160323/48135074_0.shtml,最后访问日期:2020 年 5 月 26 日。

④ See Carol Harlow & Richard Rawlings,Law and Administration,Butterworths,1997,p.210.

⑤ 河南省高级人民法院(2008)豫法行终字第 00109 号行政判决书。

⑥ 河南省信阳市息县人民法院(2009)息行初字第 155 号行政判决书。

国有资产承包经营出售或者出租合同、执行和解合同、政策信贷合同、环境保护合同、行政聘用合同、国家产品订购合同和社会保险合同等也属于行政合同。尽管"行政契约之范畴,尚无发展出如同民法债编相似之模型契约"①,但是随着行政合同实践的日益丰富,理论研究的不断深入,在未来的行政管理中,行政合同的应用领域必将越来越广阔。

第二节　行政合同的容许性

一、契约自由与依法行政的调和

按照传统行政法学的观点,依法行政与契约自由并非并行不悖的概念。因此,便有学者基于此明确反对行政合同的存在,如德国学者 Giacometti 认为行政合同与依法行政本身就自相矛盾,②我国台湾地区也有学者提出:"行政契约与依法行政原则抵触……如果容许此种行政契约施行,岂不回到封建时代? 由法制回归人治?"③然而,"契约关系的实质可以延伸到人类社会的一般结构中"④,这种延伸范围自然包括了行政关系。而且在现代社会行政合同作为一种非权力性的行政活动方式,在世界范围内得以广泛应用已是不争之事实。因此要研究行政合同的范围,首先应当解决契约自由与依法行政的调和问题,即在依法行政原则指导下行政法上契约自由的容许性问题。

行政合同作为一种行政管理手段,自然应当恪守依法行政原则,但是因为其还具有合同性的特征,故其受依法行政原则的支配比一般行政行为略低。依法行政原则通常包括法律优先原则和法律保留原则两项内容。法律优先原则要求一切行政活动都应当受到现行法律的约束,由于法律优先原则自身功能具有消极性,其可以无限制地适用于一切行政领域,行政合同亦不例外。可是,在法律没有作出明确规定的事项或领域,能否无限制地运用行政合同呢?

---

① 吴庚:《行政法之理论与实用》,中国人民大学出版社 2005 年版,第 272 页。
② 参见廖宏明:《行政契约之研究》,台湾司法部门 1995 年版,第 73 页。
③ 林明锵:《行政契约法研究》,翰芦图书出版公司 2006 年版,第 4 页。
④ [美]V.奥斯特罗姆等编:《制度分析与发展的反思——问题与抉择》,王诚等译,商务印书馆 1992 年版,第 346 页。

这便涉及对法律保留适用范围的理解。

法律保留原则的适用范围,即什么样的领域和事务是需要法律授权或保留给法律的? 对此,行政法学理上存在较大分歧,毛雷尔曾经感叹道,"法律保留的范围充满了问题和分歧"①。针对此问题,理论界先后出现过"侵害保留说"、"全部保留说"和"重要事项保留说"等不同的学说。实际上,在行政法发展的不同时期,法律保留原则的适用的事项、领域及法律依据的范围都是在不断变化的。在 19 世纪自由竞争资本主义时期,法律保留原则的适用范围仅限于干预行政领域,而且法律依据也仅仅表现为议会所制定的法律。第二次世界大战结束后,法律保留原则的适用范围扩及给付行政,②而且法律保留原则中的"法律"不仅包括议会制定的法律,也包括行政法规及规章。关于法律保留是否适用于给付行政的全部领域,学说上存在截然对立的两种观点。③笔者认为,对于法律保留原则是否适用给付行政领域不能一概而论,需要根据具体情况予以区别看待,如果涉及国家的核心职能,关涉公共利益,就应当适用法律保留原则。

具体到行政合同是否受到法律保留原则的限制,有学者指出:"以合意为基础的行政合同行为,若受法律保留原则的限制,则其合意空间即极为有限,所以本质上似应与行政处分之法律保留作不同看待与标准,任何形式的法律保留原则都会丧失其取代行政处分的存在功能。"④德国学者 D.Göldner 也指出:"行政机关在选择以契约作为行为方式时,并非单纯之行政形态问题,本身即含有某种内容自由之处分。故行政合同与私法合同一样,只受法律优位原则之拘束,不适用法律保留之适用。"⑤然而,在笔者看来,德国行政合同之所

①　[德]哈特穆特·毛雷尔:《行政法学总论》,高家伟译,法律出版社 2000 年版,第 109 页。

②　参见张树义:《行政法学》,北京大学出版社 2012 年版,第 27 页。

③　持肯定论的理由是:第一,有必要保证法的确实性,确保法院的审查;第二,在国民生活高度依存于公行政的给付活动的状况下,拒绝给付,实质上和侵害自由及财产是一样的;第三,行政法学的核心课题,不仅在于抑制恣意的国家权力之侵害,而且还在于保障对国家给付活动的正当参加;第四,在立法机关即议会制约下的现代国家的行政,与君主国家时代的行政不同,不具有完全不受法律支配的自由权力。持否定论的观点认为将法律保留的原则严格地适用于所有给付行政,必然导致某些消极影响,破坏给付行政的合乎目的性、机动性和灵活性等。参见杨建顺:《日本行政法通论》,中国法制出版社 1998 年版,第 332 页。

④　林明锵:《行政契约法研究》,翰芦图书出版公司 2006 年版,第 194—196 页。

⑤　廖宏明:《行政契约之研究》,台湾司法部门 1995 年版,第 83 页。

以不受法律保留原则限制的主要原因在于,德国的行政程序法中对于行政合同已经建立起种种防弊机制,如要式性、禁止不正当连结等,因此通过法律优先原则的限制,就可以避免行政机关滥用职权或出卖公权力的情形。反观我国,行政合同法律制度刚刚起步,尚缺乏"行政程序法"的规范与约束,加之近几年PPP 的高歌猛进,使得行政合同的容许范围不断扩张,我们还是应该采取审慎推进的原则,明确对于涉及国家核心职能的事项和领域适用法律保留原则。

二、域外关于行政合同容许性的规定

行政主体选择行政合同为行政管理的自由,又称为行政合同的容许性。在理论上表现为依法行政与契约自由的调和问题,在立法视角上则一般分为两种情形:一是授权说,即行政合同容许的范围以法律有明文规定为限,换言之,行政合同需要受到法律保留原则的严格拘束;二是除外说,即除了法律明确排除之外,行政主体都通过合同方式进行行政管理。第二次世界大战前授权说在德国学者中广泛流行,而且,直到 20 世纪 50 年代,因受德国影响,日本仍有支持这种见解的学说和判例。[1] 但是在第二次世界大战后德国学者倡导除外说的较多,德国的《联邦行政程序法》亦采除外说。

(一) 德国

德国实务界及学者通说认为,行政合同仅受到法律优位原则的拘束,即行政合同的内容不得抵触宪法、法律、法规命令、行政规则及习惯法外,并不受法律保留原则的拘束。行政合同法制化后,其法律(令)规范相当复杂,透过法律优位原则的适用,已经可以消除人民主观权利被变相侵害的可能,换言之,私法自治的弊端,可以透过法律优位原则的拘束予以防范,因为行为主体无法透过合同上之合意,放宽其法律业已确定的行为空间。所以,为了避免行政合同产生所谓本质结构上的矛盾,应承认其不受法律保留原则的限制。[2] 根据《联邦行政程序法》第 54 条的规定,[3]除因违反法律的禁止规定外,原则上无

---

① 参见杨建顺:《日本行政法通论》,中国社会科学出版社 1998 年版,第 519 页。
② 参见林明锵:《行政契约法研究》,翰芦图书出版公司 2006 年版,第 246—247 页。
③ 《联邦行政程序法》第 54 条规定:"公法范畴的法律关系可以通过合同设立、变更或撤销(公法合同),但以法规无相反规定为限。行政机关尤其可以与拟作出行政行为的相对人,以签订公法合同代替行政行为的作出。"

所谓"性质上之限制"，即没有"本质上不得缔结"的行政领域。行政合同不仅可能于给付行政中缔结（如社会行政、地方自治行政），也可能于干预行政中缔结（如租税行政、建设行政、环保行政等）。由于现今许多传统干预行政逐渐增添服务性质的色彩，而不再是仅仅一味地干预与管制，行政合同无形中又增加了其发挥功能的舞台。

（二）法国

第二次世界大战后，"政府在执行经济计划的时候，避免采取行政命令方式，而是和企业界签订合同，由后者承担计划中的某些任务。这种政府的合同政策，是对传统的执行计划方式的一大改进"①。于是合同方式在法国行政法中得到了越来越广泛的应用，从经济发展、资源开发扩展到社会福利、公共服务、科研、教育等诸多领域，而且还出现了合同化管理的趋势。

尽管在多数情况下，诸如供应、运输、雇佣等事项，行政机关可以根据需要来决定究竟是缔结行政合同还是私法合同，但是对于法律强制规定了适用行政合同的领域，则必须缔结行政合同，如公共工程承包、公务特许、独占使用共用公产、公共工程捐助、国有不动产出卖等。法国的行政合同制度独树一帜，与私法合同并行，只是由于判例在其中起到了重要作用，在特色鲜明的同时却欠缺明确性，导致行政合同的容许性范围并不十分稳定，一直处于不断变动之中。

（三）日本

在日本，目前理论界普遍认为，只要在不违反法令的限度内，即使没有法律的根据，也可以签订行政合同。②

"在给付行政领域，行政合同广泛应用，一些法律明确规定采用合同方式，如对行政财产设定地上权和自来水的供给等。"③"有关国家及地方公共团体财产管理的交易，以及资金交付行政、服务提供行政等行政活动，无论法律上有无明文规定，原则上以合同的形式进行。"④另外，"属于行政裁量的事项，

---

① 王名扬：《法国行政法》，北京大学出版社 2016 年版，第 144 页。
② 参见[日]南博方：《行政法（第六版）》，杨建顺译，中国人民大学出版社 2009 年版，第81 页。
③ [日]盐野宏：《行政法》，杨建顺译，法律出版社 1999 年版，第 137 页。
④ 杨建顺：《日本行政法通论》，中国法制出版社 1998 年版，第 524 页。

且法律并未限定必须严格地采取行政行为形式的情况下,也可以代替行政行为而缔结契约,或者就属于行政行为的附款内容的事项以契约进行规定,这些都是被允许的。例如,以承担用于多种目的的水库建设费为条件,设置水库使用权的情况下,由于法律上并未指定设定行为的形式,因而采取设定契约的形式被认为也是可能的。"①近些年又形成了这样的趋势——"即便对于基于法律严格适用行政法原理的权力行政(特别是行政行为),行政权也倾向于使用法律规制相对缓和的非权力性行为形式,即契约。"②

(四) 英国

在英国,"从1948年王权诉讼法后,政府一直行使着广泛的缔约权"③。在行政合同的缔结事项上,"利用契约作为推行政策的手段已为常见的现象,包括执行工资政策、社会政策、发展计划等。"④英国是PPP模式的国际先驱,也是PPP模式运用较为成熟的国家,PFI模式的运用极大丰富了英国政府合同的缔结事项范围,从传统的教育、医疗、交通、废弃物处理扩展到现在的监狱、警察局、法院等。⑤

(五) 美国

在美国,政府合同始于军需品供应和军事服务合同,后来扩大到社会福利和公共工程,适用领域越来越广泛,甚至包括监狱管理、戒烟戒酒、消防、铸币等事项。现在,政府似乎越来越倾向于通过契约机制来完成其各项职能,美国的行政程序法鼓励双方通过合意的方式解决问题,"如美国环保总署在进行行政执行前通常先发出警告信或违法通知书,相对人签收后可以通过协商达成服从协议,如果协商不成,环保总署将进行行政裁决"⑥。不过这些合同及契约式的管制工具引发了学者的担忧,⑦提出了"禁止缔结政府合同的三类事

---

① [日]南博方:《行政法(第六版)》,杨建顺译,中国人民大学出版社2009年版,第81页。
② [日]室井力:《日本现代行政法》,吴微译,中国政法大学出版社1995年版,第141页。
③ P.Cane, *Administrative Law*, Oxford, Clarendon Press, 2004, p.296.
④ 王名扬:《英国行政法、比较行政法》,北京大学出版社2016年版,第185页。
⑤ 参见丁保河:《中国PPP立法研究》,法律出版社2016年版,第58页。
⑥ [美]白维贤、金立法、薛刚凌:《中美行政执行制度比较》,载《行政法学研究》2001年第1期,第78—83页。
⑦ See Matthew Diller, *The Revolution in Welfare Administration: Rules, Discretion, and Entrepreneurial Government*, 75NYU Law Review, 2000, p.1121.

项:可能影响政府公正决策的不当商业惯例、政府或公务员与合同商的不当利益交换、妨碍或限制竞争的行为等"①。

通过以上分析我们可以看出,两大法系关于行政合同容许性的规定并没有形成统一的标准,然而有一点是比较一致的,即各国关于行政合同的容许性范围是呈逐步扩大趋势的,其中,最典型的表现为,允许行政主体在没有法律明确授权的情况下运用行政合同,而不再过分深究行政合同与法律保留相配合的问题已经成为现在理论和判例中的通说。② 或许,借用美国学者穆雷(John Edward Murray)的话最为贴切,"合同正在我们整个社会蔓延"③。

第三节　我国行政合同范围的确定④

一、我国行政合同的范围及存在的问题

目前我国立法采用的是以法律、法规有明确规定的"授权说"作为行政合同的容许性范围,采用的是法定容许。具体而言,在法律层面上,我国目前法律上关于行政合同的可缔结事项主要包括政府特许经营、土地房屋征收补偿、政府投资的保障性住房的租赁与买卖、国有土地使用权出让、农村土地承包、森林、草地承包、政府采购、公用征收、医疗服务、能源、科研、公职人员聘用、安全保密等。尽管所涉领域比较广泛,但是,与域外相比,行政合同的容许性范围仍然过于狭窄。

实际上,如前所述,我国目前行政合同的立法实践主要采用的是地方先行先试的立法路径,地方行政程序规定中关于行政合同可缔结事项的规定基本上坚持严格的法定主义容许标准,要求订立行政合同必须有法律、法规、规章的依据。在笔者之前所查询到的 15 部地方行政程序规定中,除了 3 部没有对

---

① 李霞:《行政合同研究——以公私合作为背景》,社会科学文献出版社 2015 年版,第93 页。

② See Wolff/Bachof, Verwaltungsrecht I, 9. Aufl., S. 346. 转引自吴庚:《行政法之理论与实用》,中国人民大学出版社 2005 年版,第 268 页。

③ John Edward Murray, Jr., *contracts:Cases and Materials*(6th Edition), Lexis Nexis, 2006, p.2.

④ 本部分内容已经发表,详见冯莉:《论我国行政协议的容许性范围》,载《行政法学研究》2020 年第 1 期。

行政合同的缔结事项作出规定之外,①其余 12 部均明确规定了行政合同可以适用的事项,尽管具体的适用事项上各地规定略有不同,但是最后一条的兜底条款却呈现出惊人的相同,即法律、法规、规章规定可以订立行政合同的其他事项。通过这一条的规定就非常清晰地明确我国行政合同地方立法采取严格的法定容许,这与德国、葡萄牙采取的除外说正好相反。当然,以《湖南省行政程序规定》为代表的地方行政程序立法关于行政合同采取传统保守定位是有当时现实原因考虑的,"立法者一方面需要回应实践中合同在大量运用由此产生的规范需要,另一方面在理论上对行政合同的身份仍存在争议的情形下只能小心对待"②。这样的保守立法与当时的实际情况是相符合的,然而,在目前福利国家、服务行政及 PPP 的大力推动下,这种正面列举的严格规定难免有挂一漏万之嫌,不仅无法回应行政合同在实践中广泛应用的需求,限制了行政合同的灵活运用,而且亦不符合国际上关于行政合同容许性的立法趋势。

二、我国行政合同范围的确定应当符合公私合作治理的发展趋势

诚如上文所言,域外关于行政合同容许的范围呈逐步扩大的趋势,尤其是在公私合作治理的背景下表现更为明显。近些年,随着公私合作(PPP)的大力发展和渐入主流,一些传统上涉及国家安全和公共安全等属于国家保留的领域,也有了私人部门的参与,其中最为典型的莫过于美国监狱的民营化。在美国,无论联邦还是州政府都已经开始与私人主体签订合同来提供监禁职能。目前,美国至少有 34 个州外加波多黎各都已经通过授权法,使授权私人公司经营监狱合法化了。③ 然而,监狱的民营化激起了法律、政治和政策领域的激烈讨论,美国律师工会在 1986 年更是公然指控监狱民营化违宪和违法,约翰·迪卢利奥更是认为,监禁本质上是公共性的,将其民营化是不道德的。④

---

① 3 部没有对行政合同缔结事项进行规定的分别为《浙江省行政程序办法》、《宁夏回族自治区行政程序规定》、《西安市行政程序规定》。

② 王万华:《中国行政程序法典试拟稿及立法理由》,中国法制出版社 2010 年版,第 415 页。

③ 参见[美]朱迪·弗里曼:《合作治理与新行政法》,毕洪海、陈标冲译,商务印书馆 2010 年版,第 534 页。

④ 参见[美]朱迪·弗里曼:《合作治理与新行政法》,毕洪海、陈标冲译,商务印书馆 2010 年版,第 537 页。

实际上,监禁职能很难用合同条款予以明确化,而且私人追求利润最大化可能与合理矫正政策方面的公共利益发生冲突。监狱的官员和警卫对囚犯日常生活的各个方面都拥有裁量权,而且可以决定什么时候施加惩罚,更为重要的是他们有权向假释委员会提出建议。这些裁量权会直接影响囚犯最根本的自由和安全利益。

在我国,随着政府管制的不断放松,PPP 模式不仅在基础设施和公用事业领域大放异彩,而且在一些执法领域和触及社会公共安全领域亦有所渗透,近几年在一些地方所出现的"城管服务外包"和"老板消防队"等便是证明。2007 年 10 月,深圳市宝安区西乡街道办引入企业参与城市街区管理,这是一种新的城管模式,随后该经验被作为成功模式在各地推广。然而,城管执法其实是一项特有的行政职能,具有强烈的公共性,应当属于域外规定中所称"本质上不得缔结"的领域。后来,因为城管服务外包的违法及各地推广后频发的恶性冲突,终被叫停,深圳市城管局也发布《深圳市城市管理综合执法规范化建设工作方案》,于 2017 年 12 月前基本取消服务外包模式。

关于消防民营化边界的探讨则始于一场没有被扑救的大火,由于村民没有交纳消防费,民营消防队不灭火。① 一般而言,因为消防领域往往关涉公共安全,通常不允许私人的参与。但是,由于我国存在着城乡二元对立的社会结构,城市的消防事务基本能够解决,而广大农村地区获得的消防资源极其有限,公共部门的消防供给能力严重不足,为此,《消防法》第三十六条认可了民间消防力量参与火灾扑救。② 章志远教授也认为,"消防事务虽然触及社会公共安全,但对于其中具有执行性质的灭火救援事务完全可以吸收民间力量的参与。"③然而,问题的关键在于,合同的引入并不意味着政府的彻底退出或归隐,而是与私人部门之间进行了权利义务与责任的重新配置,政府由行政事务的直接执行者转变为监督者。在部分消防服务通过合同方式交由私人部门提

---

① 参见《村民不交费消防队不灭火,民营消防队名存实亡》,见 http://news.163.com/05/0820/10/1RJEMOOT0001122B.html,最后访问日期:2019 年 12 月 15 日。

② 《消防法》第三十六条规定:"县级以上地方人民政府应当按照国家规定建立国家综合性消防救援队、专职消防队,并按照国家标准配备消防装备,承担火灾扑救工作。乡镇人民政府应当根据当地经济发展和消防工作的需要,建立专职消防队、志愿消防队,承担火灾扑救工作。"

③ 章志远:《民营化:消防管理体制改革的一种路径》,载《行政法学研究》2006 年第 4 期,第 25 页。

供后,政府必须加强后续规制,从而保障公民的人身和财产安全。

综合上文的分析我们可以看出,我国行政合同范围的确定应当符合公私合作治理的发展趋势,现有的法定容许范围明显过窄,无法很好地回应现实的需要。同时,由于我国行政合同的相关理论仍不完善,在进行行政合同范围的扩展时应当采取审慎的态度,将不得缔结行政合同的事项作出清晰明确的规定,避免因盲目推进而损害公共安全及公民利益。

三、我国宜由法定容许转向法定除外与性质除外

我国目前的法定容许并不适应公私合作治理的发展趋势,因此应当由法定容许转向法定除外与性质除外,即通过反向排除的方式规定行政合同的容许性范围。笔者非常赞同王万华教授在《中国行政程序法典试拟稿及立法理由》中的观点,适宜对行政合同的容许性范围作出宽泛的规定,行政机关原则上可以采用合同的方式来完成公务,除非法律禁止或者行政事务的性质不适合采用合同方式完成。①

(一) 确定行政合同容许范围的关键因素:政府职能的公共性

如前所述,我国适宜顺应国际立法的趋势,由法定容许转向法定除外与性质除外,即行政法上的法律关系可以通过签订行政协议设立、变更、消灭,但法律规定禁止或行政事务的性质不适合的除外。那么接下来的问题便是,如何厘定行政协议的容许范围?尤其是哪些事项属于行政协议的禁区?只有在澄清哪些行政事务是不能引入私人部门承担的基础上,才能进一步探寻不同类型的行政协议受法律保留原则约束的程度。行政协议禁区的划定涉及政府职能的性质,"公共性"是政府职能的本质属性。因此,我们要确定行政协议可缔结事项的范围,公共性就是应予考虑的关键因素。

1.公共性解析

"公共性"是一个被广泛运用于政治学、哲学、经济学、法学等领域的概念。政治学意义上的公共性概念最早可追溯到古希腊时期柏拉图在《理想国》中对城邦正义精神的论述。② 随后的政治学家洛克、卢梭、密尔、边沁等从

---

① 参见王万华:《中国行政程序法典试拟稿及立法理由》,中国法制出版社 2010 年版,第 415 页。

② 参见章志远:《行政行为效力论》,中国人事出版社 2003 年版,第 29 页。

政府代表一种公共的契约精神来说明政府的公共性。而哈贝马斯主张公共性应当贯彻一种建立在理性基础上的立法,故公共性便成为国家机构本身的组织原则。① 但在现代行政法学上,行政公共性理论却发端于 20 世纪 60 年代的日本,因为国家行政活动需要贯彻行政性,而且以公共利益的实现为目的,而"公共利益"、"公共性"概念本身具有抽象性、模糊性,为此,日本学者室井力提出了"国家的公共性分析"理论,该理论认为,必须鉴别、分析现实的行政活动中"公共利益"或"公共性"的真实性,在此基础上排除虚假的"公共利益"或"公共性"。行政法学的对象是以"行政的公共性"为中心的"现代国家的公共性",基于国家公共性的法律标准,在对立法、司法、行政各自的组织与活动进行个别性的、具体性的分析、探讨的同时,也应当普遍地论及共通于其中的性质与特征。② 由此可见,室井力教授对于行政公共性分析目的是揭露虚假或伪装的公共性,而保障真实的公共性。于是乎分析现实行政活动的公共性便成为保障真实公共性的前提。

　　行政法学界对这一课题研究比较有代表性的是杨海坤教授。他认为:"公共性是现代国家行政诸特征中最基本的特征,公共性是行政其他特征的根本来源,其他特点都来源于公共性;公共性是行政的生命力所在,是其存在价值所在;没有公共性,就没有行政。"③

　　2. 公共性的强弱与行政合同容许性的范围

　　公共性是影响行政协议容许性范围的关键因素,但并不是说只要与公共性相关,就不能够缔结行政协议,而是说需要进一步对公共性的强度进行区分。以公共性的强弱为标准,可以将行政领域分为纯公共性领域和准公共性领域。其中,纯公共性领域通常包括干预行政和提供纯公共物品的给付行政,④因为其公共性较强,属于国家的核心职能,所以政府必须亲自为之,也就是性质上不得缔结行政协议的领域。而准公共领域则是以自然垄断产业为主的准公共物品提供的领域,因为其公共性较弱,可以成为行政协议缔结事项的

　　① 参见[德]哈贝马斯:《公共领域的结构转型》,曹卫东等译,学林出版社 1999 年版,第120—128 页。

　　② 参见江利红:《论日本行政法解释学的形成与发展》,载陈金钊、谢晖主编:《法律方法(第 17 卷)》,山东人民出版社 2015 年版,第 372 页。

　　③ 杨海坤:《现代行政公共性理论初探》,载《法学论坛》2001 年第 2 期,第 27—29 页。

　　④ 参见杨欣:《民营化的行政法研究》,知识产权出版社 2008 年版,第 91 页。

范围。

　　但是,由于"公共利益"、"公共性"等概念本身复杂而且抽象,由此而引出使所有人都能够赞同的政府职能领域是极其困难的。① 现代政治理论认为,政府是社会契约的产物,其所掌握的公权力来源于公众的授权。所以政府本质上是为公众和社会共同利益服务的组织,因而必须秉持公共精神,在公共性理论的指导和规制下运行。由此,有学者提出,"强化政府的公共性,意味着强化政府的职能和权力,强化政府对社会干预的范围与程序;弱化政府的公共性则意味着缩小政府的职能和权力,由社会承担部分本该由政府承担的公共产品供给职能和维护社会正义的功能。"②这种观点开拓了我们的思路,对于公共性强弱的区分,或许可以借助于经济学理论关于公共物品的划分得以实现。

　　公共物品作为公共财政研究中最古老和最重要的概念,与私人物品相对,而真正从现代经济学意义上将公共物品与私人物品两个概念作出严格区分并定义的则是美国著名经济学家萨缪尔森(Samuelson)。根据他的定义,"每个人对这种物品的消费,都不会导致其他人对该物品消费的减少,这样的物品便是公共物品(Public Goods);与之相对应的物品便是私人物品(Private Goods),它是指如果一种物品能够加以分割,因而每一部分能够按照竞争价格卖给不同的个人,而且对其他人没有产生外部效果"③。自萨缪尔森之后,许多经济学家都对此进行了深入研究,并进一步扩展了这一概念,其中最具代表性的有以下两种:奥尔森(M.Olson)认为,"任何物品,如果一个集团中的任何个人能够消费它,它就不能不被那个集团中的其他人消费。"④布坎南(James M.Buchanan)则认为,"任何集团或社团因为任何原因通过集体组织提供的商品或服务,都被定义为公共物品。"⑤

---

① 参见杨建顺:《日本行政法通论》,中国法制出版社1998年版,第423页。

② 祝灵君、聂进:《公共性与自利性:一种政府分析视角的再思考》,载《社会科学研究》2002年第2期。

③ Paul A. Samuelson, *The Pure Theory of Public Expenditure*, Review of Economics and Statistics, 36(November 1954), pp.387-398.

④ [美]曼瑟尔·奥尔森:《集体行动的逻辑》,陈郁、郭宇峰译,格致出版社、上海人民出版社2014年版,第11页。

⑤ [美]詹姆斯·M.布坎南:《民主财政论——财政制度和个人选择》,穆怀朋译,商务印书馆1993年版,第20页。

　　经济学家们对公共物品的定义尽管差异很大,①但是对于公共物品具有的两个本质特征基本都达成了共识:一是消费的非竞争性(non—rivalry);二是受益的非排他性(non—excludability)。"所谓非竞争性是指,一种物品一旦被提供,一个人对这种物品的消费并不会减少其他任何人对同一物品的消费机会和消费数量,增加更多的消费者并不会妨碍其他人受益。"所谓"非排他性是指一种公共物品一旦被提供,便有众多的受益者,要将其中的任何人排除在对该物品的消费之外是不可能的或无效率的。当一个物品具有非排他性,消费者就容易出现'搭便车'的行为,所以公共物品一般不被私人部门充足地提供,便不得不由公共部门提供。"②但是在实践中,有些物品在消费时具有拥挤性,并且使用者需要支付一定的费用,单纯由政府供给会造成效率低下及财政负担沉重。所以,新经济学对公共物品进行了进一步的划分,分为纯公共物品和准公共物品两类。在拥挤点之前,同时具有消费的非竞争性和非排他性的物品就是纯公共物品(pure public goods),如国防、外交、治安、法律等为纯公共物品。然而,同时具备非竞争性与非排他性的纯公共物品在实践中毕竟数量有限,在纯公共物品与私人物品之间仍然存在较大的空间,于是,那些在拥挤点之前,只满足消费的非竞争性和受益的非排他性之一的物品便是准公共物品(quasi-public goods),如交通运输、能源、通信、城市公共服务、教育等。③ 具体而言,如果一种物品仅具有非竞争性却有排他性,如有线电视,其线路铺设完成后,增加一户居民观看有线电视并不妨碍其他居民的收看,但是却可以通过收费的方式将不愿意观看的居民排除在外,该种物品则为准公共物品;如果一种物品具有非排他性却有竞争性,如公有资源,亦为准公共物品。综合而言,纯公共物品的要求最高,必须同时具备公共物品的两个本质特征,而准公共物品的界限则较为宽松,只要具备公共物品的部分特征即可。

----

　　① See John G. Head, *Public Goods and Public Policy*, *Public Finance*, vol XVII, no.3(1962), pp.197-219; Richard Musgrave, *The Theory of Public Finance*, (New York: McGraw-Hill, 1959); Julius Margolis, *A Comment on the Pure Theory of Public Expenditure*, *Review of Economics and Statistics*, XXXVII(November 1955), pp.347-349; Gerhard Colm, *Theory of Public Expenditures*, Annals of the American Academy of Political and Social Science, CLXXXIII(January 1936), pp.1-11.

　　② [美]斯蒂文·萨维尔:《法律的经济分析》,柯华庆译,中国政法大学出版社 2009 年版,第 34 页。

　　③ 参见董礼胜主编:《中国公共物品供给》,中国社会出版社 2007 年版,第 17 页。

区分公共物品与私人物品,对于确定某项政府职能是否具备公共性具有重要的意义。由于私人物品具有竞争性与排他性,完全可以由市场来提供。准公共物品具有不完全的非竞争性与非排他性,且拥有市场价值和盈利空间,这便决定了其供给方式的混合性,不必完全由政府供给,而可以通过行政协议的方式完成供给。当然,准公共物品毕竟具有公共性,关涉公共利益,所以仍需要构建有效的监管机制。至于纯公共物品,由于具有强公共性,通过纳税间接购买与被动消费,只能由政府提供,因而属于性质上不得缔结行政协议的领域。

(二) 不得缔结行政合同的事项

无论公法还是私法,都存在不得缔结行政合同的事项。在私法领域,尽管基于私法自治原则,契约内容原则上不受限制,但却不得有违法律及公序良俗。同样的情形,也见诸公法领域,只不过在实质内容上与私法之规定有显著差异。法国法上行政主体不得缔结合同的领域包括两部分:第一部分是法律无明文规定,纯粹的本质上与合同不相容的领域;第二部分是虽然无法律明文规定,但透过解释与实用,得出不得缔约的结果,可称之为因法律效果而不得缔约的领域。① 法国法上的规定给我们提供了一个很好的分析问题的路径和框架,笔者试图运用这一框架,结合我国的国情,对不得缔结行政合同的事项作一梳理与总结。

1. 本质上不得缔结行政合同的事项

如前所述,德国并不限制行政合同性质上的许可范围,即不存在本质上不得缔结行政合同的事项,原因在于:"一方面因为性质系属不确定法律概念,而易使行政合同动辄不成立或无效,影响合同安定性及合同相对人的信赖,另外一方面也将造成行政合同在实务适用的潜在负面考量因素,行政主体及人民在无法猜测其性质上是否许可订立行政合同,进而排斥行政合同的使用,最终影响行政合同的发展。"② 为了防止滥用行政合同而导致出卖公权力或者滥用公权力,德国《联邦行政程序法》通过不当连结的禁止、合同无效的规定等防止行政合同滥用的"保险栓"规定,使得行政合同不会因为没有"性质上"无效条

---

① 参见陈淳文:《公法契约与私法契约之划分——法国法制概述》,载台湾行政法学会主编:《行政契约与新行政法》,元照出版公司 2004 年版,第 139 页。

② 林明锵:《行政契约法研究》,翰芦图书出版公司 2006 年版,第 45 页。

款的控制而为所欲为。然而,我国的行政合同法律制度并不完善,相关配套规定亦多处于空白状态,因此,为了防止行政合同的滥用,确实需要在性质上予以限制。同时,为了防止出现上述德国不限制合同性质的原因情形出现,需要列举出性质上不得缔结行政合同的情形,免得滋生种种误会及可能的弊端。

具体到哪些行政事项属于性质上不适合采用合同的方式,笔者认为,由于政府职能的本质属性为公共性,政府亦是为公众和社会共同利益服务的组织,因此,具有强公共性的国家行政职能便是政府不可转移的核心职能,而这些核心职能就是纯公共性的事项,也就是本质上不得缔结行政合同的事项。

本质上不得缔结行政合同的事项主要包括:(1)纯公共物品的提供事项。一般包括国防、外交、治安、法律等,有学者肯定,"如司法、强制执行、警察与军事等本质上必须运用物理上强制力的国家任务,不能引入私人部门参与。"①(2)财政税收。通常来说,征税权是国家主权的重要内容,也是国家实现公共物品供给的主要途径,根据税收法定原则,税收机关需要完全依照法定的课征要件向纳税义务人课征税款,并没有协议的空间。但是,"对于非税收法定要素内容,如征税的事实、证据认定行为、处罚额、处罚措施的实施方式等,在合法范围内符合和解条件则可以进行和解"②。(3)公产的划定。无论是涉及自然的公产抑或是测定公共道路的边界,由行政机关确定是唯一合法的方式,而不允许行政机关与沿线居民之间签订合意书而约定公产的划定。(4)须行政机关作成统一决定的事务。诸如货币、度量衡、公证等为国家不可转移的任务。③

2. 因法律效果而不得缔结行政合同的事项

法律上虽然没有明文规定不得缔结行政合同,但从法律规范的意旨,可以推断出不得缔结行政合同的情形主要有以下两种:

(1)法律明示行政机关须亲自履行某一行政事务时

由于法律优先原则往往被视为消极意义上的依法行政原则,只要行政活

---

①　许宗力:《论行政任务的民营化》,载《当代公法新论(中)》,元照出版公司2002年版,第595页。

②　张永忠、张春梅:《行政裁量权限缩论——以税收和解适用为例》,载《政治与法律》2011年第10期,第32页。

③　参见陈爱娥:《国家角色变迁下的行政任务》,载《月旦法学教室》2003年第3期,第108—109页。

动不违反现行法律的规定即可。因此,当法律对于行政机关必须亲自履行某一行政事务作出明确规定时,行政机关便不得通过与相对人签订行政合同的方式逃避义务。例如,根据我国《立法法》、《行政法规制定程序条例》和《规章制定程序条例》的规定,行政立法职能只能由特定的行政机关在其职权范围内行使,所以合同行为的介入将是对法律优先原则的公然违背。

(2)法律明示某一行政事务须以单方行为作出时

当法律规定行政主体必须以单方行为方式执行行政事务时,如果没有明确规定也可以采用合同方式的,则表示排除适用行政合同的可能性。例如《森林法》第十五条第一款规定:"林地和林地上的森林、林木的所有权、使用权,由不动产登记机构统一登记造册,核发证书。"通过该条规定可以看出,核发证书之类的行为属于行政机关的单方行政行为,如果没有法律的明确规定,是不能够以契约的方式为之的。

第四章　公共利益保障与行政
合同缔结制度

行政合同的缔结制度是行政合同法律制度的重要组成部分,行政合同的有效缔结不仅是行政合同法律关系确立的首要环节和重要前提,而且也关系到行政合同的效力及履行。公共利益保障是行政合同缔结原则和程序不同于民事合同的基础,民事合同缔结以民事主体利益最大化为原则,只要不损害公共利益即可;而行政合同则在侧重保护公共利益的基础上维系相对人利益的平衡。基于此,行政合同的缔结原则需要以公共利益保障为根本出发点,不能机械地援引民事合同缔结原则,可以适用于行政合同的民事合同缔结原则必须具有普适性与相容性,且只有在行政法未作特别规定的情况下,才可以补充适用民事法律规范。

通过程序来控制行政权力已经成为现代社会的基本共识,行政合同利益的多元化与内容的复杂性使得其仅仅依靠私法规则并不能实现行政管理目标,需要行政程序的重拳出击,这一点在行政合同的缔结阶段尤其凸显。通过健全完善的行政合同缔结程序的安排,可以为行政主体与相对人提供理想的交易空间,实现双方的良性互动,促进双方自由意见的表达,控制行政恣意,保证缔约结果的公平公正,使得行政主体所代表的公共利益与相对人的自身利益达到相对和谐的平衡状态,进而达到合作共赢的合同目的。

第一节　公共利益保障:行政合同缔结制度的基础

从古至今,公共利益历来为国家所积极追求的目标之一,尤其是在以依法行政为核心的现代法治国家,更是以公共利益的实现为其终极目标。基于此,国家通过与相对人缔结合同的方式推行政策、完成管理任务与目标,在这一过程中必须以保障公共利益为重要前提和基础,这也是行政合同与民事合同的重要区别之一。然而,由于公共利益概念抽象且不确定,为了防止行政机关假借公共利益之名,行侵害人民利益之实,有必要对公共利益的概念与内涵进行研究和探讨。

一、公共利益的内涵

有学者指出:"公共利益概念最特别之处,在于其概念内容的不确定性,不仅表现为受益对象的不确定,而且其利益内容亦不确定,故公共利益算是典型的不确定法律概念。"①正是由于公共利益的内涵与外延具有模糊性,学界对于公共利益含义的探究始终不曾停止。有学者认为,"公共利益是每个个人利益的总和,它是所有人的利益,因为它是每个人的利益;因为正如社会是每个人的总和一样,公共利益也是这些个人利益的总和。"②但是这一定义仍然比较抽象,可操作性不强。也有学者试图通过程序框架来定义公共利益,认为"只有在程序的框架下界定公益秩序,才会有助于所有的人追求各种各样的目的,以满足每个人不同的利益诉愿"③。还有学者将公共利益概念拆分成"公共"和"利益"分别进行探讨,认为"对公共的判断至少需要具备两个标准,一是开放性,二是数量上须达一定多数;而利益的评价标准应为客观法秩序"④。

实际上,公共利益的内容不仅是不确定的,而且也是弹性的,往往因为不同的价值标准而有所差异,由此出现在同一事件之上存在不同公共利益相冲突的情形,而解决这些冲突的根本在于价值的衡量,即在诸多的价值标准中选择一个最优先考虑的标准而形成公共利益。至于如何来决定价值标准的先后,有学者提出:"形成公共利益的价值标准必须是量最广、质最高,所谓量最

---

① 城仲模:《行政法之一般法律原则(二)》,三民书局 1997 年版,第 156 页。
② [英]史蒂文·卢克斯:《个人主义》,阎克文译,江苏人民出版社 2001 年版,第 46 页。
③ 范进学:《定义"公共利益"的方法论及概念诠释》,载《法学论坛》2005 年第 1 期,第 17 页。
④ 城仲模:《行政法之一般法律原则(二)》,三民书局 1997 年版,第 160 页。

广要求受益人的数量最多;所谓质最高则根据受益人生活需要的强度而定。"①

二、公共利益在行政合同缔结制度中的地位

行政合同以实现公共利益为最终目标,其与公共利益之间的关系密不可分,所以保障公共利益这一理念便贯穿于整个行政合同的始终。具体到行政合同的缔结制度中,公共利益保障是行政合同缔结制度的基础,行政合同的缔结原则和具体缔结制度的设计都是以公共利益为基本出发点和落脚点。行政合同缔结过程优先考虑公共利益,在此基础上实现对相对人利益的平衡。而民事合同缔结的目的则是为了民事主体自身的经济利益,以民事主体利益最大化为原则,只要不损害公共利益即能够被法律所认可,也许缔结民事合同的结果可能有利于公共利益,但这并不是优先的考量因素。基于此,如果不考量公共利益这一因素,则行政合同与民事合同便无区分的必要了。

在行政合同缔结中,如果双方当事人没有以保障公共利益为基础考量因素,导致缔结制度适用过程中的瑕疵,进而在其后履行过程中产生争议,这时就涉及公共利益的判断问题。然而,由于公共利益系不确定概念,如何判断公共利益并非易事,正如学者陈锐雄所言:"何谓公共利益,因非常抽象,可能言者人殊。"②国家是公共利益的供给主体,也是公共利益的主要义务主体。然而,国家是由不同的职能机关所组成,究竟哪些机关具有判断公共利益的职权? 通常而言,行政机关可以进行公共利益的判断,但是由于行政机关不仅是公共利益的代言人,还存在部门利益,当公共利益与部门利益发生冲突时,便会妨碍公共利益的实现。因此,公共利益的最终判断权应当交给法院,不仅因为法院裁判是维护公共利益的重要力量,而且也符合司法最终决定原则。诚然,有学者指出:"在判断公共利益时,法院还应当考虑公益与私益的平衡。"对于行政合同中公共利益的判断,不能以公共利益为唯一因素,还要进行综合考量,维系公共利益与私人利益的平衡,这一点在公私合作治理这一大背景下显得尤为重要。

---

① 城仲模:《行政法之一般法律原则(二)》,三民书局1997年版,第161页。
② 陈锐雄:《民法总则新论》,三民书局1982年版,第913页。

第二节 缔结行政合同遵循的基本原则

法律原则作为法律的基本要素之一,特点在于,"它不预先设定任何确定的、具体的事实状态,但是,它指导和协调着全部社会关系或某一领域的社会关系的法律调整机制"①。行政合同缔结的原则贯穿于行政合同缔结过程的始终并为行政合同缔结提供总的指导思想和根本准则。与行政合同缔结制度不同,行政合同的缔结原则并不直接涉及当事人的具体权利义务,而是为缔约各方提供了一种行为准则和价值取向。正如有学者曾指出:"原则表达了详细的法律规则和具体的法律制度的基本目的……法律原则正是规则与价值的交汇点。"②

一、行政合同缔结原则的功能
(一) 填补和解释成文法及合同漏洞

如前所述,重视成文法的制定是世界各国行政合同立法的趋势与方向,无论是以德国为代表的大陆法系国家将行政合同纳入《行政程序法》的专章之中,还是以英美为代表的普通法系国家创设出不同于普通法的特殊规则,均是如此。然而,"法典不可能没有缝隙"③,尤其是在行政合同领域,由于成文法存在的固有缺陷,导致其无法对形形色色的行政合同实践作出详细的、无遗漏的规定。这时能够体现立法主旨和基本精神的缔约原则不仅可以对成文法规范作出合乎立法目的的解释,而且可以帮助法官在没有现行法依据的情况下作出符合法理的裁判。可以说,当成文法缺乏对于行政合同缔结制度的具体规定时,缔结原则可以起到补充适用的作用,从而保证法律的正确实施。

行政合同的当事人在缔结合同过程中,对于合同内容可能存在没有约定、

---

① [美]迈克尔·D.贝勒斯:《法律的原则——一个规范的分析》,张文显等译,中国大百科全书出版社 1996 年版,第 468 页。

② [英]彼得·斯坦、约翰·香德:《西方社会的法律价值》,王献平译,中国法制出版社 2004 年版,第 215 页。

③ Hans Hattenhauer, Einführung in Allgemeines Landrecht für die Preußischen Staaten von 1974, at1,21.转引自王利明:《合同法研究(第一卷)》,中国人民大学出版社 2011 年版,第 190 页。

约定不明确甚至约定前后矛盾的情形。尤其是 PPP 项目合同,因为其投资规模大、回报周期又很长,一般可达二十年、三十年,在这么长时间里,政府和经营者都会面临各种不确定的风险,有可能缔结合同时所基于的法律环境、经济环境、社会环境等后来均发生了重大变化,当事人很难预先在合同中作出全面妥当的安排。因此,在合同出现漏洞之后,可以通过缔结原则进行解释和补充,继而推定当事人之间的权利义务内容。当然,对合同内容的解释和补充不能违反当事人之间的约定,也不能违背当事人的真实意思表示,否则就违反了合同的合意性。①

(二) 控制行政恣意,平衡当事人之间的权利义务关系

行政合同兼具公法和私法的双重属性,同时具有行政的强制性与民事的合意性,这一特点使得它与崇尚契约自由的民事合同具有显著差别。一般来说,为了保证公共利益的实现,行政主体在行政合同中享有行政优益权,具有一定的主导地位。但是如果片面强调行政主体的优势地位和特权,就可能导致权力滥用、滋生"内幕交易"及裙带关系等腐败现象,损害相对人的利益。行政合同的缔结原则可以有效规制行政主体的自由裁量,尊重相对人的意思自治,实现合意的自由,使行政合同从本质上符合合同的根本特征。同时,通过权利制约权力,控制行政恣意,使行政优益权的行使合乎理性,从而保证由此作出的行政选择是最有效益的。

二、行政合同缔结原则与民事合同缔结原则、行政行为应遵循原则之间的关系

在现代社会,合同不仅表现为私法中的手段,而且它已经跨越私法的范畴渗透进了公法领域。有学者认为:"公法和私法在某程度内各有特殊性,同时又在某程度内有共通性。而在其具有共通性的限度内,可以说两者是当然适用共同的规律的。"②行政合同可以说是公法与私法共通性的典型代表,加之行政合同作为一种法律现象在时间上晚于民事合同,故而行政合同发展不可避免地借鉴了民事合同的相关法理,这其中就包括法律原则,而这一点亦为诸

---

① E. Allan Famsworth, Brown and Company, 1990, p.464.

② [日]美浓部达吉:《公法与私法》,黄冯明译,中国政法大学出版社 2003 年版,第 203 页。

多国家的立法所肯认。英美法系国家不区分公法与私法,政府合同当然适用民事合同规则;以德国为代表的大陆法系国家在其行政程序法中亦明确规定行政合同可以准用民事合同的相关规定。但是,毕竟行政合同与民事合同分别属于公法与私法两个不同法域,其所适用的法律原则及具体规则自然不会完全相同,行政合同的缔结原则不能机械地援引民事合同的缔结原则,而是需要有一定的限制,不仅要求可以适用于行政合同的民事合同缔结原则必须具有普适性与相容性,而且还需要遵守一定的适用顺位,即只有在行政法未作特别规定的情况下,才可以补充适用民事法律规范。

　　行政合同作为一种治理方式的创新,是一种非强制性行政行为,而行政合同的缔结行为又是合同行为的首要环节,其无疑也就是一种特殊的行政行为,那么行政行为应当遵循的原则在不与契约自由相冲突的情况下是可以转化为行政合同缔结原则的,因为"体现行政法基本价值追求的行政行为应当遵循的基本原则,其内容具有根本性,效力具有普遍性,对行政活动具有普遍指导和规范作用"①。因此,行政行为应当遵循的原则中的一部分可以成为行政合同缔结行为的准则,可以说,作为行政行为原则的合乎行政目的原则、公平公开原则、诚实信用原则等完全可以成为行政合同的缔结原则。但是由于行政合同具有"合意性"的特征,具有不同于一般行政行为的特殊性,强调一般原则的普适性,并不能否定具体原则的特殊性,虽然行政行为所遵循的原则部分可以适用于行政合同缔结领域,但其毕竟不能完全概括行政合同缔结所应具有的原则,例如竞争原则。由此可见,行政行为的基本原则与行政合同的缔结原则是一般与特殊的关系。

三、行政合同缔结原则的内容

(一) 合乎行政目的原则

　　行政合同在出现之初,正是作为一种替代行政管理手段来完成一定的行政管理目标,所以,行政合同是为了实现社会公共利益和行政管理目的服务的。因此,在行政合同的缔结中,无论是实体性权利义务的设定还是程序性权

---

　　① 　王万华:《行政程序法论》,载罗豪才主编:《行政法论丛》(第 3 卷),法律出版社 2000 年版,第 262 页。

利义务的配置,都应当明确这样的基本前提,"既能有效地促成行政合同所预期的特定行政目的的实现,同时又以实现特定行政目的之必需为限度,禁止在权利义务上的不合理联结"①。

近年来,行政合同容许性范围逐步扩大,除外说已经成为目前国际立法的趋势,换言之,除了法律禁止或者依性质不宜缔结行政合同的情形外,行政机关原则上可以采用合同的方式来完成行政任务。如果法律对于行政合同的缔结事项进行了明确的禁止性规定则自然无裁量空间,但实践中大量的事项需要进行是否为"依性质不宜缔结行政合同"的判断,由于这一判断标准具有抽象性,在认定时需要进行价值权衡与选择。我国目前尚未建立完善的行政合同法律体系,对于那些没有法律的明文规定而是基于一定的行政政策缔结的行政合同便需要审查是否合乎行政法的基本精神和行政目标。因此,究竟能否采取行政合同的方式完成行政任务,合乎行政目的原则是其中重要的考量因素。

然而,实践中确有违反合乎行政目的原则而缔结行政合同的现象出现,例如,PPP 项目是政府与社会资本合作来提供公共产品或服务,其行政目标非常明确,旨在共同实现持续的公共利益目标。因此,PPP 项目须为政府负有提供责任的,通常为公益性项目,比如公立医院、供水、供热、供电等,而那些政府不负有提供责任的商业性项目,比如私立学校、迪士尼公园、房地产等则不能通过 PPP 模式进行。但是有一些地方政府将房地产等纯商业化项目包装成 PPP,借助"绿色通道"实现快速审批和融资,这种做法违反了行政目的原则,所涉 PPP 合同必然不能订立。

此外,需要注意的是,在行政合同领域,要保证特定行政目的的优先实现,并不等于否定相对人参与行政合同所预期利益的实现,也就是应当允许并鼓励相对人通过行政合同的缔结与履行,满足其自身利益及回报要求。

(二)公平原则

公平原则的核心意义是"公平对待"或"平等对待",它要求行政机关"尽其最善"来作出影响公民权利义务的具体决定,其实质是使行政机关对当事人一视同仁、不偏不倚。公平原则是现代行政程序最基本的原则,具有较强的

---

① 余凌云:《行政契约论》(第二版),中国人民大学出版社 2006 年版,第 88 页。

实体性和目的性,已经成为各国行政程序法所确立的基本原则之一。英国学者米尔恩指出,公平原则包括三种情形:其一,某种待遇在一种特定的场合是恰当的,那么在与这种待遇相关的特定方面相等的所有情况,必须受到平等对待,也就是通常所说的"相同情况相同对待";其二,在与这种待遇相关的特定方面不平等的所有情况,必须受到不平等的对待,即"不同情况区别对待";其三,待遇的相对不平等必须与情况的相对不同成比例,即"比例对待"。①

在行政合同的缔结过程所体现的公平原则主要是米尔恩提出的第一种情形,即"相同情况相同对待",要求行政机关一视同仁、不偏不倚地选择和对待缔约各方当事人,主要原因在于行政主体作为公共利益的代表,需要保证公平的竞争环境,如果按照民事合同中缔约自由原则而任意选择相对人,则可能造成营私舞弊和腐败现象,进而损害社会公共利益。因此,行政主体在面对众多竞争者和参与者时,必须遵循公平原则。具体表现为,对于所有符合缔约条件的竞争者,无论其所有制形式、经济实力或地域差异,提供的机会均等,并使其受到同等的待遇,反对歧视;行政主体运用相同标准甄选相对人;对所有的竞争者提供的信息保持一致等。建立在公平基础上的竞争可以保证最有实力和履行能力的相对人获得缔约机会,以便更好地实现行政管理目的。公平原则在行政合同缔结阶段主要通过回避制度、听证制度、告示制度等予以体现。

(三) 诚实信用原则

诚实信用原则原属于私法原则,是为契约解释补充的原则,其最早起源于罗马法中的"善意"原则。20 世纪以来,诚信原则在大陆法系国家民法中得到迅速发展,不仅在各国的民法典中确立了该原则,而且法官也常常运用该原则解决实践中出现的各种复杂问题。② 在英美法中,诚信原则也是一项非常重要的原则,美国的很多判例中都涉及诚信原则的应用,③该原则亦贯穿于整个《美国统一商法典》。另外,美国的很多学者也对诚实信用原则展开研究,如博顿(Burton)就曾指出:"只有依据诚信义务的履行才能保障交易的安全,因

---

① 参见[英]米尔恩:《人的权利与人的多样性——人权哲学》,夏勇译,中国大百科全书出版社 1995 年版,第 59 页。

② 参见王利明:《合同法研究》(第一卷),中国人民大学出版社 2011 年版,第 184—185 页。

③ See Kirke La Shelle Co V. Paul Armstreng Co. 263 N. Y. 79, 188 N. E163, 1933; Wetern Oil & Fuel Co. v. Kemp, 245F. 2d633, 640, 8th Cir. 1957.

为合同当事人并不会与他们并不信赖的人订约,而且在订约后,只有各方都信守合同,才不会随意放弃合同而寻求其他商业机会。如果当事人依据诚信原则缔结及履行合同,将会极大地减少搜集信息的费用、谈判和起草合同的费用,以及未来的风险。"①

由于诚实信用原则是一项基本的法律原则,被称为"帝王条款",便可以君临一切法域。② 正如学者城仲模所言:"诚实信用原则依其发展渊源观之,其乃是一自然含有道德规范色彩的基本原则,共通于所有法领域之同,其属于超越成文法之上位法理,衡诸于各种法领域。"③因此,诚实信用原则已经成为行政法领域中的一项基本原则,并在多个国家的行政程序法中予以明确规定。④ 诚实信用原则作为私法与公法共通的原则,由于该原则的语义相同,对行政法领域诚信原则内涵的揭示应当紧密结合私法诚信原则的内涵语义把握。在肯定两者具有相同的核心内容之后,再根据公法的特殊性来探求行政法诚实信用原则的具体要求。笔者认为,行政法中的诚实信用原则可以界定为,行政主体在进行行政行为时,应以诚实之心理善意地行使权利和履行义务,从而维系各方利益的平衡。

在行政合同的缔结阶段,诚实信用原则发挥着重要的作用,它指导着整个行政合同的缔结过程,各方当事人均须遵守诚实信用原则。其一,行政主体应当按照诚实信用原则选择相对人,坚决禁止暗箱操作和营私舞弊;其二,行政主体按照法定程序选出相对人后,双方应当及时签约,任何一方均不得无故拖延,否则给对方造成信赖利益的损失,应承担缔约过失责任;其三,在行政合同的缔约过程中,当事人负有忠实的义务,诚实守信,不得有欺诈、胁迫行为,不得恶意与对方谈判,不得损害社会公共利益;其四,在行政合同缔约之后尚未履行前,当事人应当依据诚实信用原则,严守诺言,认真做好履约准备。总而言之,行政合同缔结过程以诚实信用原则为指导,能够消弭隔阂,增强当事人

---

① Steven J.Burton, *Breach of Contract and the Common Law Duty to Perform in Good Faith*, Harvard Law Review, Vol.94, 1980.

② 参见王泽鉴:《民法学说与判例研究(第一册)》,中国政法大学出版社 1997 年版,第330 页。

③ 城仲模:《行政法之一般原则(二)》,三民书局 1997 年版,第 210 页。

④ 例如德国 1976 年《联邦行政程序法》第 48 条、韩国《行政程序法》第 4 条都规定了诚信原则。

之间的相互信任,平衡国家利益与私人利益,这样不仅可以更好地体现当事人的合意,提高签约率,而且能够提高行政效率,实现行政管理目的。此外,需要注意的是,诚实信用原则不仅适用于行政合同的缔结阶段,而且应当贯穿于行政合同始终。例如在行政机关行使单方变更解除权时亦不能与诚实信用原则相违背,而是要在法律规定的公共利益需要的范围内行使。

(四) 公开竞争原则

民事合同的缔结一般发生在特定主体之间,因与他人无涉,故以双方的私下协商为主,合同的内容并不为外人道也。但是行政合同是以实现行政管理目标和社会公共利益为目的,不能完全通过意思自治的方式来缔结合同。为了更好地执行公务,行政主体需要选择最适格的相对人,而竞争无疑是最佳途径,同时为了防止权力寻租与腐败,还需要接受第三人或者社会公众的监督。因此,在行政合同缔结过程中,公开竞争原则不仅可以保证第三人获得平等的缔约机会、降低行政成本,而且可以防止行政主体在缔约过程中的营私舞弊。

目前,很多国家和地区的立法中都确立了公开竞争原则。如美国绝大多数政府采购是通过公开投标或竞争性谈判得以实现的,而且还通过一系列程序保障公开竞争原则的实现。[1] 根据美国 1984 年《竞争缔约法》(*Competition in Contacting Act of 1984*)规定,缔结政府合同,必须坚持"全面公开的竞争原则"(full and open competition)。[2] 即使在"全面公开的竞争原则"无法适用的例外情况下,行政机关也必须尽可能广泛地寻求缔约者。[3] 葡萄牙《行政程序法》规定行政合同订立人选择可以通过公开招标、事先筛选的限制性招标、免

---

[1]　如果缔约官使用规定的不完全竞争或者进行单一来源采购程序,必须向监督机关提供详尽的文件和理由,而执行不完全竞争程序可能要求得到监督机关的正式批准。此外,被排除在采购之外的潜在缔约人通过法定程序可对政府选择使用的缔约程序提出异议。参见 Daniel J. Mitterhoff:《构建政府合同制度——以美国模式为例》,杨伟东、刘秀华译,载《行政法学研究》2000 年第 4 期,第 90 页。

[2]　See W. NoeI Keyes, *Government Contracts*, WesI Publishing Company, 2004, p.103.

[3]　无法适用"全面公开的竞争原则"(full and open competition)的例外情形主要包括:仅有唯一潜在缔约人(only one responsible source)、例外的不可抗拒的紧急情况(unusual and compelling urgency)、涉及工业动员(industrial mobilization)和国家安全(national security)、国际协定(international agree-ments)等。See W. NoeI Keyes, *Government Contracts*, WesI Publishing Company, 2004, pp.105-111.

送候选名单的限制性招标、具预先公告招标或无需公告的谈判和直接磋商五种方式。《欧盟示范行政程序规则》(专家意见稿)中对于竞标程序亦进行了专节规定,并要求除了协商程序外要进行事前公告。我国的《招标投标法》和《政府采购法》也将公开竞争原则列为行政合同缔结的核心原则。

公开竞争原则要求行政主体在行政合同的缔结阶段要为所有竞争者提供平等的竞争机会,不能差别对待,根据同一标准选择最优的相对人缔结行政合同,保证合同目的的有效实现。同时,要求行政主体将行政合同的缔结过程向竞争者、社会公开,但涉及国家秘密、商业秘密和个人隐私的除外。在行政合同的缔结阶段,公开竞争原则主要通过规范行政合同的缔约方式得以实现。我国《政府采购法》规定了五种采购方式,但以公开招标为基础,原因在于它最符合公开竞争的精神,能够更好地保障利益相关者的权利。

诚然,行政合同缔结的过程在实现公开竞争原则的同时,也应该符合国家经济和社会发展的政策目标,如促进中小企业的发展等。在行政合同相对人选择的竞争过程中,那些经济实力强或者居于垄断地位的大型企业无疑具有绝对优势,而中小企业根本无力与之抗衡,进而失去参与的积极性。我国目前在 PPP 合同缔结过程中,这一倾向就非常明显,PPP 项目合同的相对人主要为国有企业,甚至有些 PPP 项目就是为国有企业量身定做的,如一些地方城市道路等技术门槛要求并不是很高的 PPP 项目,却在招投标中提出了很高的要求,有的要求"企业要有 20 年以上的行业经验"、有的要求"行业顶级资质"等,客观上排除了中小民营企业的参与。《PPP 条例征求意见稿》第六条要求不得排斥或限制非公有制社会资本方依法参与 PPP 项目,2017 年 11 月 28 日发改委《关于鼓励民间资本参与政府和社会资本合作(PPP)项目的指导意见》(发改投资〔2017〕2059 号)出台,这些规定对于民企而言均是重大的利好,但在实践中,民营资本参与 PPP 项目遇到的问题不只是表面排斥和限制,因此需要法律进一步予以鼓励和支持。实际上,这种照顾和支持不仅不是对公平原则的破坏,反而是实质公平的正当要求,是公平原则的具体体现。①

---

① 参见施建辉、步兵:《政府合同研究》,人民出版社 2008 年版,第 58 页。

第三节　行政合同缔结程序

在现代社会,程序正义是保证实质正义的关键,这一理念已被多国所采纳,《行政程序法》也俨然成为目前法治国家的标准配置。《行政程序法》通过科学合理的程序设计能够实现对行政权力的控制和保证缔约当事人的理性选择,从而既能够有效发挥行政合同的灵活弹性,又能够将行政合同的机动性限制在可控的范围之内,最终达到有效弥补实体立法不足的目的。由于行政合同所涉利益多元且内容复杂,如果仅依靠私法规则而欠缺公法程序规则适用,则行政管理活动很难完成,行政合同目的的实现也将大打折扣(有关公法程序规范缺失所引发的问题已经在第二章中详细阐述,在此不再赘述)。在行政合同缔结过程中,通过完善的缔结程序制度的构建,可以为行政主体和相对人创造出合理的协商空间,使相对人能够自由地表达意见,满足各方当事人的利益需求,排除行政恣意,从而最大程度地发挥行政合同的灵活机动的优势。同时,通过缔结程序制度的设置,使得行政机关在不违反法律规定或者符合行政事务性质的情况下,尽管没有法律的授权,也可以放心地运用行政合同手段实现行政管理目的,同时也能够切实地保障相对人的合法权益。

然而,由于行政合同的种类繁多,且具有各自的特点,加之 PPP 的推进,使政合同的缔结程序呈现出多样化的态势。例如对于 PPP 合同的缔结程序,目前的立法倾向要求其履行政府采购的相关程序,但是政府采购合同在我国一直属于民事合同的调整领域,未来是否将政府采购的程序统一规定为行政合同的缔结程序还是值得商榷的。另外,国有土地使用权出让合同采用招标、拍卖和挂牌出让程序,土地房屋征收补偿协议需要遵循《国有土地上房屋征收与补偿条例》的相关程序,这两种程序都与政府采购程序有所区别。于此,关于行政合同的缔结程序是规定普遍的规则,还是由单行法予以界定,便成为目前立法上亟待解决的问题。笔者认为,除了特殊的行政合同可以由单行法规定其缔结程序外,适宜由行政程序法对普适性的制度予以明确规定。原因在于虽然行政合同的种类众多,其缔结程序亦具有些许的差别,但我们并不能否认行政合同的缔结程序存在着共同的原则性和制度性的基础。此外,我国虽然没有"行政程序法",但是通过分散立法对于行政合同磋商程序中的一些重要制度已经进行了规定,然而在 PPP 大力推进的背景下,产生了许多新的问题,这些制度的规定已经无法满足需求,呈现疲于应对之态势,亟需通过"行政程序法"予以进一步规范与完善。

一、相对人的选择制度

如前所述,为了防止在相对人选择过程中出现行政恣意及营私舞弊现象,各国法律均要求行政合同的缔结磋商程序应遵循公开竞争的原则,我国《政府采购法》第三条对公平竞争原则也进行了明确规定。关于行政合同相对人选择制度的法律体系,我国是以法律为基础,以行政法规为补充,再由部门规章予以细化完善。在法律层面,主要有《政府采购法》和《招标投标法》,在行政法规层面主要有《政府采购法实施条例》和《招标投标法实施条例》,在部门规章层面有财政部《政府采购竞争性磋商采购方式管理暂行办法》、《政府采购非招标采购方式管理办法》、《评标委员会和评标方法暂行规定》等。虽然我国具有成体系的配套法律规范来约束行政主体对于相对人的选择,但是在面对 PPP 的强势推进时仍显得捉襟见肘,缺乏灵活性,存在诸多需要完善的地方,笔者试图从相对人的选择方式和标准两个方面提出相应的完善建议。

(一) PPP 背景下相对人选择方式的完善

我国《政府采购法》第二十六条规定了包括公开招标和邀请招标在内的五种采购方式,而《招标投标法》第十条只规定了公开招标和邀请招标两种方式。《政府采购法实施条例》第三章关于政府采购方式规定,采购人采购公开招标数额标准以上的货物或者服务,可以采用公开招标以外的方式,但是却并没有明确具体的采购方式。财政部《政府采购非招标采购方式管理办法》也只是对《政府采购法》中的三种采购方式竞争性谈判、单一来源采购和询价采购方式进行了细化的规定。有所突破的是财政部 2014 年 12 月 31 日《政府采购竞争性磋商采购方式管理暂行办法》,增加了竞争性磋商作为新的法定采购方式。同日,财政部《政府和社会资本合作项目政府采购管理办法》明确了竞争性磋商为 PPP 项目采购方式。由此可见,竞争性磋商方式是为了适应 PPP 的推进而新增加的一种相对人的选择方式,相比其他的采购方式更具灵活性。然而,这种方式是否能够满足 PPP 项目的多样性要求? 尤其是在项目的设计具有创新部分的情况下,竞争性磋商就会因为磋商时间增加而导致效率降低,甚至无法达成合同。另外,财政部颁布的两个文件作为部门的规范性文件,是否符合《政府采购法》第二十六条兜底条款所认定也值得商榷。回溯到前文所列举的山东嘉祥九顶山 PPP 项目,由于采用使用者付费模式,整个项目并没有财政性资金的使用,故并不适用《政府采购法》,同时其在采购方式上采用竞争性磋商,又不适用《招标投标法》,这样就造成了该项目相对人选择方式在法律层面适用上的空白。

欧盟在公共采购及 PPP 运作方面有着丰富的经验,2013 年和 2014 年上半年,欧洲公私合营合同规模分别为 163 亿欧元和 90 亿欧元,平均合同金额为 2.03 亿欧元/笔和 2.64 亿欧元/笔,[1]所涉资金额巨大。欧盟 PPP 项目的快速良性发展,主要得益于其公共采购指令的日益完善,尤其是 2014 年公布的三部新版欧盟公共采购指令,公共部门指令(2014/24/EU)、公用事业部门指令(2014/25/EU)和首次引入的有关特许经营的指令(2014/23/EU),更是为 PPP 的发展带来了新的契机,不仅为缔约机构创造了更加灵活弹性的空间,而且也为其提供更为明确的指引规范。新版欧盟公共采购指令中先进的相对人选择方式和标准可以为我国所吸收和借鉴。

(二) 关于相对人的选择方式

由于 PPP 模式系公共部门与私人部门之间基于契约关系而建立的长期有效的伙伴合作关系,不同于传统政府采购模式下的暂时性、简单的交易关系,如果完全适用政府采购制度所适用的竞争机制,就可能面临着程序无效及采购成本高昂等挑战。PPP 模式具有复杂性,且投资额较大,一般而言,项目规模越大则潜在的有能力参与竞争的私人部门就越少,另外竞争机制不仅耗时较长,而且也增加了交易成本,有研究显示 PPP 采购程序平均持续 34 个月,[2]平均交易成本占项目投资总额的 10%。[3] 而竞争性磋商程序也同样面临投入成本较大,程序复杂且持续时间较长的问题,不利于创新项目的发展,

---

① 参见商务部官网:《欧盟和拉脱维亚公私合营(PPP)发展概况》,http://www.mofcom. gov.cn/article/i/jyjl/m/201411/20141100782665.shtml,最后访问日期:2020 年 2 月 25 日。

② NAO(2007),Improving the PFI Tendering Process,the National Audit Office.

③ Dudkin,Gerti and Välilä,Timo ,Transaction costs in public-private partnerships:a first look at the evidence,Economic and financial reports/ European Investment Bank ,No.2005/03.

在国家鼓励创新的大背景下,我国现有的相对人选择方式略显不足。欧盟
2014 年公共采购指令中新引入了"创新伙伴方式"这一全新的概念,其目的是
为创新产品或服务的研发与持续供应开拓一条崭新路径。"创新伙伴方式"
是一种灵活的采购方式,采购适用于存在开发创新性的产品、工程或服务的需
求,而该需求通过市场上现有的方案无法满足,这时采购当局为了开发与后续
购买创新型的产品、工程或服务而建立的长期伙伴关系。欧盟 2014 年公共采
购指令针对"创新伙伴方式"主要进行了以下几个方面的规制:(1)创新伙伴
方式应当遵循带谈判的竞争性程序的规则;(2)采购实体可以决定与一个或
多个分别实施研发活动的参与方建立创新伙伴关系;(3)必须根据最佳性价
比授予标准为基础来授予合同。如果伙伴方能够响应之前协定的绩效水平和
最大成本来提供创新型产品、工程或服务,则在后续阶段不需要再次发起一个
独立的采购程序。"创新伙伴方式"实质上允许研发与采购相结合,以更好地
适应公共需求,同时确保采购的基本原则得以保留,兼顾了成本与效率,在创
新型公共服务领域具有很强的实用性,可以说为创新型公共产品的提供,开辟
了一种良好的采购模式,也可为我国所吸收和借鉴。

　　(三) 关于相对人的选择标准

　　我国《政府采购法实施条例》第三十四条规定政府采购的招标评标方法
为最低评标价法和综合评分法。最低评标价法,是在满足招标文件实质性要
求时,以投标报价最低为准;综合评分法,是在满足招标文件实质性要求时,以
评审因素的量化指标评得分最高为准。然而,这两种标准都存在一定的缺陷。
最低评标价法强调报价最低,使得投标人过分追求低价而难保质量最优,甚至
容易引发恶意竞争,最终损害社会公共利益。综合评分法较为复杂,其评价因
素和权值缺乏客观标准,而且赋予了评委较大的权力,如果对评委没有有效的
约束,就有可能出现"人情标",这些弊端也使得综合评分法很难发挥应有的
效果。欧盟 2014 年公共采购指令中取消了存在多年的最低成交价标准,使得
最有利经济(MEAT)标准成为唯一标准,这意味着欧盟合同的授予更加注重
性价比,将质量价格和售后服务、技术支持纳入授予合同的条件,更加科学有
效。同时,指令中明确可以将"生命周期成本分析"作为评估"最有利经济
(MEAT)标准"中成本有效性的方法之一。由于生命周期成本更加注重采购
项目的后期成本,所以更符合 PPP 项目持续时间长、资金需求大的特点。我

国可以借鉴欧盟的标准,引入最有利经济原则,在运用最低评标价方法时,本着最有利于经济效益和公共利益的原则;在综合评分法中按照最有利经济原则的要素确定评标因素及权值比重,同时运用生命周期成本进行计算,使我国行政合同相对人选择标准更加科学。

二、行政合同缔结要式制度

行政合同原则上应当采用书面形式,这种要式制度的确立,可以预防和解决纠纷。德国、葡萄牙、希腊的行政程序法中均明确规定行政合同须以书面形式订立。在法国,重要的行政合同必须采取书面合同形式。[①] "近几年,英国、澳大利亚等国家相继颁行标准合同,为不同公共部门的 PPP 合同创设统一的条件"[②],并逐渐呈现出国际化的趋势。以英国为例,英国是 PPP 模式的国际先驱,也是目前世界上运用 PPP 模式相对成熟的国家,英国制定 PFI 统一标准合同(Standard Contracts),是政府推行 PFI 政策重要的工具之一。一方面,标准合同在 PFI 项目中的普遍应用,不仅减少了谈判时间和谈判成本,而且促进了项目成功率的提升。另一方面,PFI 标准合同具有强制性,标准合同中的一些主要条款应当直接写入所有 PFI 合同之中,且不能进行修改。[③] 财政部门在征求咨询部门英国伙伴关系组织(Partnerships UK,PUK)[④]意见后作出是否同意的决定。合同条款的标准化和约束力,使得政府与私人部门的意思自治受到了一定程度的限制,而这种约束的合法性与正当性,来自于"提升国家竞争力战略及提供现代化、高质量公共服务的现实需要"[⑤]。

在我国,虽然没有行政程序法对于行政合同的缔结形式作出明确规定,但是涉及行政合同的各项单行法律、行政法规、部门规章以及地方行政程序规

---

　　① 参见王名扬:《法国行政法》,北京大学出版社 2016 年版,第 150 页。

　　② 李亢:《PPP 的法律规制——以基础设施特许经营为中心》,法律出版社 2017 年版,第83 页。

　　③ See Standardisation of PFI Contracts (SoPC) Version 4 (March 2007), http://www.hm-treasury.gov.uk/d/pfi_sopc4ch1-10_210307.pdf,最后访问日期:2020 年 3 月 30 日。

　　④ 受英国财政部的委托,英国伙伴关系组织(Partnerships UK,PUK)代表中央政府为公共部门和私营部门双方实施标准合同提供咨询帮助和服务。

　　⑤ HM Stationery Office:Public Private Partnerships the Government's Approach,HM Stationery Office,2000, p.8.

定、地方行政机关合同和政府合同的规定中一般要求采用书面形式订立行政合同,可以说书面形式也是我国行政合同的主要形式。然而在实践中,一些投资人为了推动项目的进展,往往请求政府相关部门出具批复或函件以确认合作事宜,投资人认为这些文件能够充分保障其权益,并据此作出系列决策。事与愿违的是这类政府文件并不能替代正式签订的合同,如果投资人没有及时与行政机关签订书面合同并将文件落实为合同附件而投入大量资金,则有可能导致投资难以收回的风险。司法实践中就存在这样的案例,在"海南微斯达电子信息产业有限公司诉海南省人民政府合同纠纷案"中,二审法院认为,微斯达公司与海南省政府之间从未以书面形式或口头形式订立具有要约和承诺内容的书面合同。本案所涉海南省政府作出的《会议纪要》亦没有针对任何合同相对方作出承诺的意思表示。故对微斯达公司提出的其与海南省政府之间以"请示"、"报告"、"批复"、"会议纪要"等形式形成了平等民事主体之间的合同法律关系的主张,本院不予采纳。另外,虽然微斯达公司投资建设的"IC 卡加油站管理系统"项目已经实际建成并投入运营,但微斯达公司并未提供证据证明就该项目而言海南省政府是实际的合同相对方。因此,对于微斯达公司提出的其与海南省政府之间具有事实上的平等民事主体之间的合同法律关系的主张,不予采纳。①

　　除了立法上的规定外,我国建设部制定了"城市供水、管道燃气、城市生活垃圾三个特许经营协议示范文本",有利于合同质量的提高,但是由于这些示范文本仅涉及少数行业,起到的实际效果并不显著。为了更好地规范 PPP 项目合同,2014 年财政部和发改委分别发布了《PPP 项目合同指南(试行)》和《政府和社会资本合作项目通用合同指南(2014 年版)》,但是它们也只是制定或拟订 PPP 项目合同的指引与参考。在我国迄今为止,没有 PPP 项目合同的示范文本,也没有标准文本。因此,我们有必要借鉴英国 PFI 标准合同做法,把 PPP 实践具有共性、能够达成共识的内容固定下来,由国务院相关部门编制统一的 PPP 项目合同示范文本。对于暂时无法达成共识的内容可以提供多种方案供当事人选择,也可以授权行政部门或者当事人进行约定。

---

① 参见海南省高级人民法院(2016)琼民终 113 号民事裁定书。

三、说明理由制度

说明理由制度是一项重要的程序制度,行政主体作出行政行为需要一定的法律根据与事实依据,而将这些依据向相对人予以解释和说明,不仅可以保障行政行为能够被行政相对人所信赖和执行,而且能够保证公正价值的实现。① 正如威廉·韦德所言:"无论如何,如果某个行政决定没有说明理由,行政机关将很难使这样的决定正当化。"②由此可见,说明理由制度能够体现行政程序增强行政决定的正当性,且具有吸收相对人不满情绪的功能。

说明理由是行政主体在行政合同缔约程序中所应承担的义务,因为行政合同关乎公共利益,而相对人的选择往往又涉及公平,所以行政主体在决定相对人后,应当对未被选中的竞争者说明选择的标准、程序及理由,并听取他们的意见。

说明理由制度的建立能够在一定程度上克服行政主体的肆意擅断,使行政机关自律自控的功能得以加强。同时说明理由可以得到相对人的认可,从而减少对抗。此外,行政机关对作出行政行为说明理由也有利于司法机关的审查。对于说明理由的方式,大多数国家在法律中明确规定应当采用书面方式,法国的《说明行政行为理由及改善行政主体与公共关系法》第三条明确规定:"说明理由应以书面形式作出,还应指出构成决定根据的法律事由和事实理由。"

四、回避和不单方接触制度

回避制度是行政程序的必然要求,也是人们追求公正行为结果的需要。回避制度最初产生于司法制度,后适用范围逐渐扩展至行政领域。实行回避制度,能够将与所处理行政行为有利害关系的行政机关工作人员排除于所处理程序之外,从而有利于实现行政公正。③

在行政合同缔结的过程中,回避制度要求与拟缔结行政合同有利害关系的行政工作人员,应当主动或者应相对人的申请而不参与合同的缔结程序,以

---

① 参见杜睿哲:《行政法与行政诉讼法》,华中科技大学出版社 2013 年版,第 259 页。
② H.W.R Wade, *Administrative Law*, 5th edition, Oxford: Clarendon Press, 1982, pp.373—374.
③ 参见方世荣:《行政法与行政诉讼法(第 5 版)》,中国政法大学出版社 2015 年版,第 118 页。

防止因为利害关系的原因产生偏私,对缔约结果产生不利影响,从而损害行政合同缔结的公平原则。一般而言,行政合同缔结程序中回避的情形主要有:第一,行政机关的工作人员与参与缔约的竞争者之间存在利害关系;第二,行政机关工作人员与行政合同的缔结或履行结果存在利害关系;第三,行政主体的工作人员与受行政合同缔约影响的第三人存在利害关系;第四,行政机关工作人员与行政合同的缔结或履行存在可能影响行政合同公平性的其他情形。

　　不单方接触制度与回避制度一样,都是行政程序的重要制度,也都是公平原则的重要体现。它要求"行政主体在处理涉及两个以上有利益冲突的当事人的行政事务或裁决他们之间的纠纷时,不能在一方当事人不在场的情况下单独与另一方当事人接触,听取其陈述,接受和采纳其证据等"①。

　　在行政合同缔结程序中,由于相对人主要通过竞争方式产生,各个竞争者之间必然存在利益冲突。通过不单方接触制度的设置,可以使潜在的缔约当事人获得公平的对待,防止"行政主体及其工作人员与一方当事人进行私下交易而导致产生寻租的空间及腐败现象,损害其他竞争者的利益;同时也可以防止行政主体及其工作人员受一方当事人不实或情绪化陈述及虚假或片面性证据的影响而形成偏见,导致对其他当事人的不利"②。另外,该制度亦可以维护行政主体在各方当事人心目中的公正形象,减少其对相对人选择公正性的疑虑。

五、参与保留制度

　　参与保留制度要求行政合同的缔结如果需要征得其他行政机关批准同意时,必须经其他行政机关批准同意该合同才能发生法律效力。这种制度的设置可以抑制行政恣意,增加行政决定的正确性。参与保留制度在德国《联邦行政程序法》中有体现。③ 法国的参与保留制度要求,"如果未获得规定的同意,那么行政合同无效;但如果合同当事人已经部分或者全部履行合同,则其有权要求按照合理价格支付赔偿;或者合同当事人也可以针对上级机关拒绝

---

　　①　应松年:《依法行政教程》,国家行政学院出版社 2004 年版,第 194 页。
　　②　施建辉:《行政契约缔结原则研究》,载《东南大学学报》(哲学社会科学版)2006 年第 5 期,第 50 页。
　　③　参见德国《行政程序法》第 58 条。

同意的决定向行政法院提起请求赔偿或者撤销"①。法国的这种处理方式兼顾了公共利益的保护和对善意相对人的救济,值得借鉴。目前我国 13 部地方行政程序规定中明确了参与保留制度,如果行政合同须经其他行政机关批准或者会同办理的,经其他行政机关批准或者会同办理后方能生效。这种规定与德国一脉相承,但是却没有顾及善意相对人的利益,我国未来的"行政程序法"中确立参与保留制度可以进行适当的补充,即如果行政合同相对人已经部分或者全部履行行政合同的,其有权获得相应的赔偿。

六、排除竞争制度

排除竞争制度并非适用于所有的行政合同,而是主要针对 PPP 项目中使用者付费的情形。一般而言,PPP 项目具有投资数额大、回报周期长的特点。因此,只有项目获得稳定的收益,才能更好地吸引社会资本方的投资,而稳定的收入取决于足够的使用量。所以在使用者付费的 PPP 项目中,往往要求项目具有唯一性和排他性,而当政府在该项目的附近建设类似项目,形成了对项目实质性的商业竞争时,就会损害相对方的利益,进而影响社会资本的投资热情,故政府方在此类 PPP 项目合同中,通常会规定政府方有义务防止不必要的竞争性项目。然而,在实践中政府方因为不履行防止竞争性项目的义务而导致项目失败的案例屡见不鲜,如福州市闽江四桥项目、泉州的刺桐大桥项目和杭州湾跨海大桥项目均因为政府未履行该义务,垄断经营被打破,项目的唯一性没有得到保证,而致使投资者的回报无望,基于此,确有必要建立排除竞争制度。

目前,我国的一些部门规章和 PPP 合同指南中对于排除竞争进行了规定,如《基础设施和公用事业特许经营管理办法》第二十一条规定政府可以在特许经营协议中作出排除同类竞争项目的承诺。在发改委和财政部各自制定的 PPP 合同指南中,也分别作出了相应规定。财政部《PPP 项目合同指南(试用)》第二章第十三节"政府承诺"第 5 条"防止不必要的竞争性项目"中指出,"在采用使用者付费机制的项目中,项目公司需要同通过从项目最终用户处

---

① John Bell & Neville Brown,French Administrative Law,p.200.转引自王克稳:《政府合同研究》,苏州大学出版社 2007 年版,第 129 页。

收费以收回投资并获取收益,因此必须确保有足够的最终用户会使用该项目设施并支付费用。鉴于此,在这类项目的 PPP 项目合同中,一般会规定政府方有义务防止不必要的竞争性项目,即通常说的唯一性条款。"发改委《政府和社会资本合作项目通用合同指南》(2014 年版)第三章第 10 条也对排他性约定进行了规定。这些规定为排除竞争制度的建立奠定了一定的基础。该项制度的建立,有利于抑制行政主体的肆意承诺,提高行政主体的契约意识及公信力,进而鼓励社会资本积极踊跃投资。

当然,排除竞争制度的建立最终需要落实到 PPP 项目合同的条款之中。首先,在合同磋商阶段社会资本方要求行政主体作出相关承诺,约定在一定期限内不得在附近(具体的时间及排他范围须经过前期调查、评估后予以确定)兴建竞争性的项目;其次,约定行政主体违反排除竞争义务的违约责任,明确赔偿的范围,包括但不限于未收回的投资,以及可预期利润等;最后,在合同中约定相应的补救机制,如果行政主体违反排除竞争义务时,约定双方的处理程序,当相应程序不能解决时,约定政府对社会资本方股份的回购义务,并需要在合同中详细列明回购的计算方式、支付方式,或者约定政府对社会资本的补偿形式和补偿范围等。当然如果由于国家路网或省路网规划发生重大变动,该排除条款严重影响到国家和地方公共利益时,应当对社会资本方进行补偿。这样既可以保障公共利益,也能够实现社会资本方的自身利益,兼顾了两者之间的平衡。

第五章 公开原则与行政合同信息公开制度

　　信息公开是建设法治政府、保障公民知情权的重要推动力,已经成为不可逆转的国际潮流。行政合同的出现,打破了传统上由政府垄断公共事务的权力,以一种合同治理的模式来实现国家对社会公共服务的提供。所以,以社会公共利益为目标取向的行政合同在缔结、履行和终止的全过程与公众利益息息相关。尤其是诸如PPP项目合同、政府采购合同、国有土地使用权出让合同和招商引资合同等行政合同,由于其利害关系人的范围具有不确定性,且与社会公共利益的关联度较大,为了更好地保障利益相关者及公众的知情权,需要强制性地对合同的信息进行公开,财政部2017年1月23日发布的《政府和社会资本合作(PPP)综合信息平台信息公开管理暂行办法》(以下简称《PPP信息公开管理暂行办法》)起到了很好的示范作用。由于PPP项目投资大、周期长,合同复杂,使得项目各方的沟通成本较高,信息主动公开能够缓解信息不对称,并有助于提升社会公众的参与度,达到加强监督的目的。"中国财科院调研报告显示,社会资本对进入政府与社会资本合作项目信心不足是目前中国PPP模式下的'五大难点'之一。"[1]信心的不足主要源于沟通的不畅,而沟通不畅又始于信息公开的不充分。因此,构建行政合同信息公开制度,将行政合同暴露于阳光下,正是对于目前现实困境的回应。

　　然而,如果将强制性信息公开的范围设置过于宽泛,则可能因为信息公开

---

　　[1]　贾英姿、张志波:《PPP信息披露机制构建与发展》,载《经济研究参考》2017年第49期,第56页。

成本的增加而影响缔约双方进行高品质信息公开的积极性,从而减损强制信息公开制度价值的实现。同时,鉴于行政合同的缔结一方恒定为行政主体,而行政机关在履行职责过程中制作或者获取的信息为政府信息,故行政合同的信息公开原则上应适用《政府信息公开条例》,对于利害关系人范围不确定的行政合同,因为关涉公共利益,故应予以主动公开。而那些利害关系人范围相对确定的行政合同,如土地房屋等征收补偿协议、科研合同、目标责任合同等则不实行主动公开,而是通过《政府信息公开条例》中的依申请公开进行。

第一节　制度价值探究:确立行政合同信息公开制度之正当理念

一、行政合同信息公开的理论基础

在大数据时代,以知识、信息为基础的知识经济、信息经济成为新经济的主要特征,在现代的社会,信息已成为一种重要的稀缺资源。由于政府在获取信息过程中所具有的天然优越性,使得政府是掌握最多信息的机构,拥有整个社会信息资源的80%。[①] 在行政合同缔结、履行、终止的全过程中,为了防止暗箱操作,减少及杜绝腐败现象的发生,需要增强行政主体整个缔约过程的透明度,时刻将行政主体的行为置于公众的监督之下。所以说,实现信息社会的前提是政府进行充分的信息公开,这不仅是顺应时代的要求,更有着坚实的理论基础。

(一) 知情权理论

知情权的概念由美国美联社编辑库珀(Kent Cooper)提出。[②] 该概念一经提出即得到广泛认同。联合国1946年第59(1)号决议中宣示"信息自由是一项基本人权,也是联合国所追求的所有自由的基石",尔后知情权又在1948年联合国大会通过的《世界人权宣言》及1966年《公民权利和政治权利国际公

---

① 参见乔娜、李鹏:《政府信息公开工作制度与实施》,中国人事出版社2011年版,第167页。

② 参见王万华:《知情权与政府信息公开制度研究》,中国政法大学出版社2013年版,第1页。

约》中得以进一步确认。

公民知情权属于基本的人权范畴,通常体现在各国宪法的规定之中,我国宪法中虽然没有直接规定,但是随着信息化时代的到来,人们享有信息的权利就成了必然。知情权是行政合同相对人和社会公众了解和掌握相关信息的前提和基础,尤其是利害关系人范围不确定的行政合同,其利益相关人的范围较大,与公共利益关联度大,通过信息公开制度能够保证公众对于合同的全过程进行有效的监督。以 PPP 项目合同为例,公私合作的发展将不可避免地带来多中心治理,而多中心治理则可能出现多权力信息真空的倾向,即在公私合作进程中可能存在部分信息超脱法律规制的可能。基于此,《PPP 信息公开管理暂行办法》第一条即开宗明义,明确保障公众知情权系该办法的立法目的之一。

(二) 信息不对称理论

信息不对称理论缘起于经济学领域,主要代表人物有阿克尔洛夫、斯宾塞、斯蒂格利茨等经济学家,他们认为,"通常情况而言,交易双方获得信息的能力是非常有限的,信息的不对称是一种常态"。信息不对称的产生主要有两个方面原因:一是行为主体认识能力不足,不能掌握充分、及时的信息;二是虽然行为主体具有认知能力,但是其通过必要的途径去获知和了解信息所花费的成本太高,不允许其掌握完全的信息。由此可知,信息的不对称其实就是信息分布和获取的不均衡。"信息的不对称会导致市场上产生'逆向选择'和'道德风险'两种行为,并最终导致'市场失灵'。"[1]"根据信息不对称发生的时间,可将契约订立之前的信息不对称问题称为'逆向选择',而将订立之后的信息不对称问题称为'道德风险'。"[2]

信息不对称理论同样适用于行政合同领域,无论是行政主体方还是相对人方都不可能完全知道对方的信息,对于社会公众来说更是知之甚少。在这一过程中,行政合同就有可能发生"逆向选择"或者"道德风险"。从"逆向选择"角度看,其是一种事前信息不对称行为,一些地方政府盲目地为了获得经济发展,就可能为了招商引资或者引入私人资本进行基础设施和公共服务建

---

[1] 陈钊:《信息与激励经济学》,上海三联书店 2006 年版,第 20 页。
[2] 国家行政学院博士后管理委员会办公室:《政府治理体系与治理能力现代化研究》,国家行政学院出版社 2015 年版,第 100 页。

设而做出一些过高的承诺,这种承诺本身就是基于信息不对称,使得地方政府出现"逆向选择"行为。而对于相对方而言,最清楚自己的交易成本,但其为了与行政主体签约,获得所谓超额利润,以低于成本的价格竞标,这种行为亦是基于行政主体与相对人之间的信息不对称,而产生的相对人"逆向选择"行为。从"道德风险"角度看,其是一种事后信息不对称行为,一般而言,行政主体通过相对人提供的绩效监测报告、中期评估报告等了解合同的履行情况,而这些途径难以有效获得相对人的真正履约情况,这使得行政主体与相对人之间存在着信息不对称现象,于是相对人便可能报告不真实的履行情况,进而产生"道德风险"。

在行政合同缔结、履行及终止的全过程中,由于行政主体和相对人存在着合作博弈的关系,不可避免地会出现"逆向选择"和"道德风险"行为,这两种行为最终的受害者都是社会公众,消费者可能为此多支付了公共服务的费用,或者浪费了纳税人的金钱。通过建立信息公开制度,不仅能够使得缔约双方实现信息共享,更能保障社会公共利益和公众的知情权。

（三）委托代理理论

委托代理理论起因于两权分离模式下的现代公司制度,后被引入到公共管理领域。社会公众和政府也是一种委托代理关系,社会公众把公共资金委托给政府管理,社会公众是公共资金的最终所有者,政府是公共资金的经营管理者。当政府运用公共资金与相对人签订行政合同时,不仅需要尽到勤勉"管理人"的义务,保障公共资金的安全,而且要将缔约过程中的信息主动披露给社会公众,尤其是当该行政合同的利害关系人范围不确定时,这种信息公开义务理应加强为主动公开。公众通过行政机关和相对人披露的信息可以监督公共资金的使用情况,防止社会公众与政府因为信息不对称和目标不一致而给公众造成的价值损失。

二、构建行政合同信息公开制度的现实意义

世界银行认为 PPP 合同信息公开的意义主要有:第一,PPP 项目合同履行期限较长,涉及多方利益主体,且合同内容非常复杂,正是这些特性使得项目相关方的沟通成本较高,信息公开制度可以有效降低信息不对称的程度。第二,PPP 项目主要为社会提供公共服务职能,而社会公共服务涉及公众生活的方方面面,信息公开制度能够提升公众的参与度,加大对 PPP 项目运行全过程的监督,从而在物有所值、防范腐败等方面发挥重要作用。第三,在 PPP 项目合同履行过程中经常会遇到再谈判等合同变更情形,这些合同变更的具体内容需要公开,不仅是项目各方知情权的现实需要,也是法律风险管理的必然要求。① 我国政府自 2013 年以来大力推广 PPP 模式,使得 PPP 制度体系进入到快速构建与完善阶段,信息公开作为一项重要的配套制度通过《PPP 信息公开管理暂行办法》初步建立起来,其日臻完善将会对整个 PPP 制度体系产生深远影响。基于此,以建立 PPP 信息公开机制为契机推动行政合同信息公开制度的构建在当下的中国具有重要的现实意义。

(一) 行政合同信息公开制度的建立有利于解决实践中可能存在的暗箱操作、权力寻租、恣意变更解除合同和失信违约等行为

在行政合同缔结、履行及终止的各个阶段,由于信息不对称,可能出现暗箱操作、权力寻租现象,致使腐败易生,民众对政府的信任感降低。要解决这种信息的不对称,需要多种制度,其中信息公开制度是防止腐败、减少权力寻租的治本之策,因为"腐败现象和腐败行为最大的特点在于其秘密性,现实中行政管理制度和行政管理行为的非公开性在一定程度上为腐败者的秘密交易提供了可能的机会"②。信息公开制度的建立,将行政主体与相对人的缔约行为暴露于阳光之下,对过去一些采购领域常见的通过设置不合理条件限制排斥潜在投资人,招标文件发布时间过短令投资人仓促应对等不规范行为在信息公开制度下再也难以藏身。规范社会资本选择程序,防止暗箱操作,有效防止类似围标串标、明招暗定或者所谓竞争性谈判实质事先安排等情况的发生,迫使行政主体按照法定的条件和程序缔结、履行和终止合同,防止权力滥用,从而形成行政机关及其工作人员廉洁自律和接受人民监督的良好局面,同时也使腐败行为较易发现与惩治,难以滋生蔓延,真正实现将权力关进制度的笼子。

另外,在行政合同履行过程中,因为公共利益的需要,行政主体享有单方

---

① See *Disclosure of Project and Contract Information in Public-Private Partnerships*, World Bank Group, 2013, pp.15–16.

② 韩大元、姚西科:《试论行政机关公开公共信息的理论基础》,载《河南省政法管理干部学院学报》2001 年第 2 期,第 25 页。

变更或解除行政合同的权力。然而,由于公共利益概念的泛化,行政主体滥用单方变更解除权的现象屡见不鲜。由于行政区划的调整、行政首长的更迭等原因所导致的政府一方公然失信违约的现象亦不胜枚举。这些行为的发生极大地影响了行政合同的公信力。行政合同信息公开制度要求公开合同变更解除及违约的原因,使得行政主体在为这些行为之时能够有所顾忌,倒逼政府严格按照合同的约定履行合同义务,从而有助于形成诚实守信的社会风气。

(二)行政合同信息公开制度的建立有助于增强参与方的信心,是行政合同可持续发展的重要制度保障

行政合同信息公开制度要求行政主体须公开行政合同的相关信息,不仅包括拟缔结行政合同的内容、程序,还包括行政合同履行过程中的相关信息及行政优益权行使的信息等,同时应当有严格规范的相关说明。将这些与行政合同有关的信息予以公开,可以使相对人充分地掌握信息,做好缔约及履约的准备工作;也可以使拟缔结行政合同的潜在竞争者及利害关系人了解相对人的选择程序与标准,打消他们的疑虑;同时亦能够充分暴露行政机关的各种不良行为,使处于优势地位的行政主体受到约束,从而使行政合同沿着高效公正的轨道前行。如此看来,行政合同的信息公开制度的建立有助于增强参与各方的信心,让他们放心且积极主动地参与到行政合同的各个环节中来。将行政主体和私人部门的合作暴露于阳光下,一方面提高了行政效率,双方得以互利互惠;另一方面也能够保障行政合同制度的长期稳健发展。

(三)行政合同信息公开制度的建立有利于加强公众的参与度与接受度,提升政府公信力

良好的形象不仅是政府的无形资产,也是一个政府合法性和权威性的重要来源。在大数据时代,政府掌握着大量的信息资源,而行政合同又关涉公共利益,与公民的生活息息相关,如果与行政合同有关的重要信息不能及时向社会披露,势必降低公众对政府的认同感,进而导致政府公信力的下降。

信息公开制度脱掉了政府的神秘外衣,公民可以通过信息公开了解政府与相对人缔约履约的全过程,政府通过信息公开,得到公众对行政合同相关情况的意见反馈,提升了公众的参与度,可以说,信息公开制度为政府和公众沟通架起了一座桥梁。同时,信息公开制度使得行政合同行为能够及时为社会公众所了解,增强了社会公众对政府的信任,从而提高了公众对行政合同的接受度。有学者对 300 个地级市电子政务的绩效评估结果研究后得出结论,公众对政府的信任与政府透明度正相关,即政府透明度越高,公众信任政府程度越高。① 总而言之,通过信息公开制度的建立,公众对政府的信任度增强,一个公开透明、廉洁高效的政府形象便建立了起来。

第二节　行政合同信息公开制度现状

传统的信息公开立法建立在政府职能与私人职能分离的基础之上,两者的界限分明。但是,在 PPP 全面推进的背景下,这条分界线变得不再清晰,私人部门履行政府的部分公共管理职能已经成为一种常态。在这样的情形下,传统的政府信息公开立法无法适应新的形势变化,可能存在本应公开的信息规避公开的现象。可以说,PPP 的发展给信息公开立法带来了前所未有的冲击,一些国家采取了积极的措施予以回应。但是由于各个国家对 PPP 项目信息公开的内容和程度要求不尽相同,在各自的法律框架下,结合 PPP 的发展需要,形成了各具特色的制度体系。

我国自 2014 年国家大力推进 PPP 以来,陆续出台了一系列重要文件对 PPP 信息公开提出了一定要求,且相关要求越来越细化。但是对涉及整个 PPP 核心内容的 PPP 项目合同的公开却提及甚少,或者即使提及也规定得比较粗糙和原则化。如对于其公开的范围及时限并无明确规定,使得 PPP 项目合同的公开成为整个 PPP 信息公开中最为薄弱的环节,不仅严重影响了 PPP 信息公开的效果,而且也导致实践中许多"伪 PPP 项目"和操作不规范项目的出现。为了规范 PPP 的良性发展,财政部发布的《PPP 信息公开管理暂行办法》吹响了 PPP 项目合同信息公开的号角,对于推广规范的 PPP 具有非常重要的作用。因此,在本节之中,笔者主要以 PPP 合同的信息公开为基点,试图分析域外及我国相关立法的现状,以期为构建适应时代潮流的行政合同信息公开制度打下坚实的基础。

---

① 　参见何玉、唐清亮:《公共服务、政府透明度与公众对政府的信任:影响机理与经验证据》,载《华东经济管理》2012 年第 4 期,第 125 页。

一、行政合同信息公开主体的立法现状

(一) 域外行政合同信息公开主体的立法考察

传统信息公开立法的适用主体并不包括私人部门,如拉脱维亚《信息自由法》(*Freedom of Information Law*) 第 2 条就规定了信息公开主体为行政机关。① 为了适应 PPP 的发展,很多国家拓宽了信息公开立法适用主体的范围,规定私人主体也是信息公开法的调整对象。具体标准为:第一,国家设立标准。即如果私人部门系由国家设立的,则应受到信息公开法的规制。如黑山共和国《信息自由法》第 4 条规定信息公开主体为国家机关或地方自治机关建立的上市公司。② 第二,国家控制标准。即如果私人部门是由国家控制的部门或机构,则属于信息公开立法的适用主体。对于如何界定国家的控制程度各国的规定也不尽相同。如波黑的《波斯维亚和黑塞哥维那信息自由法》第 3 条仅笼统规定信息公开中的"公共机关"包括由公共权力机构控制的机构;③而"冰岛的《信息法》第 2 条则要求政府对其下属机构的控制程度须达到 51%"④。第三,财政来源标准。即如果私人部门的财政来源于政府,则被视为是信息公开法上的公共机构,如科索沃《公共文件公开法》第 3 条规定在公共资金支持下经营的自然人或法人为政府信息公开的主体。⑤ 第四,履行公共服务职能标准。即如果私人部门接受政府的委托履行国家公共服务职能,行使公权力,则应当受到政府信息公开法的约束。这是目前的主要趋势。如利比里亚《信息自由法》⑥、爱沙尼亚《公共信息公开法》⑦、波兰《公共信息获取法》⑧以及马其顿《公共信息自由法》⑨。

具体到行政合同领域,有的国家直接将与公共机关签订合同的私人部门

---

① 拉脱维亚《信息自由法》第 2 条第 1 款规定:"本法规定了有权从国家机关以及地方政府机关(以下简称'机关')处获得并使用信息的公民、法人行使其权利的程序。"

② See Montenegro, The Law On Free Access To Information.

③ See Bosnia And Herzegovina, Freedom Of Access To Information Act For Bosnia And Herzegovina.

④ Iceland, The Information Act.

⑤ Kosovo, Law On Access To Public Documents.

⑥ Liberia, Freedom Of Information Act.

⑦ Estonia, Public Information Act.

⑧ Poland, Act On Access TO Public Information.

⑨ Macedonia, Law On Free Access To Information Of Public Character.

纳入信息公开法予以规制,如摩尔多瓦《信息公开法》(The Law On Access To Information)。① 实际上,政府信息公开立法的理想状态应该是因与政府缔结合同而履行公共职能的机构组织均应成为信息公开的主体,但是目前各国立法的规定仍然处于比较保守的状态。以美国为例,美国的很多监狱、铁路运营等通过民营化由私人部门运营,但由于其信息自由法中的行政机关并不包含私人部门,故具体运营仍然存在诸多不透明之处,公众无法实现参与和监督。

(二) 本土视野中行政合同信息公开主体的规定

我国信息公开的专门立法为《政府信息公开条例》,该条例修订后于 2019年 5 月 15 日实施。但是从其相关规定来看,仍旧采取了传统保守的立法思路,即政府信息公开的义务主体主要为行政机关,且要求予以公开的政府信息为行政主体在履职过程中制作或者获取的,换言之,私人部门所掌握的信息如果并非为行政主体所制作及获取的,即使其与社会公众利益密切相关,也不属于信息公开的范畴。当然,《政府信息公开条例》第五十五条规定了我国公共企事业单位的信息公开依照相关法律、法规和国务院有关主管部门或者机构的规定执行。② 也就是将前 54 条所确定的信息公开义务主体由"行政机关"扩展至公共企事业单位。然而,一则该条例将公共企事业单位的信息公开的执行交由相关法律、法规和国务院有关主管部门或者机构的规定,尚需进一步明确与细化。2018 年 2 月 9 日《国务院办公厅关于推进社会公益事业建设领域政府信息公开的意见》(国办发〔2018〕10 号)发布,该意见提出了公开的要求、明确了公开的内容和公开的重点,但其中并未涉及行政合同的公开事项。二则对于"公共企事业单位"的范围界定亦不清晰。实际上,"公共企事业单

---

①　摩尔多瓦《信息公开法》(The Law On Access To Information)第 5 条第 2 款规定:"信息提供者,是指本法要求将这一信息提供给申请人的官方信息持有人,具体是指:……个人和法人实体,根据法律或同公共机关签订的合同,有权提供一些公共服务并且有权收集、筛选、保存和持有其中包括私人资料性质的官方信息。"

②　《政府信息公开条例》第五十五条规定:"教育、卫生健康、供水、供电、供气、供热、环境保护、公共交通等与人民群众利益密切相关的公共企事业单位,公开在提供社会公共服务过程中制作、获取的信息,依照相关法律、法规和国务院有关主管部门或者机构的规定执行。全国政府信息公开工作主管部门根据实际需要可以制定专门的规定。前款规定的公共企事业单位未依照相关法律、法规和国务院有关主管部门或者机构的规定公开在提供社会公共服务过程中制作、获取的信息,公民、法人或者其他组织可以向有关主管部门或者机构申诉,接受申诉的部门或者机构应当及时调查处理并将处理结果告知申诉人。"

位"与以营利为目的的民事法人不同,它实质上是分担另一类行政活动的"行政机关"。① 那么,行政主体通过行政合同的方式将政府职能交由私人主体履行,这其中的私人主体包括营利性组织和非营利性机构,而营利性组织在我国多以企业的形态出现,可能是国有企业、私营企业或者国有、私有合作企业。问题在于这些营利性组织与行政主体缔结行政合同后是否均适用第五十五条的规定? 在"倪洪涛等要求公开四座大桥收费信息案中,相关部门答复认为,申请人要求公开四座大桥各自的路桥收费总额及费用利用情况,依《政府信息公开条例》规定,不属于应当公开的信息范围。"②由此可见,实践中并不认可经营性收费公路属于第五十五条所规定的"公共交通"的范畴,所以第五十五条的规定并不能涵盖我国当前行政合同中私人部门的信息公开问题。

具体到行政合同领域的信息公开立法,截至 2020 年 6 月 5 日,笔者在北大法宝输入"合同"和"公开"两个关键词同句进行搜索并经过逐一筛查,查找到与行政合同信息公开相关的法规主要有 8 部,③立法位阶均为行政规范性文件。通过梳理笔者发现,这 8 部部门规范性文件中 5 部规定的信息公开的主体仍然为政府,只有 2 部作了拓展规定。④ 其中《国务院办公厅关于推进公共资源配置领域政府信息公开的意见》要求明确公开主体。按照"谁批准、谁公开,谁实施、谁公开,谁制作、谁公开"的原则,公共资源项目相关信息由管理或实施公共资源配置的国家机关、企事业单位按照掌握信息的情况分别公开。《财政部关于进一步做好政府采购信息公开工作有关事项的通知》则规定采购人或者其委托的采购代理机构应当切实做好包括采购合同等采购项目

---

① 参见朱芒:《公共企事业单位应当如何公开信息》,载《中国法学》2013 年第 2 期,第 153 页。

② 转引自高秦伟:《对公众获取公用企业信息的法律分析》,载《行政法学研究》2010 年第 4 期,第 30 页。

③ 这 8 部部门规范性文件为《政府和社会资本合作(PPP)综合信息平台信息公开管理暂行办法》、《国家发展改革委、水利部关于印发〈政府和社会资本合作建设重大水利工程操作指南(试行)〉的通知》、《国务院办公厅关于推进公共资源配置领域政府信息公开的意见》、《国务院办公厅关于印发 2018 年政务公开工作要点的通知》、《财政部关于进一步做好政府采购信息公开工作有关事项的通知》、《财政部关于在公共服务领域深入推进政府和社会资本合作工作的通知》、《财政部、发展改革委关于进一步共同做好政府和社会资本合作(PPP)有关工作的通知》以及《财政部关于做好政府采购信息公开工作的通知》。

④ 这 2 部规范性文件为《国务院办公厅关于推进公共资源配置领域政府信息公开的意见》和《财政部关于进一步做好政府采购信息公开工作有关事项的通知》。

信息公开工作,实现政府采购项目的全过程信息公开。而《PPP 信息公开管理暂行办法》规定得比较详尽,具有很强的借鉴意义,该办法明确了信息公开的责任主体为地方各级财政部门或授权的政府有关部门,同时规定项目实施机构、社会资本或 PPP 项目公司等 PPP 项目参与主体也承担信息公开义务,并对每项信息的公开主体予以明示,落实责任到位。

(三) 美国法院对行政合同信息公开适用主体的考量标准

美国国会于 1966 年颁布的《信息自由法》(the Freedom of Information Act, FOIA)并没有对"行政机关"作出界定,1974 年的修正案明确了行政机关的定义,[①]并将其范围扩展至"行使政府职能以及掌握对公众利益影响较大的信息的主体"。[②] 然而,这一定义并不精确,仍然需要法院作进一步的解释及考量。因此,下文将对美国法院在解释 FOIA 中"行政机关"的标准进行简要介绍。

1. 美国联邦法院对 FOIA 的解释与适用

第一,功能等同标准。

功能等同标准要求法院的审查重点在于私人主体是否独立行使政府职权,如若符合,则视为 FOIA 中的"行政机关"。在 Soucie v. David 案中,法院认为国家科学技术办公室属于总统办公室的一部分,在评估联邦政府超音速运输计划时行使了政府权力,拥有独立的政府职能,因此属于行政机关,是信息公开的主体。[③]

第二,实际控制标准。

美国的法院主张只有受到"联邦实质性的控制或监管",才能被视为联邦政府的一部分,且这种控制或监管必须是广泛和持续的,只有这种情形下的私人主体才能被认定为"行政机关",其所掌握的信息方能构成 FOIA 规定的联邦政府信息。在 Burka v. Department of Health and Services 案中,法院认为 Burka 要求公开的录像属于政府合同缔约方开展的未成年人吸烟情况调查报告,属于政府信息应予公开,因为政府对合同进行了实质性的监控,对缔约方

---

① 1974 年修正案第 551(1)款中规定:"任何行政部门、军事部门、政府公司、政府控股公司或者其他的由政府设立的机构(包括总统办公室),以及独立规制委员会。"

② 转引自高秦伟:《私人主体的信息公开义务——美国法上的观察》,载《中外法学》2010年第 1 期,第 142 页。

③ 448F.2d1067(D.C.Cir,1971).

数据的使用实施了严密的监管,①应该公开。

2. 美国各州法院 FOIA 的司法实践

由于美国各州的信息公开立法以联邦立法为基准,故对于私人主体信息公开法律适用立法上并没有直接明确的规定,而主要由法院予以认定。各州法院对此的考量方法并不一致,纵观 34 个州的司法实践,可以分为弹性方式和限制方式。弹性方式之下法院考量的因素较多,法院并不会拘泥于某一因素,换言之,法院不会因为某一因素的缺失而拒绝信息公开。具体包括整体因素方法、公共职能方法和信息本质方法。整体因素方法强调任何单一因素并不是决定性的,所有的因素必须在个案的基础上进行综合分析;公共职能方法则主要关注公共机构履行职能的性质;信息本质方法更重视信息的本身,而并非着眼于职能或者私人部门本身。限制方式较为严格。法院认为私人部门所掌握的信息,只有因为某一特定因素的存在,才能够予以公开。具体包括公共财政方式、法律先前确定方式、占有方式及公共控制方式。②

通过上述介绍我们发现,美国的 FOIA 对于"行政机关"及"政府信息"的定义过于狭窄,不仅使得各地法院在具体适用时的考量因素与标准并不一致,而且导致政府与私人部门缔结政府合同后,一些信息因为保密而侵犯了公民的知情权。在 PPP 的背景下,有些信息并不为行政主体所持有,或者私人部门不能行使类似政府职能,"尽管这些信息与公众利益密切相关,行政机关却可以依据 FOIA 的要求规避公开的义务,这显然违背了该法的立法目的",③也不利于 PPP 的良性发展。

二、行政合同信息公开范围的立法现状

(一) 域外行政合同信息公开范围的立法考察

美国对政府合同的信息公开制度作了较为严格的规定,除了公开有可能泄露国家秘密、使政府遭受严重损害、国际条约与协定有相反规定等情形外,

---

① 87F.3d508(D.C.Cir,1996).

② 参见高秦伟:《私人主体的信息公开义务——美国法上的观察》,载《中外法学》2010 年第 1 期,第 145—146 页。

③ 同上注,第 149 页。

必须将政府合同情况在一定媒体上公开,并规定反馈意见的时间。① 在 PPP 的推动下,各个国家和地区纷纷制定有关 PPP 项目的信息公开立法,但是对于信息公开的内容和程度规定有所不同。例如南非并没有确立行政合同信息公开制度,对行政合同的内容并不要求主动公开,只规定可以申请公开。印度政府不同部门对信息公开的程度要求并不统一,仅要求部分行业行政合同全文主动公开,如交通行业。② 英国是 PPP 的先驱,一直对 PPP 项目信息公开有严格的要求,并且在 PF2 中,做了进一步的强化,要求合同全文去除敏感信息后进行公开,而且从 2010 年开始超过 1 万英镑新的中央政府 PPP 合同均需进行全文信息披露。其他国家关于 PPP 合同信息公开的规定主要有:洪都拉斯要求公开 PPP 项目选择供应商和签订合同的所有程序,并详细说明相对人的名称、签署合同的日期、对象、金额和合同修改的时间表;③"巴西联邦政府、智利和秘鲁等要求 PPP 合同全文主动公开;澳大利亚的新南威尔士州和维多利亚州要求所有项目公开含核心条款的简洁版合同摘要,对总金额超过一定数量的项目对敏感内容处理后要求公开合同全文"④。

国际上也非常强调 PPP 模式的信息公开。亚洲开发银行、世界银行等国际金融组织的项目贷款实施中,不仅会提前公布项目概况,让潜在的投标人员进行准备,而且项目采购全过程的相关文件均在其网站和指定的成员国采购网站上进行公开。"以亚洲开发银行为例,项目在评估阶段的相关信息就须在其官网发布,项目批准后,项目协议等关键文件全部在亚行官网公开。每个项目的采购相关文件以及环境影响评价、土地征迁等相关项目信息均在官网发布。项目执行过程中,每一个项目履约过程中的绩效报告、独立第三方的外部监测报告以及最终的项目完工报告均在亚行官网公开。"⑤

---

① See Stuart F. Heinritz, Paul V. Farrfll and Clifton L. Smith, *Purchasing Principles and Applications Prentice-hall*, Seventh Edition, p.269.

② See World Bank Group, *Disclosure in Public-private Partnerships*: *Jurisdictional Studies*, Report August 2015, p.90.

③ See World Bank Group, *Disclosure in Public-private Partnerships*: *Jurisdictional Studies*, Report August 2015, p.70.

④ 肖光睿:《让 PPP 项目在阳光下运行——从国际实践谈 PPP 项目信息公开》,http://www.cpppc.org/zh/plt/4633.html,最后访问日期:2019 年 12 月 5 日。

⑤ 肖光睿:《让 PPP 项目在阳光下运行——从国际实践谈 PPP 项目信息公开》,http://www.cpppc.org/zh/plt/4633.html,最后访问日期:2019 年 12 月 5 日。

（二） 我国行政合同信息公开范围的相关规定

我国《政府信息公开条例》明确了以公开为常态、不公开为例外的原则，而且将公开分为主动公开与依申请公开。其中，第二十条详细列举了应予主动公开的政府信息，第二十一条又对市、县及乡镇政府应当主动公开政府信息所涉领域进行了规定，但是，尽管上述规定与行政合同所涉领域具有一定的重合性，但是并没有明确提出行政合同的信息公开，即没有确立主动公开的行政合同信息公开制度。

对于行政合同信息公开的规定主要出现在前文所查找到的 8 部行政规范性文件，涉及的行政合同类型主要为政府采购合同与 PPP 项目合同。在政府采购领域，应当公开的信息主要有"项目公告、采购文件、采购结果、采购合同"等信息；在 PPP 领域，应当公开的信息有项目实施方案、招标投标、采购文件、项目合同、工程进展、运营绩效等信息。而《PPP 信息公开管理暂行办法》则进一步明确了信息公开制度，并根据 PPP 项目所处阶段列举了 PPP 项目合同所应公开的具体信息。"在项目识别阶段，应当公开项目基本情况、采购方式选择及合同体系；在项目准备阶段，应当公开 PPP 项目合同的政府方签约主体的授权和合同体系及核心边界条件；在项目采购阶段，应当公开 PPP 项目合同草案，调整的政府方授权文件，已签署的 PPP 项目合同，PPP 项目合同核心条款，应包括主要产出说明、绩效指标回报机制、调价机制；在项目执行阶段，应当公开的内容较多，具体包括项目施工许可证、建设进度、质量及造价等与 PPP 项目合同的符合性审查情况，社会资本或项目公司的年度运营情况及运营绩效达标情况，PPP 合同修订协议或补充协议，重大违约及履约担保的提取情况，本级政府或其职能部门作出的对项目可能产生重大影响的规定、决定等，项目或项目直接相关方重大纠纷、涉诉或涉仲情况。"

三、行政合同信息公开方式及时限的立法现状

（一） 行政合同信息公开方式的立法现状

一些国家或地区对于行政合同的信息公开方式规定得较为原则，例如印度和澳大利亚的新南威尔士州仅要求在其政府部门的官方网站上予以公开。而哥伦比亚政府则专门设立了采购门户网站——SECOP，以促进公共采购的透明度和效率。该系统由哥伦比亚国家采购管理局管理，目前正在进一步开

发,以增加更多的功能。① 英国作为 PPP 的先驱,明文禁止"非邀约"的项目,所有 PFI 或 PF2 项目都需要经过合同管理部门的审核,并要求相关信息按照进度通过政府的官方网站"Contract Finder"予以披露。从 2013 年开始,PF2 项目的申请进度都需要在 PPP 官方网站进行公开。此外,英国财政部每年都发布年度 PFI 信息,包含采购中的项目信息和已签署的项目信息,公众可在英国政府官方网站查询下载。② 加拿大的不列颠哥伦比亚省要求 PPP 项目合同信息在项目网站或 PBC(Partnerships British Columbia)网站上进行公开,③ 智利规定在公共工程部(Ministry of Public Works)网站上公布 PPP 项目合同相关信息,④洪都拉斯则要求 PPP 项目合同信息由促进公私伙伴关系委员会(COALIANZA)在其网站上公开。⑤ 通过上述规定可以看出,域外关于行政合同信息公开以政府网站为主要公开方式。

我国的《政府信息公开条例》第二十三条规定,"行政机关应当建立健全政府信息发布机制,将主动公开的政府信息通过政府公报、政府网站或者其他互联网政务媒体、新闻发布会以及报刊、广播、电视等途径予以公开。"随着大数据时代及新媒体时代的来临,舆论格局也发生了日新月异的变化,以微信、微博、移动客户端为代表的新媒体发挥着越来越重要的作用。为了回应这一现实发展,相关立法也明确了政务微博、微信、新闻媒体、政务客户端等信息公开渠道。⑥ 另外,我国目前行政合同领域只有政府采购合同和 PPP 项目合同

---

① See World Bank Group, *Disclosure in Public-private Partnerships: Jurisdictional Studies*, Report August 2015, p.50.

② 参见贾英姿、张志波:《PPP 信息披露机制构建与发展》,载《经济研究参考》2017 年第 49 期,第 60—61 页。

③ See World Bank Group, *Disclosure in Public-private Partnerships: Jurisdictional Studies*, Report August 2015, p.6.

④ See World Bank Group, *Disclosure in Public-private Partnerships: Jurisdictional Studies*, Report August 2015, p.50.

⑤ See World Bank Group, *Disclosure in Public-private Partnerships: Jurisdictional Studies*, Report August 2015, p.64.

⑥ 国务院办公厅《关于推进公共资源配置领域政府信息公开的意见》(国办发〔2017〕97 号)规定:"充分发挥政府网站第一平台作用,及时发布公共资源配置领域各类信息"。同时"积极利用政务微博微信、新闻媒体、政务客户端等拓宽信息公开渠道,开展在线服务,提升用户体验。构建以全国公共资源交易平台为枢纽的公共资源交易数据共享平台体系",并依托"信用中国"网站及时予以公开。

明确了主动公开的信息公开要求,关于政府采购合同的信息公开方式,指定中国政府采购网(www.ccgp.gov.cn)为采购信息的统一发布平台。① 而 PPP 项目合同的相关信息则在财政部建立的全国 PPP 综合信息平台予以公开,"公众可以在财政部政府和社会资本合作中心官方网站(www.cpppc.org)上查询"。这有利于财政部主导的 PPP 项目合同的信息共享和集成,保证各方获取信息渠道的统一,亦符合世界银行推荐应用单一平台进行 PPP 信息公开的建议。

(二)行政合同信息公开时限的立法现状

行政合同相关信息应当在一定的时限内公开,这样才能确保信息的实用性及有效性,而超过时限的公开不仅其效力大打折扣,而且也会对政府的公信力产生负面影响。因此,世界银行在研究了多个国家及地区的 PPP 信息公开实践后,初步形成了一个建议的时间表,这一时间表主要针对 PPP 项目运营的不同阶段给出了不同的公开时限:一是项目的基本信息,建议在采购前便予以公开;二是采购前的信息,需要严格按照项目时间表执行,建议提前 2—3 个工作日完成信息评估;三是再谈判合同,建议在执行再谈判合同之前的 45—60 天公开;四是 PPP 项目合同相关的信息,建议在签订合同的 45—60 天之内公开。②

我国《政府信息公开条例》第二十六条对主动公开范围的政府信息进行了时效规定,即要求 20 个工作日内予以公开。笔者上文所梳理的 8 部行政规范性文件有 4 部并未对信息公开的时限进行规定,国务院办公厅《关于印发 2018 年政务公开工作要点的通知》和《财政部、发展改革委关于进一步共同做好政府和社会资本合作(PPP)有关工作的通知》尽管对公开时限进行了规定,但也仅仅规定了及时公布。实际上,"及时公布"是一个模糊不确定的概念,究竟多长时间是在及时的范围内并不明确。对于信息公开时限规定得较为具体的是财政

---

① 财政部《关于进一步做好政府采购信息公开工作有关事项的通知》(财库〔2017〕86 号)规定,"中国政府采购网(www.ccgp.gov.cn)是财政部依法指定的、向世界贸易组织秘书处备案的唯一全国性政府采购信息发布网络媒体,中国政府采购网地方分网是其有机组成部分。省级(含计划单列市)财政部门是地方分网建设管理的第一责任主体,应当切实做好地方分网的建设维护工作,应当把地方分网建成本地区政府采购信息的统一发布平台。"

② *A Framework for Disclosure in Public-Private Partnerships*: *Technical Guidance for Systematic*, Proactive Pre-&Post-Procurement Disclosure of Information in Public-Private Partnership Programs, World Bank Group, 2015.8, pp.4–7.

部《关于做好政府采购信息公开工作的通知》(财库〔2015〕135 号)和《PPP 信息公开管理暂行办法》,分别对政府采购合同和 PPP 项目合同的公开时限进行了详细规定。前者规定,"中标、成交结果应当自中标、成交供应商确定之日起 2 个工作日内公告,公告期限为 1 个工作日;招标文件、竞争性谈判文件、竞争性磋商文件和询价通知书应当随中标、成交结果同时公告;政府采购合同应当自合同签订之日起 2 个工作日内公告。"后者则针对不同的信息类型规定了即时公开与适时公开,并分别确定了公开时限。例如,"就即时公开而言,PPP 项目合同的政府方签约主体的授权应当在授权后 10 个工作日内予以公开,PPP 项目合同核心条款应当在项目合同经人民政府审核通过后 10 个工作日内公开"等等;就适时公开而言,"PPP 项目合同草案和已签署的 PPP 项目合同应当在进入项目执行阶段后 6 个月内公开,PPP 合同修订协议或补充协议应当在对应活动结束后次年的 4 月 30 日前公开"等等。通过上述规定可以看出,该暂行办法对于公开时限的规定清晰明确,且具有较强的实际操作性。所以说,尽管《PPP 信息公开管理暂行办法》法律位阶较低,属于规范性文件,但是其为行政合同信息公开提供了制度保障。未来在我国行政程序法制定时可以借鉴参考该办法的思路与内容,从而构建完善的行政合同信息公开制度。

第三节　我国行政合同信息公开的困境及原因分析

一、我国行政合同信息公开的困境

2008 年 5 月 1 日《政府信息公开条例》正式实施,开启了我国政务公开有法可依的时代。近年来,在大数据和 PPP 的背景下,国家又密集出台了一系列相关文件,使得政府信息公开逐步实现在法制化、规范化的轨道中前行。根据 2017 年中国社会科学院法学研究所发布的《中国政府透明度指数报告(2016)》中指出,政务公开工作呈现出主动公开水平逐步提高,依申请公开日益规范的总体特点。[①] 行政合同系以实现公共利益为价值追求,尤其是诸如

---

① 中国社会科学研究院法学研究所法治指数创新工程项目组:《中国政府透明度指数报告(2016)——以政府网站信息公开为视角》,载《法治蓝皮书》,社会科学文献出版社 2017 年版,第 190 页。

PPP 项目合同、政府采购合同、国有土地使用权出让合同和招商引资合同等行政合同,由于其利害关系人的范围具有不确定性,与社会公共利益的关联度大,为了更好地保障利益相关者及公众的知情权,需要对合同的相关信息进行主动公开。《政府信息公开条例》尽管确立了公开为常态、不公开为例外的原则,并对主动公开进行了列举规定,但其中并没有明确行政合同信息的主动公开。从我国目前的相关立法来看,PPP 项目合同和政府采购合同基本上做到了主动公开,起到了很好的示范作用。具体而言,对于已经纳入 PPP 综合信息平台的 PPP 项目合同相关信息,在财政部政府和社会资本合作中心官方网站(www.cpppc.org)的"项目库信息公开"栏目中公开;政府采购合同相关信息在中国政府采购网(www.ccgp.gov.cn)、中国政府购买服务信息平台中"财政部政府采购管理交易系统"项下的"政府采购合同公告系统"中予以公开。但是,行政合同中利害关系人范围不确定的合同远非前述两种合同所能涵盖,即使是已经规定主动公开的 PPP 项目合同和政府采购合同也未建立起完善的信息公开制度,例如前述两种行政合同因为涉及敏感信息、商业秘密等问题,究竟何种信息能够免于公开? 相关立法的规定比较笼统,操作性较差。当然,行政合同的信息公开也可能会招致行政机关和相对人对"自揭家丑"的消极抵制,以上种种难免引发各种声音和阻力,使得行政合同的信息公开陷入困境。

(一) 行政合同信息公开的覆盖面过窄

行政合同的种类繁多,且呈不断扩大的趋势。一般来说,政府特许经营协议、土地房屋等征收征用补偿协议、国有自然资源使用权出让合同、政府采购合同、PPP 项目合同、招商引资合同、教学科研合同、目标责任合同、国有资产承包经营出售或者出租合同、执行和解合同、政策信贷合同等均为行政合同。在这些行政合同中,政府特许经营协议、国有自然资源使用权出让合同、政府采购合同、PPP 项目合同、招商引资合同等,由于其利害关系人的范围具有不确定性,与社会公共利益的关联度大,需要对合同的信息进行主动公开。而其他利害关系人范围相对确定的行政合同,由于缔结一方恒定为行政主体,合同的相关信息系行政机关在履行职责过程中制作或者获取的信息,故属于政府信息,可以适用《政府信息公开条例》中的依申请公开。只是在实践中,除了PPP 项目合同和政府采购合同通过相应网站进行公开外,很难寻找到其他利害关系人范围不确定的行政合同主动公开的踪迹,主要都是依申请公开。以招商引资合同为例,笔者登录了多家省级和地市级政府门户网站,有的公开了签订招商引资合同项目的数量,如河南省;有的公开了政府发布的有关招商引资的政策文件,如厦门市。但是均没有主动公开招商引资合同,可以说行政合同信息公开的覆盖面严重不足。

(二) 行政合同信息公开的尺度不统一

《政府信息公开条例》对于不予公开的范围作出了规定,并通过"不得公开"、"可以不予公开"、"可能危及"等词语来界定信息公开的例外事项。[①] 但是各地对于个人隐私、商业秘密的范围以及公开透明与"三安全一稳定"关系的认知并不统一。以国有土地使用权出让合同为例,以下两个案例反映了两个不同地区对于是否公开截然不同的两种态度。

案例1:2013 年 12 月,申请人林女士向 A 市国土资源局提出政府信息公开申请,要求公开某号地块的《国有土地使用权出让合同》。由于该申请涉及第三人,A 市国土资源局书面征求第三人意见,第三人回复涉及商业秘密,不同意公开。后 A 市国土资源局作出了不予公开的告知。

2014 年 1 月,申请人不服被申请人不予公开的决定,向行政复议机关提起行政复议。复议机关认为,"该《国有土地使用权出让合同》是被申请人与第三人双方签订的合同,属于民事合同,而第三人认为涉及商业秘密不同意公开该合同,被申请人依据第三人意见作出的不予公开告知符合相关法律规定。因此,复议机关作出了维持被申请人不予公开告知行为的决定。"

案例2:2016 年 6 月,申请人陈某向 B 市国土资源局申请公开 B 市某路段国有土地使用权出让合同等政府信息。在 B 市国土资源局书面征求第三人意见后认为,国有土地使用权出让合同属于《政府信息公开条例》规定的商业秘密,权利人不同意公开,故决定不予公开。

陈某不服,提起行政复议。复议机关认为,"市国土资源局单方面依据第三人的书面答复意见,认定被申请公开信息属于商业秘密的依据不充分",遂"决定撤销原答复书,责令其在法定期限内重新作出答复"[②]。

---

① 参见《中华人民共和国政府信息公开条例》第 14 条、第 15 条和第 16 条。
② 魏莉华、叶明权:《国土资源行政复议典型案例评析》,中国法制出版社 2015 年版,第 7 页。

上述两个案例案情相似,主要的焦点集中在国有土地使用权出让合同是否属于商业秘密,两地的复议机关对此问题的认识并不一致,导致不同结果的出现,类似的问题也是行政机关普遍所面临的困境与难题。实际上,国有土地使用权出让合同的主要内容已经通过招拍挂程序,且基本上为格式合同,并不具有商业秘密的属性,因此,完全应当在对第三方受让人的不宜公开的信息进行处理后予以公开。

(三)行政合同信息公开的责任追究力度不足

《政府信息公开条例》第五十三条对于违反条例规定的追责事由、追责主体、追责对象和责任承担形式进行了规定。但是,由于政府信息公开的"违法不当行为涉及利益关系复杂且审查鉴定难度较大,仅靠一条专门性法规来规范和指导显然不够"①。此外,尽管《PPP 信息公开管理暂行办法》规定了财政部门对于政府有关部门、项目实施机构、社会资本或 PPP 项目公司等 PPP 项目信息提供者的违法违规行为分情况适用不同处罚,但是一则其法律位阶较低,二则其仅仅适用于 PPP 的信息公开,无法满足其他种类政府信息公开的要求。为了缓解这一窘境,各地方纷纷出台政府信息公开责任追究办法,截至 2020 年 6 月 10 日,笔者在北大法宝以"政府信息公开责任追究"为关键词进行搜索,共查询到 34 部地方规范性文件,如《海南省政府信息公开责任追究制度(试行)》(2011 年 12 月)、《聊城市政府信息公开责任追究办法(试行)》(2014 年 12 月)、《福建省司法厅政府信息公开责任追究规定》(2017 年 8 月)等。然而,尽管地方制定了有关信息公开责任追究办法,但是实际上责任追究的案例并不多见。据《新京报》2017 年 2 月 8 日报道,"因为海南省儋州市商务局网站长期未更新,其局长董海峰被处以行政记过和党内警告处分,这是我国第一起官员因信息公开不力被问责的案例。"从 2017 年开始,国务院办公厅政府信息与政务公开办公室每个季度对全国政府网站抽查情况予以通报,通报内容中包括地方部门问责情况,以 2018 年第二季度为例,"有 300 人被问责,其中 190 名责任人被上级主管单位约谈,32 人作出书面检查,68 人被通报批评,7 人被调离岗位,2 人被党内警告,1 人被停职"②。这反

---

① 相丽玲、李文龙:《我国政府信息公开中的违法不当行为及其问责机制》,载《情报理论与实践》2015 年第 7 期,第 29 页。

② 数据来源:中国政府网,2018 年第二季度全国政府网站抽查情况通报,http://www.gov.cn/zhengce/content/2018−08/06/content_5312052.htm,最后访问日期:2020 年 6 月 10 日。

映出国家对于信息公开责任追究的信心与魄力,为信息公开责任追究制度的建立奠定了良好的基础。但是,这仅仅只是开始,也仅仅是对不合格政府网站责任单位和人员的问责,行政合同信息公开责任追究仍然有很长的路要走。

(四) 行政合同信息公开的监督效果不佳

行政合同信息公开的监督方面困境主要体现在以下两个方面:

一是信息公开年度报告的规范化程度不足。《政府信息公开条例》第四十九条规定了政府信息公开工作年度报告制度,该制度是行政机关展示其信息公开工作情况并接受评议和监督的重要方式之一。中国社会科学研究院发布的《政府信息公开工作年度报告发布情况评估报告(2019)》显示,年度报告发布工作仍存在一些问题亟待改进,如重视程度不高、对年度报告工作新要求主动适应性不强、年度报告表现两极分化现象日趋明显、规定动作完成度仍然较差、各类数据运用问题突出、对存在问题和改进思路重视不够、已经取得的成绩难以巩固等问题,①客观上制约了监督效果的发挥。

二是群众举报投诉处理公开力度不够。群众的举报投诉是当前信息公开监督的重要渠道,然而,笔者发现,除了"全国人大机关采购中心"外,无论是公开 PPP 项目合同的财政部政府和社会资本合作中心官方网站的 PPP 综合信息平台,还是披露政府采购合同的"中国政府采购网"、"中国政府购买服务信息平台以及中央国家机关采购中心"、"中共中央直属国家机关政府采购中心",均未公开该项信息,也没有专门设立如监督投诉、网络留言、电子邮件等渠道。根据财政部发布的 2019 年政府采购透明度第三方评估结果显示,"尽管政府采购透明度持续提升,但区域发展不平衡问题仍然突出,尤其是个别地区存在未按要求公开财政部门投诉联系方式等问题"②。如果群众的举报投诉处理情况的公开力度不够,不仅不利于社会公众对政府信息公开工作进行监督,而且亦可能减损公众对政府的信赖度。

---

① 参见中国社会科学研究院法治指数研究中心、法学研究所法治指数创新工程项目组:《政府信息公开工作年度报告发布情况评估报告(2019)》,中国社会科学出版社 2019 年版,第 34—41 页。

② 《我国政府采购透明度持续提升——财政部发布 2019 年政府采购透明度第三方评估结果》,http://www.ccgp.gov.cn/news/202003/t20200317_14018535.htm,最后访问日期:2020 年 6 月 10 日。

二、我国行政合同信息公开困境产生的原因分析

（一）传统的行政观念导致政府信息公开意识淡薄

《论语·泰伯篇》中有云："民可使由之，不可使知之"。可见，传统行政强调保密，具有行政神秘主义的品格。[①] 我国在长达两千多年的封建社会里，"法藏官府，威严莫测"的观念根深蒂固，保密行政的传统可谓源远流长。这种历史沉淀下来的传统政治文化，无疑会对国民产生潜移默化的影响。一些行政机关工作人员本着"官本位"的思想，认为他们手中所持有的资源和信息是属于政府所有，公开信息是一种恩赐，那么是否公开、公开的内容、方式和时间都取决于个人的意愿，而并非基于公众的需求。在行政合同的信息公开方面，一些行政机关工作人员更是存在认识上的误区，认为行政合同是行政机关与相对人签订的，与他人无涉，因而无须公开与披露。实际上，这种观念不仅根植在信息公开官员的脑海之中，而且对于普通民众的影响亦如影随形。对于与自身关联度不高的事情，民众往往奉行"闭门不管庭前月，分付梅花自主张"或者"事不关己高高挂起"的处世哲学。如此一来，捍卫知情权权利的民众便成为人群之中的少数，成为给政府"添麻烦"之人，而主动乐于信息公开的官员更是少之又少，一些地方政府在实践中甚至出现"能不公开就不公开，能少公开就少公开"的现象，极大地制约了我国透明政府的建设。

（二）利益的驱使阻碍行政机关主动公开政府信息

行政机关及其工作人员愿意保守信息秘密，这几乎是所有政府的天然倾向。美国学者曾经指出："保密的激励是如此巨大，常常足以打消出台信息、公开规章的念头。"[②]然而，为什么政府官员乐于保守信息秘密？保密的激励究竟有哪些？斯蒂格利茨进一步提出政府官员保守信息秘密的诱因有两个："一是可以避免因犯相应的错误或过失而被提起诉讼；二是保密给予了特殊利益集团施加更多影响力和控制力的机会。"[③]由此可见，官员不愿意公开政

[①]　参见莫于川：《政府信息公开法的基本理念、立法目的和指导原则再检讨——兼从年度报告看政府信息公开法的基本理念、立法目的和指导原则的实现情形》，载《河南省政法管理干部学院学报》2009 年第 6 期，第 10 页。

[②]　[美]斯蒂格利茨：《自由、知情权和公共话语——透明化在公共生活中的作用》，宋华琳译，载《环球法律评论》2002 年秋季号，第 272 页。

[③]　[美]斯蒂格利茨：《自由、知情权和公共话语——透明化在公共生活中的作用》，宋华琳译，载《环球法律评论》2002 年秋季号，第 267 页。

府信息,主要是基于现实利益的考量。详言之,首先,政府在缔结和履行行政合同的过程中,既作为公共利益的代表,亦拥有自身的利益,在追求两种利益的过程中很难保持协调统一。如果因为政府官员的过错导致行政合同签订和履行过程中出现问题,造成财政资金的损失,信息的保密就起到了掩盖过错的作用,而信息公开的后果便是公众认为政府或官员失职,亦可能导致相关人员被问责。为了避免及逃避责任,政府官员就会本能地抵制和阻碍政府信息的披露。其次,通过行政合同的履行,相对人能够获得利益,以政府特许经营协议为例,其主要是政府将一部分基础设施和公共产品的经营权转移给私人经营者。由于基础设施和公共产品的需求相对稳定,利润空间较大,因此这种权力带来的收益自然成为寻租的目标。正如民营化大师萨瓦斯所言:"腐败容易在公共部门和私营部门的边界发生。"①而政府特许经营协议恰恰处在这个边界上,所以,一些政府官员会将信息作为寻租的资源以获取私利。

除了上述两种理由之外,政府部门之间利益的分化也是制约行政机关主动公开信息的原因之一。目前我国政府信息化建设中突出的问题在于一些地方和部门相互之间没有实现信息互通与资源共享,而造成这一现象的主要原因就是部门利益的条块分割。在大数据时代,信息已经成为一种重要资源,为不同的行政部门所争相获取。出于部门利益的考虑,原始收集信息部门不愿与其他部门共享,导致部门信息呈现碎片化样态,不但降低了资源配置的效用,而且也制约了行政机关主动公开信息的主动性与积极性。

(三)相关立法的缺陷与冲突影响了行政合同信息公开的效果

与行政合同信息公开相关的立法是在《政府信息公开条例》指导下的一系列部门规范性文件,而2019年5月15日施行的《政府信息公开条例》尽管进行了修订,但仍然存在一些不足,主要表现在以下两个方面:第一,法律位阶较低,《政府信息公开条例》作为行政法规,当其与《保密法》等法律发生冲突时,只能优先适用上位法的规定,影响了政府信息公开的效果。第二,一些规

---

① [美]E.S.萨瓦斯:《民营化与公私部门的伙伴关系》,周志忍等译,中国人民大学出版社2002年版,第324页。

定过于笼统和原则化,实操性不强,例如关于信息公开时间的规定采用"一刀切"的方式,没有针对不同的行政行为设置灵活的时效制度;再如对于一些概念,如"三安全一稳定"、"公共利益"等没有提出明确的认定标准,需要行政机关运用自由裁量权作出适度推论后方能得出,这就导致实践中行政机关在信息公开时尺度不一,而且也为行政机关拒绝公开本应公开的信息提供了借口和理由。

在行政合同信息公开方面,《PPP 信息公开管理暂行办法》中规定了 PPP合同的公开分为即时公开与适时公开,并规定了具体的时限。这一公开时限与《政府信息公开条例》和政府采购的相关规定均存在冲突。首先,《政府信息公开条例》第二十六条对主动公开范围的政府信息,要求 20 个工作日内予以公开,而《PPP 信息公开管理暂行办法》的适时公开"要求项目进入执行阶段后 6 个月内的任一时点予以公开,或选择在该信息对应事项确定或完成后次年的 4 月 30 日前公开"。由于《政府信息公开条例》的法律位阶高于《PPP信息公开管理暂行办法》,使得适时公开的规定陷入困境。其次,通过《PPP信息公开管理暂行办法》第七条第九项①我们可以看出,"PPP 项目采购阶段签订的合同,需要按照政府采购合同公开的要求办理"。而《政府采购法实施条例》第五十条规定,"采购人应自政府采购合同签订之日起 2 个工作日内予以公开",这又与 PPP 项目合同进入项目执行阶段后 6 个月内公开的规定相冲突。然而,《政府采购法实施条例》的法律位阶亦高于《PPP 信息公开管理暂行办法》,使得《PPP 信息公开管理暂行办法》虽然具有诸多优点仍然适用受限,不利于行政合同信息公开制度的建立。

---

　　① 《PPP 信息公开管理暂行办法》第七条规定,"项目采购阶段的信息公开应遵照政府采购等相关规定执行,应当公开的 PPP 项目信息包括:(一)项目资格预审公告(含资格预审申请文件)及补充公告(如有);(二)项目采购文件,包括竞争者须知、PPP 项目合同草案、评审办法(含评审小组组成、评审专家人数及产生方式、评审细则等);(三)补遗文件(如有);(四)资格预审评审及响应文件评审结论性意见;(五)资格预审专家、评审专家名单、确认谈判工作组成员名单;(六)预中标、成交结果公告;(七)中标、成交结果公告及中标通知书;(八)项目采购阶段更新、调整的政府方授权文件(如有),包括对实施机构、PPP 项目合同的政府方签约主体、政府方出资代表(如有)等的授权;(九)同级人民政府同意签署 PPP 项目合同的批复文件,以及已签署的 PPP 项目合同,并列示主要产出说明及绩效指标、回报机制、调价机制等核心条款。"

第四节　我国行政合同信息公开的制度构建

一、行政合同信息公开的原则

（一）主动公开原则

《联合宣言》提出，"对公共权力机构所掌控信息的获取权是一项基本人权，该权利必须基于最大限度公开的原则。"《联合国准则》更进一步指出："公共机构具有发布信息的义务，每一位公众都有相应的接收信息的权利。"[1]纵观世界各国关于行政合同信息公开的规定，尤其是在 PPP 领域，建立以主动公开为原则的信息公开制度已经成为立法的趋势与潮流。主动公开原则要求那些利害关系人范围不确定的，与社会公共利益、公众的日常生活密切相关的行政合同，诸如政府特许经营协议、国有自然资源使用权出让合同、政府采购合同、PPP 项目合同、招商引资合同等，在合同缔结后的一定时限之内必须通过法定的公开渠道及方式公开，以降低信息不对称的程度，提升公众的参与度并保障利益相关者及公众的知情权。

诚然，主动公开原则要求信息公开的内容不仅包括合同文本，也包括行政合同缔结和履行过程中的相关信息。尽管合同文本原则上应当全文披露，但由于合同文本中常常包括国家秘密、商业秘密、个人隐私等内容，属于免于公开的范畴，而具体免于公开的范围需要行政合同的当事人另行签订保密协议予以确定。此部分内容将在下文详细阐述，在此不再赘述。综上，主动公开原则的确立不仅有利于行政机关规范地缔结及履行行政合同，而且也方便潜在的行政合同相对人学习借鉴，进而不断促进行政合同的发展与完善。

（二）及时、准确原则

众所周知，信息公开的目的不仅在于实现对政府行为的有效监督，而且亦在于使有信息需求的公众能够了解信息内容。实现上述目的的前提便是及时准确地进行信息公开。及时原则要求信息公开主体应当在规定的时限内及时

---

[1]　［加］托比·曼德尔：《信息自由：多国法律比较》，龚文庠译，社会科学文献出版社 2011 年版，第 41 页。

公开相关信息,超过规定时限的公开,实际上是对公众知情权的一种侵害,同时可能由于时间的拖延,使得信息的价值大打折扣甚至完全没有意义。因此,信息公开必须遵循及时原则。准确原则要求信息公开的内容必须是客观公正、真实可靠的,一方面,社会公众通过信息公开来实现对行政主体缔结行政合同全过程的监督,如果获取的信息本身就不真实或者不完整,那么当然无法对行政主体缔结行政合同的过程进行有效的监督;另一方面,信息具有商业价值,信息公开的完整与真实能够保障私人部门形成准确的投资判断意识,从而实现投资决策。

（三）利益平衡原则

利益法学代表人物赫克曾经直言:"法律是社会中各种利益冲突的表现,是人们对各种冲突的利益进行评价后制定出来的,实际上是利益的安排和平衡。"[1]行政合同的信息公开涉及多方利益,包括行政机关、相对人、参与人、社会公众、申请人、第三人等,不同性质、不同种类的利益彼此交织碰撞,需要立法者综合考量后进行取舍与平衡。行政合同信息公开中的利益平衡原则要求:第一,公共利益优先。立法机关在立法、修法或者进一步细化信息公开的范围,都应当以公共利益的实现为基本出发点。当多重利益发生冲突时,作为第二顺位"公开优先"应当让位于第一顺位"公益优先"。[2] 通常来说,属于国家秘密的信息当然地涵盖于公共利益范畴之中,属于绝对不予公开事项,一旦公开必然损害公共利益。第二,商业秘密利益、个人隐私权利优先。与法律位阶相同,不同利益也存在不同的位阶,且低位阶利益须服从于高位阶利益。因此,在不与公共利益相冲突时,商业秘密利益、个人隐私利益优先。在信息公开涉及商业秘密或者个人隐私时,应当充分尊重行政主体与相对人的保密协议的约定而免于披露,但是在特定情形下,基于公共利益的需要,一些信息即使涉及商业秘密或者个人隐私也应当公开。此时利益衡量便成为决定信息是否公开的关键因素。

（四）相关性原则

相关性原则是指在行政合同信息公开过程中,相对人或参与人的信息公

---

[1]　何勤华:《西方法律思想史》,复旦大学出版社 2005 年版,第 255 页。

[2]　参见王敬波:《政府信息公开中的公共利益衡量》,载《中国社会科学》2014 年第 9 期,第 116 页。

开义务仅限于与其执行公共事务或履行公共职能相关的信息。行政合同缔结履行过程中,相对人和参与人因为自身的性质及运营而获取大量信息,而这类信息与执行公共事务和履行公共职能并无关联,如果一概要求公开,不仅会遭到相对人或参与人的强烈抵抗,而且也会据此打击潜在的缔约人签订行政合同的积极性。因此,与行政合同缔结履行全过程并无关联的其他信息,相对人和参与人并不负有公开的义务。我国司法实践中也承认这一原则,例如在"阮海棠与广州市自来水公司政府信息公开案"中,广州铁路运输中级法院认为:"根据《政府信息公开条例》第三十七条的规定,对于要求公开公共服务企事业单位在涉及与人民群众利益密切相关的服务过程中制作、获取信息的申请,该企事业单位属于信息公开的适格主体。本案中,广州市自来水公司作为提供社会公共服务的供水单位,对于在提供服务过程中制作、获取与提供公共服务直接相关的信息,具有公开的职责,对于此类特定内容的信息公开申请,广州市自来水公司属于信息公开的主体;同时,广州市自来水公司作为市场经营主体,其自身或相关联公司在经营过程中与其他市场经营主体产生经济纠纷,该纠纷所涉的资料或信息不属于与社会公共服务相关信息的范围,阮海棠因供水项目的建设工程施工合同与其他公司产生纠纷,该工程项目仅与其自身利益相关,相关信息并非公共服务提供过程中制作、获取,不属于广州市自来水公司具有公开职责的信息范围。"①

二、构建多元化的行政合同信息公开主体

　　传统的政府信息公开要求政府将其在行政过程中掌握的信息依照法定的范围、程序、方式向社会公开,信息公开的主体为政府。而行政合同的出现,尤其是 PPP 的兴起,使得私人部门参与到公共事务的治理之中,从而私人部门进入到公法领域,以一种"权力主体"的地位出现,打破了原有的单一主体治理模式,实现了向多中心治理模式的转变。这一转变体现在信息公开领域为要求行政主体和缔约相对方的私人主体均具有公开与行政合同有关信息的义务。纵观上文第二节中关于域外信息公开立法的介绍可以看出拓宽适用主体的范围是目前各国的立法趋势,摩尔多瓦《信息公开法》(The Law On Access

---

① 广州铁路运输中级法院(2017)粤 71 行终 1522 号行政判决书。

To Information）更是明确规定同公共机关签订合同的个人或法人实体为信息提供者，我国的一些立法对此也作出了规定。由此可见，构建多元化的行政合同信息公开主体制度顺应了国际潮流，可谓应时之选。

（一）行政主体为行政合同信息公开的重要义务主体

行政合同与传统高权下的行政处分不同，涉及行政主体、私人部门及公民等多重主体，尤其是 PPP 项目合同、政府特许经营协议等更是与社会公众紧密关联。就 PPP 项目合同而言，行政主体与私人部门签订合同之后，便由私人部门开始履行公共服务职能，但在这过程中政府并不能全然退出，由于私人部门具有逐利天性，过分地追求利润的最大化就可能出现损害公共利益的现象。为此，政府应当履行对相对人的监管责任。这一监管责任的重要实现途径便是信息监管，信息监管要求私人部门在项目各个阶段向行政主体提供信息，使得行政主体能够及时详尽掌握私人部门的合同履行及运营情况，防止损害社会公共利益的情形发生。行政主体在履行监管职能过程中制作或者获取的信息，当然应该向社会公众予以公开，从而充分保障公众的知情权。另外，行政主体在缔结和履行行政合同的过程中会产生很多的信息，诸如拟缔结行政合同的内容、程序及行政优益权行使等，通过信息公开，能够充分暴露行政机关的各种不良行为，迫使行政主体按照法定的条件和程序缔结、履行和终止合同，防止权力滥用及腐败滋生，使处于优势地位的行政主体受到约束而使行政合同沿着高效公正的轨道前行。由此可见，行政主体是行政合同信息公开的重要主体，也可以说是信息公开的第一义务主体。

（二）行政合同的缔约方、参与方亦是行政合同信息公开义务的主体

私人主体不仅是行政合同的缔约相对方、参与方，而且也是行政管理任务的执行主体或者参与主体，掌握了众多履职过程中所产生的信息，这些信息与公民的利益密切相关，公民对此当然享有知情权。因此，行政合同的缔约相对方、参与方也属于行政合同信息公开的主体，只是其公开义务仅限于其缔结履行行政合同、执行或参与行政管理任务相关的信息。然而，遗憾的是，我国《政府信息公开条例》并没有明确规定私人主体为信息公开主体，只是在第五十五条规定了公共企事业单位的信息公开依照相关法律、法规和国务院有关主管部门或者机构的规定执行，将是否公开及如何公开的裁量权交给了主管部门或者机构，导致他们可能为了自身的利益而选择性地披露相关信息。

　　尽管如此,我国的司法实践中基本认可上述第五十五条(原《政府信息公开条例》37 条)规定的公共企事业单位作为信息公开的主体,如"徐宾诉天津滨海新区响螺湾公共事业发展有限公司信息公开案"①、"杨建平与中国移动通信集团广东有限公司惠州分公司信息公开纠纷上诉案"②和"刘俊诉武汉地铁集团有限公司信息公开案"③等。例如,在"徐宾诉天津滨海新区响螺湾公共事业发展有限公司信息公开案"中,天津市高级人民法院认为,根据《中华人民共和国政府信息公开条例》的规定,本案被申请人作为提供供热服务的公共企事业单位,属于信息公开义务主体,亦可以成为政府信息公开诉讼的被告。④ 再如,在"邢文元因诉国网北京市电力公司政府信息公开案"中,北京市高级人民法院认为:"根据原信息公开条例第三十七条的规定,电力公司作为本市供电系统的公共企事业单位,具有针对邢文元提出的信息公开申请作出答复的法定职责。"⑤

　　在具体领域,除了之前梳理的《国务院办公厅关于推进公共资源配置领域政府信息公开的意见》和《财政部关于进一步做好政府采购信息公开工作有关事项的通知》中规定实施公共资源配置的企事业单位和采购人委托的采购代理机构应当公布其掌握的相关信息外,《供水、供气、供热等公用事业单位信息公开实施办法》第四条也规定:"供水、供气、供热等公用事业单位(企业)是信息公开的实施主体,承办本单位具体的信息公开工作。"财政部发布的《PPP 信息公开管理暂行办法》第四条亦明确规定:"政府有关部门、项目实施机构、社会资本或 PPP 项目公司等 PPP 项目参与主体应真实、完整、准确、及时地提供 PPP 项目信息。"由此可见,行政合同的缔约方、参与方也是行政合同信息公开的义务主体,并对其所公开的信息的真实性与完整性负责。

(三) 信息公开主体竞合时的立法思路

　　综合以上分析,可以得出行政合同的信息公开义务主体为两方,分别为行政主体和相对人、参加人。但实际上在行政合同缔结履行过程中,信息不断流动与交融,极有可能存在行政机关与相对人或参加人同时掌握信息的情形,即

---

① 天津市高级人民法院(2016)津行申 83 号行政裁定书。
② 广东省惠州市中级人民法院(2017)粤 13 行终 191 号行政判决书。
③ 湖北省高级人民法院(2017)鄂行申 556 号行政裁定书。
④ 参见天津市高级人民法院(2016)津行申 83 号行政裁定书。
⑤ 北京市高级人民法院(2019)京行申 1205 号行政裁定书。

信息公开主体发生竞合,那么在这种情况下,究竟由谁来承担信息公开义务?笔者认为这要分两种情况来进行讨论。在主动公开领域,通常都是各级政府的门户网站或者专门网站以及信息平台作为载体统一公开,这时是以行政主体为主要公开主体,相对人或参加人予以配合,当然,如果是私人主体进行信息公开的话,要对信息的完整性、真实性与及时性负责。如果依照《政府信息公开条例》中依申请公开领域,当两个或者多个主体同时掌握信息时,应当规定他们均承担信息公开义务。这一立法思路从权利保障最大化的角度出发,[①]当两个以上的主体同时掌握信息时,需要由信息持有主体通过内部沟通予以解决,而不能外化由第三方申请人来承担。对于申请人而言,可以任意选择一方主体进行信息公开申请。这样不仅可以防止不同信息公开主体互相推诿,损害申请人的知情权,也符合信息公开中的便民原则。

三、进一步明确行政合同信息公开的范围

(一) 原则上与行政合同缔结履行变更终止相关的信息均属于信息公开的范围

利害关系人范围具有不确定性的行政合同,由于其涉及国有资产或者财政资金的使用,与社会公共利益关联度大,为了更好地保障利益相关者及公众的知情权,故对行政合同缔结履行变更终止全过程中所涉信息,尤其是对行政合同有重大影响的信息原则上均应公开。在行政合同缔结阶段应当公开的信息主要包括相对人的选择方式与程序、行政合同的可行性报告、风险报告、政府的授权文件、中标结果以及行政合同文本等,其中行政合同文本原则上应当全文公开,包括调价机制、绩效信息、融资信息等内容。通过本章第二节域外立法规定可以看出,在 PPP 的推进下,要求行政合同文本的全文公开已经为多国立法所肯认,并已经成为国际上立法的趋势与潮流。当然,行政合同中可能会有一些内容不宜公开,比如涉及国家秘密、商业秘密和个人隐私等信息,但是由于相关规定比较模糊,实际操作性不强,往往出现当事人为了自身的利益假借"商业秘密""个人隐私"等名义而隐瞒本应公开的信息,从而逃避信息公开的义务。

---

① 参见周汉华:《政府信息公开条例专家建议稿——草案、说明、理由、立法例》,中国法制出版社 2003 年版,第 63—64 页。

因此,笔者认为,对于行政合同文本中的保密事项,行政合同当事人应当另行签订保密协议明确对保密事项进行详细约定,且该约定不能违反法律法规的强制性规定。在行政合同履行阶段应当公开的信息主要包括监测报告、中期评估报告、行政合同的修订协议或者补充协议、财务信息、年度报告、再谈判进程、重大违约情况、政府部门作出的对行政合同可能产生重大影响的规定与决定以及行政合同相对人或参与人重大纠纷、涉诉或涉仲情况等。

综上所述,行政合同的信息公开应当贯穿合同缔结履行变更终止全过程。通过对行政合同全生命周期的信息公开,不仅能够在增强投资者的信心、加强公众参与度等方面影响深远,而且也能够优化治理、提升政府公信力,从而保障行政合同制度的可持续发展。

(二)行政合同的当事人另行签订保密协议明确约定信息公开的例外事项

一切规定,均有例外,那么,究竟哪些信息可以被豁免公开? 对于这一问题,我国的相关法律规定得较为原则,仅仅规定了国家秘密、商业秘密和个人隐私等,而具体哪些信息属于上述信息却并不清晰明了,仍需进一步明确。实际上,披露与例外相对应,且它们的范围呈反比关系。所以只有将免于公开的事项以排除列举的方式通过合同明确下来,才能准确界定应当公开的信息范围,从而有效解决"我国政府信息公开的最大难题——如何合理地确定公开与不公开的范围"①。

1. 国家秘密

国家秘密涉及国家安全,是信息公开的绝对豁免事项,信息一旦被界定为国家秘密,就成为绝对例外事项。国家秘密免于公开已经为多国信息公开立法所肯认。我国《保守国家秘密法》第九条规定了 7 项国家秘密,②为确定国

---

① 周汉华:《政府信息公开条例专家建议稿——草案、说明、理由、立法例》,中国法制出版社 2003 年版,第 49 页。

② 《中华人民共和国保守国家秘密法》第九条规定:"下列涉及国家安全和利益的事项,泄露后可能损害国家在政治、经济、国防、外交等领域的安全和利益的,应当确定为国家秘密:(一)国家事务重大决策中的秘密事项;(二)国防建设和武装力量活动中的秘密事项;(三)外交和外事活动中的秘密事项以及对外承担保密义务的秘密事项;(四)国民经济和社会发展中的秘密事项;(五)科学技术中的秘密事项;(六)维护国家安全活动和追查刑事犯罪中的秘密事项;(七)经国家保密行政管理部门确定的其他秘密事项。政党的秘密事项中符合前款规定的,属于国家秘密。"

家秘密的范围提供了依据。当然,目前我国国家秘密定密还是比较宽泛,而且规范国家秘密的法律规范数量众多,除了《保守国家秘密法》作为统领,行政法规《保守国际秘密法实施条例》辅助细化之外,还有大量规范性文件散见于各个领域,①且年代久远。这些浩如烟海的规定在为信息公开提供依据的同时,也成为行政机关的"挡箭牌"。通常而言,对于有可能危及国家安全、公共安全或者国防,可能影响外交事务及国际关系中的利益,危害国家金融、经济或币值稳定的都属于国家秘密的范畴。美国颁布的《国家安全信息定密》详细列举了国家秘密事项,具有借鉴意义,具体包括:"军事计划或军事行动;与外国政府有关的信息;情报活动、情报来源、密码;外交关系或情报消息来源;涉及国家安全的科学、技术或者经济事项;保障核材料或者核设施的计划;有关国家安全的设备、基础设施、项目、计划;大规模杀伤武器的开发、生产、适用。"②具体到行政合同的信息公开,由于涉及国家秘密的信息属于法定的不能公开,故缔约当事人应当根据相关法律的规定将涉国家秘密的信息免于公开。当然,为了防止当事人以信息涉及国家秘密为借口阻碍公开,需要设计严密的监督制度来限制缔约当事人的自利倾向。

2. 商业秘密

商业秘密是企业在市场竞争中的核心竞争力,这些商业秘密如果允许政府随意公开,将会侵蚀公平竞争的环境,根据美国审计总署调查显示,"在要求获取政府信息的请求中,五分之四是企业为获得竞争者资料的商业操作"③,"由于这种商业利用操作的广泛存在,美国的企业经常发现其向政府递交的信息出现在竞争者企业手中,使得《信息自由法》成为产业间谍的工具"④。由此商业秘密应当成为行政合同信息公开的例外。目前我国的商业秘密主要依据《反不正当竞争法》进行判断,即要求具有秘密性、价值性且经过权利人采取必要的保密措施,而相关的信息公开立法并没有对商业秘密概念进一步予以界定与解释,使得其规定过于简单,直接影响了对商业秘密的判

---

① 例如《计划生育工作中的国际秘密及密级具体范围的规定》、《国土资源管理工作国家秘密范围的规定》等。

② See Executive Order 13526——Classified National Security Information.

③ 李广宇:《政府信息公开司法解释读本》,法律出版社 2011 年版,第 250 页。

④ 高秦伟:《美国政府信息公开申请的商业利用及其应对》,载《环球法律评论》2018 年第 4 期,第 140 页。

断。因此,商业秘密需要细化判断标准,具体而言,涉及以下三种情形之一时,该信息可以由行政合同当事人通过保密协议予以约定,免于公开:第一,经过合理判断可能损害私人主体的竞争力,使其陷入不利地位。其中的"合理判断"要求行政主体与私人主体经过常理判断披露此信息将损害相对人的竞争力就可成立。而这种"不利地位"则有可能对其未来的缔约及商业谈判产生影响,也可能影响其在相应产业中的竞争地位。在具体判断时还应结合行政合同的类型与特性,如定价方法、债务结构或案例融资模型等就可以被认定为商业秘密的范畴而免于公开。第二,将损害行政主体在未来获取相同信息的能力,从而违背公共利益。伯利兹《信息自由法》对此进行了规定。① 在通常情况下,第三人或参与人向行政主体提供保密协议中约定的信息,是相信行政主体能够遵守协议的约定不予披露,但如果这些信息被公开,将导致政府公信力下降,其后遇到类似情形时,行政主体可能就无法获得真实信息而有损于公共利益。第三,其他行政主体与相对人的保密约定。行政主体与相对人的保密约定具有约束力,当事人双方均须信守诺言,不得反复无常。

另外,需要注意的是,商业秘密为相对豁免事项,也就是说,在特定情形下,一些信息即使涉及商业秘密仍需披露。在行政合同的信息公开方面构成商业秘密的例外主要包括以下四个方面内容:其一,已经向公众公开的信息。商业秘密之所以成为行政合同信息公开的例外就是因为其秘密性,如果已经向公众公开过,自然没有保密的必要了。其二,公共利益的需要。当信息涉及商业秘密,公开后可能损害私人主体的合法权益时,行政机关不能完全听从私人主体的意见作出是否公开的决定,而应该权衡公共利益与商业秘密利益,如果公开所带来的公共利益大于私人主体因公开商业秘密所造成的损失,就应当予以公开。其三,私人主体同意公开。如果私人主体基于真实的意思表示同意公开涉及商业秘密的信息,则自然可以公开。其四,政府作出的有关产品或者环境测试结果的信息公开。政府为了实现行政管理有时会对一些产品或者环境进行测试,但是碍于人力及技术方面的限制,往往委托第三方,通过行政合同的方式予以实现,这些信息的及时公开能够为公民提供未来行为的指引,有利于社会的稳定及环境的保护。

---

① See Belize, Freedom of Information Act.

3. 个人隐私

将个人隐私作为政府信息公开的例外是世界各国的通行做法。但是因为个人隐私概念在我国尚不清晰明确,行政机关对于涉及个人隐私的信息是否公开享有较大的裁量权。一些行政机关对于不愿公开的事项可能利用个人隐私不予公开,亦有可能不当公开个人信息,侵害公民的隐私权。在行政合同的信息公开中,如果涉及公民个人的户籍信息、身份证号码、家庭信息、身体信息、通信地址、工作履历、财产状况、机动车号码、奖惩记录等与公共利益无关的个人信息需要通过信息的可分割技术,将其进行遮蔽后再行公开。

四、建立灵活的公开时效制度

时效制度是指行政行为的全过程或其各个阶段受到法定时间限制的程序制度,是行政程序效率原则的具体体现。① 设立这一制度是为了对行政合同信息公开过程的各个环节进行时间上的限制,督促行政机关在法定期限内及时公开信息,如果行政机关未能及时有效公开相关信息,公民便享有救济的权利。因为有关行政合同的信息具有很强的时效性,如果信息没能及时为公民获取,其价值将会削减、效用亦会降低,所谓"迟来的正义非正义",超越法定期限公开信息,实质上是对公民知情权的一种侵害。

如前所述,《政府信息公开条例》第二十六条对于主动公开的信息,规定了统一的 20 个工作日期限,这种一刀切的立法模式并不适应多类型的行政合同的信息公开的要求。笔者认为可以借鉴《PPP 信息公开管理暂行办法》,"根据信息本身的性质和敏感程度,将信息公开方式分为适时公开和即时公开两种方式",并分别对其范围和时限予以详细规定。

就适时公开而言,一般来说适用行政合同文本及合同的修订协议或者补充协议的公开,这主要是考虑行政合同内容一般具有复杂性,适时公开能够给予行政主体和相对人较为充裕的时间准备公开事项,当然,由于适用信息公开制度的行政合同类型不同,而且又具有各自的特点,因此,可以针对不同种类的行政合同制定不同的适时公开时限。例如,因为 PPP 项目合同、政府特许经营协议、招商引资合同往往包含一定的敏感因素,可以将公开时限适当延长

---

① 参见王周户、徐文星:《行政法学》,中国政法大学出版社 2015 年版,第 330 页。

至项目进入到执行阶段的后 6 个月内,以更好地保障相对人的利益;而国有自然资源使用权出让合同和政府采购合同的公开时限则可缩短,财政部《关于做好政府采购信息公开工作的通知》规定,政府采购合同应当自合同签订之日起 2 个工作日内公告,这一规定的时限与《政府信息公开条例》规定的 20 个工作日相差甚远,也与《PPP 信息公开管理暂行办法》中规定的即时公开时限 10 个工作日有所差距,2 个工作日的规定固然是行政效能原则的很好体现,但这一时限是否科学恐怕仍需进一步实践的论证与检验。

就即时公开而言,主要适用于与行政合同文本相关联的事项,如缔约相对方的选择、政府的授权文件、中标的结果、监测报告、中期评估报告、重大违约情况及政府或其职能部门作出的对合同可能产生重大影响的规定、决定等,具体的时限可以借鉴《PPP 信息公开管理暂行办法》的规定,在对应行为作出之日起 10 个工作日。

五、健全行政合同信息公开的责任追究机制

问责是推动政府依法行政的重要措施之一,健全行政合同信息公开的责任追究机制,通过约束和控制行政机关的自由裁量权,规范政府信息公开行为,从而更好地满足公众的知情权。

第一,提升信息公开的问责意识。信息公开的问责意识,不仅是行政机关及其工作人员应该具有的意识,同时也是社会公众应该不断提高的意识。对于行政机关工作人员而言,应该树立"以公开为原则,不公开为例外"的基本思想,通过宣传教育、组织培训、绩效考核等方式提升官员的信息公开责任意识,实现从被动公开到主动公开的转变。对于社会公众而言,也需要树立信息公开的意识,了解自己有权向行政机关提出信息公开申请,当其知情权受到侵害时,有权行使法律赋予的申诉、控告、检举等权利。通过以"权利制约权力",用"权利监督权力"的方式,促进信息公开问责制度的有序发展。

第二,建立配套法律制度。行政问责起源于西方,很多国家对此制定了比较完备的法律法规,其中包括政府信息公开中的行政问责内容,对我国很有借鉴意义。例如,美国颁布的相关法律主要有"《情报自由法》、《阳光下的联邦政府法》和《联邦咨询委员会法》等,而且不仅美国的宪法中包含一些直接有

关政府问责的条款,许多联邦和州的法律亦直接规定了政府问责"①,形成了较为完备的信息公开问责体系。

我国在完善配套法律制度时,应注意实体法与程序法的并行,不仅要规定问责主体、问责对象、问责范围等内容,而且也要完善行政问责的立案、调查、通知、裁决、执行、救济等程序。理顺行政合同信息公开制度的法律体系,尤其注意部门规范性文件与上位法的衔接。另外,要设立专职机构负责,并对权责标准予以明确界定,保障信息公开行政问责的良性发展。

第三,构建多元化的异体问责机制。为确保行政合同信息公开责任追究的制度化与常态化,应当确立多元的问责主体,形成行政机关之外的多元化异体问责机制。美国相关法律中规定的信息公开问责主体不仅包括权力机关、司法机关,也包括民间团体和普通公民。权力机关的问责包括美国《宪法》规定的参议院、众议院的弹劾②和国会根据对行政机关和司法部长提供的年度报告进行审议③两种情况。司法机关问责主要是法院通过司法审查制度监督行政权,实现司法对行政的制约。由此可见,多元化的问责主体能够拓宽和增强监督的范围与力度。我国现阶段适宜确立人大、司法机关、社会公众及新闻媒体等多元问责主体,全方位多角度地约束和监督政府信息公开,弥补同体问责所带来的不及时、不到位等问题。

如果说现在的行政合同信息还处在雾里看花看不清,犹抱琵琶半遮面的情形之中,那么 PPP 项目合同相关信息的公开便宛如一缕阳光,给整个行政合同带来了奇妙的反应。可以预见,随着行政合同信息公开制度的建立,隔在政府与公众之间的那层面纱最终会被扯掉,从而进入到透明化的时代。

---

① Robert.S.Barker,*Government Accountability And Its Limits*,An Electronic Journal of the U.S. Department of State,Volume5,Nunber 2,August 2000.

② 美国《宪法》第 2 条规定:"众议院有弹劾的全权","参议院拥有审讯一切弹劾案的全权"。"弹劾案的判决,以免职及剥夺享受合众国有尊荣、有责任或有酬金职位的资格为限",同时还规定了弹劾的对象包括总统、副总统、联邦最高法院法官等一切合众国的文职官员。参见周亚越:《行政问责制比较研究》,中国检察出版社 2008 年版,第 45 页。

③ 主要是国会根据行政机关和司法部长提交的关于《情报自由法》执行情况的年度报告进行审议,对于违法不公开政府信息的文件加以否定。

第六章　法之安定性原则与行政
合同变更解除制度

　　行政合同有效成立后,当事人应当遵守诚实信用原则,不得随意变更或解除合同。然而,由于行政管理目标、公共利益、客观情况及当事人履约能力等都有可能发生变化,加之人的有限理性,不可能在缔结合同时预见到未来发生的所有情况,这时便需要当事人对合同的内容进行适时的修改与补充,有时甚至解除合同。行政合同的变更解除一般包括行政机关单方变更解除、基于情势变更原则的变更解除及协商一致变更解除。其中,行政机关单方变更解除系行政机关基于公共利益的需要而享有的单方变更解除合同的权力,赋予行政主体这一特权可以使契约精神在维护公共利益这一行政行为目的上发挥作用,从而使特定的行政管理目标得以实现。然而,我国部分行政法学者为了从理论上突出行政合同的特性,存在过于强调单方变更解除权这一倾向,使得行政合同的合意性备受质疑;同时由于公共利益概念的泛化,又导致单方变更解除权在实践中遭到滥用。因此,需要对行政机关单方变更解除权的权力来源及行使条件进行科学界定与严格限制,以有利于行政合同制度的良性发展。情势变更原则作为合同领域的普适性原则既适用于私法合同,也适用于行政合同,尤其是 PPP 合同。因为 PPP 项目合同一般具有资金量大、履行期长、利益涉及面广等特点,容易在履行过程中出现技术发展、政府定价调整、汇率大幅变化、法律政策变化等情况,例如因为 2002 年 10 月《国务院办公厅关于妥善处理现有保证外方投资固定回报项目有关问题的通知》的颁布,使得江苏污水处理厂的项目公司不得不与政府就投资回报率进行重新谈判,上海的大场水厂项目和延安东路隧道项目最终被政府回购;再如,福建泉州刺桐大桥项目、鑫远闽江四桥项目及杭州湾跨海大桥项目均因为政府规划不合理,后期规划变更,出现众多竞争性项目失败。基于此,在行政合同履行过程中,因为客观环境不可预见地发生了显著变化,继续履行将导致显失公平时,赋予当事人双方平等的变更解除权,不仅能够分摊风险,而且亦能够抑制行政主体动用单方变更解除权的冲动。

第一节 行政机关单方变更解除行政合同

行政机关基于公共利益的需要可以单方变更或者解除行政合同已经为多国立法所肯认。这种单方变更解除权与基于情势变更原则的变更解除权源自于私法而为当事人双方共享不同,系行政机关一方的特权,相对人并不享有,且其行使无需经过相对人的同意,属于行政优益权的一种。于 2020 年 1 月 1 日生效的《审理规定》尽管对行政优益权行为的合法性审查、裁判方式及损害补偿进行了规定,但是,由于我国目前对于行政合同中行政优益权的来源问题并没有形成统一的认识,对于行政机关单方变更解除权行使条件的规定亦不甚清晰,使得行政机关在无法律依据的情况下单方变更解除合同,相对人通常会认为行政机关滥用行政优益权,由此引发争议。因此,行政机关的单方变更解除权必须受到法律的控制,否则会导致行政合同与行政命令无异,使其失去对相对人的吸引力。

一、行政机关单方变更解除合同权

(一)行政机关单方变更解除合同权的内涵

在民事合同中,依法成立的合同具有法律上的约束力,任何一方未经对方同意不得擅自改变合同的内容。但在行政合同领域,行政机关享有单方变更解除权,这种单方变更解除权属于行政机关一方的特权,并非与相对人所共享,也是行政合同与民事合同的主要区别。所谓行政机关的单方变更解除权是指行政机关在行政合同履行过程中,因为公共利益的需要而享有的单方变更或者解除合同的权力。其特征主要表现为以下几项:

第一,法定性。行政机关的单方变更解除权属于行政优益权的一种,由于无须征得相对人的同意,容易被行政机关滥用,因此,只有法律规定行政机关具有单方变更解除合同的权力,方能认可该权力的存在。至于当事人约定行政机关享有该权力,是双方平等协商的结果,并未体现出行政权的优益性,故不能认定为行政优益权。

第二,单方性。行政机关的单方变更解除权具有单方性,一则在于该权力为行政机关所独享,相对人并不拥有;二则在于该权力为行政机关单方行使即可发生效力,而无须征得相对人的同意。

第三,有偿性。有偿性要求行政机关行使单方变更解除权时需要偿付相应的代价,即由此给相对人造成的损失应当给予补偿,这种损失补偿权衍生出了"经济利益平衡原则",通过经济利益的平衡可以限制行政机关恣意行使单方变更解除权。

第四,补充性。所谓"补充性"是指行政机关的单方变更解除权并非解决行政合同履行过程中发生争议的首选方式,行政机关不应动辄频繁地行使此项权力。行政合同履行中出现情势变更,应先协商一致变更或解除,或适用基于情势变更原则而变更解除合同,只有在时间紧迫,且严重危及公共利益的情况下,行政机关方享有单方变更解除权。

(二)行政机关单方变更解除合同权的理论依据

1. 行政合同具有行政性

行政合同属于广义的合同范畴,具有合同的一般特征,尊重契约自由与契约精神,准用合同法的一般原理。如果忽视其合同属性,则会使行政合同与行政命令无异,进而失去其存在的意义。然而,行政合同毕竟与私法合同不同,行政性仍然是行政合同的本质属性,尽管行政合同的缔结过程往往通过"合意"的方式予以呈现,但并不能排除其中的行政性因素。行政机关单方变更解除权的行使,是为了更好地实现行政管理目标,引导行政合同的履行向着行政机关所期待的方向发展。[1] 由此可见,行政合同所具有的行政性正是行政机关行使单方变更解除权的理论基础与源泉。

2. 公共利益优先理念

在现代社会,国家角色逐渐转变为扩大参与之合作形态的福利国家,随着

---

[1] 参见余凌云:《行政契约论》,中国人民大学出版社 2006 年版,第 88—91 页。

国家角色的改变,公共服务的概念亦随之扩张,通过契约方式提供公共产品已经成为各国的普遍做法。然而,通过行政合同优质高效地提供公共产品的同时,如何处理好当事人在合同中的约定之间所出现的冲突,便成为行政合同制度中尤为重要的内容。行政合同兼具行政性与合意性,从合意性的角度看,要求合同双方信守合同约定;而从行政性的角度看,公共利益的实现具有优先性,高于合同约定的遵守。如何处理好两者之间的矛盾,也成为各国行政合同制度构建时绕不过的难题。实际上,"特权多少是一国的立法政策选择,但因行政主体在行政合同中代表公共利益,不赋予其一定'特权',而仅遵守一般合同规则恐难实现行政效益的最大化"①。由此可见,赋予行政机关变更、解除合同权是维护公共利益优先必不可少的手段,当公共利益与相对人的私人利益发生冲突时,行政机关有权行使优越于相对人的权力以实现公共利益的优先保护。

诚然,公共利益与私人利益并非水火不容的对立面,而是相互促进的共同体,私人利益正是公共利益的逻辑起点和最终目标,公共利益的最终价值是以个人利益的实现为出发点和终点的,所以说公益优先并不是绝对的,公共利益的实现也不能当然地以牺牲相对人的利益为代价,否则不仅使得相对人失去了参与行政合同的动机,而且亦违背了法治原则。

二、行政机关单方变更解除合同权的法律基础

(一) 域外行政机关单方变更解除合同权法律基础之考察

域外的一些国家和地区在承认行政合同具有合意性的同时,也强调其本身所承载的公共利益,承认行政机关享有单方变更解除合同的权力,只是对其行使的范围、条件等规定有所不同。

1. 法国

法国作为行政合同的"母国",也是行政优益权理论的发源地,其关于行政机关单方变更解除权是依靠长期累积的判例规则建立起来的。行政机关基于公共利益的需要享有单方解除权,一经判例提出便获得了广泛的支

---

① 朱新力:《论行政主体在行政合同中的特权及其性质》,载《学习与思考》1998 年第 9 期,第 34 页。

持,而且这一规则从"19世纪开始就已经被判例反复确认为适用于所有行政合同的普遍规则,而无论其是否写入合同"①。同时,单方解除权也是一项除了"公共利益"之外无需援引其他理由便可启动的行政权力。与单方解除权的广泛赞成不同,单方变更权是伴随着争议在判例中不断发展起来的,它亦是判例法特别保留给行政主体、无须得到相对人同意的权力。行政机关可以单方面地对合同的内容进行调整,只要该调整并不足以改变合同的标的从而构成一个崭新的合同即可。实际上,单方变更权是对行政合同"合意性"的挑战,但是法国的理论界认为,这种单方变更权"并非基于合同的约定产生,而是由于公共服务的持续性,行政主体必须有权采取一切合法、必要的措施,确保行政合同有利于实现公共服务的目标,行政主体基于法律全权享有这种权力"②。另外,无论是单方变更还是单方解除,都需要维系经济利益的平衡。当然,经济利益的平衡并不意味着赔(补)偿能够实现相对人的全部预期利益,也不是仅限于实际损失,而是要试图寻找到预期利益与实际损失之间的平衡,对于具体赔(补)偿数额有异议的,最终决定权归属于行政法官。

2. 德国

与法国相比,德国更强调行政合同的合意性,根据《联邦行政程序法》第60条的规定,当行政合同履行过程中出现显著变更时,平等赋予双方当事人情势变更下的变更解除合同的权利,只有为了避免或消除公共福祉遭受严重不利时,才赋予行政机关单方解除合同的权力。由此可见,德国并没有赋予行政主体基于公共利益的单方变更权,仅规定为了避免或消除公共福利的损害,行政主体享有单方解除合同的权力。

3. 美国

美国对于政府合同的变更和解除规定了一系列程序和强制性条款(mandatory clauses),旨在减少政府合同纠纷的发生。对于政府合同的解除,美国采取与法国和德国同样的做法,即政府可以为了政府利益而随时单方终止合同,这类终止称为"便利政府终止"(Termination for the Convenience of the Gov-

---

① Conseil d'État, Assemblée, 2 mai 1958, Distillerie de Magnac - Laval, Recueil, p.246。转引自李颖轶:《法国行政合同优益权重述》,载《求是学刊》2015年第4期,第42卷,第100页。

② 同上注,第101页。

ernment)。"这种单方解除权是政府的特权,而且对此政府可以自由裁量,只要在作出此决定时表现出诚意(good faith)即可,甚至如果能够在其他地方获得价格更便宜的物品和服务,亦允许政府终止合同。"①当然,出于对相对人的保护,其有权要求政府给予补偿。至于政府合同的变更,首先当事人享有平等的合同变更权,但是如果双方不能就合同变更所产生的期间延长或者附加赔偿问题达成一致时,政府可以发出单方变更通知,要求相对人按照政府决定的延长期间和赔偿数额履行合同,但是这一决定要接受纠纷解决程序规定的审查和诉讼,而且相对人也可以提出异议。②

对比上述三个国家的规定可以看出,法国更强调公共利益的优越地位,行政机关拥有单方变更权和单方解除权,而且这种权利不需要行政合同主体的特别约定,而是来源于行政法的一般原则。由于判例法在法国行政法上的重要地位,行政机关享有的单方变更解除合同权早已为判例法所确认,所以具有判例法上的依据。而德国仅规定行政主体享有单方解除权;美国虽然规定了行政主体具有单方变更权和单方解除权,但是设置了严格的程序规定,且需要接受司法审查。

(二) 我国行政机关单方变更解除合同权之立法例

在我国,法律层面仅规定了行政机关享有单方解除权,如《房地产管理法》第二十条和《土地管理法》第五十八条。在法规、规章及规范性文件层面,关于行政机关变更解除合同权的规定并不一致,具体表现为即使同一领域的立法,也出现不一致的规定。如同样在特许经营领域,有些立法明确规定行政主体享有单方变更解除权,如《青海省市政公用事业特许经营管理条例》第二十条第二款;③而有些立法则仅规定行政主体享有单方解除权,如《北京市城市基础设施特许经营条例》仅在第三十二条第二款规定了因公共利益的需要

---

①　[美]Daniel J.Mitterhoff:《建构政府合同制度——以美国模式为例》,杨伟东、刘秀华译,载《行政法学研究》2000 年第 4 期,第 94 页。

②　同上注,第 93 页。

③　《青海省市政公用事业特许经营管理条例》第二十条第二款规定:"特许经营协议有效期内,特许经营权所依据的法律、法规、规章修改、废止,或者授予特许经营权的客观情况发生重大变化的,为了公共利益和公共安全需要,市政公用事业主管部门可以依法变更或者撤回特许经营权。由此给特许经营者造成财产损失的,应当依法给予补偿。"

行政机关可以单方终止特许经营协议。①

在行政合同的地方立法中,关于行政主体单方变更解除权的规定主要集中在各地方行政程序规定之中,如前所梳理的 15 部地方行政程序规定,除了 4 部规定"行政合同受法律保护,行政机关不得擅自变更或者解除"外,②其他 11 部均规定"因国家利益、公共利益或者其他法定事由,行政机关有权变更或者解除行政合同,由此给对方当事人造成损失的,应当予以补偿"。

(三) 我国行政机关单方变更解除合同权之司法实践体现

笔者在北大法宝中以"行政优益权"为关键词,共搜索到行政案由的案件 195 个,通过逐一分析,笔者发现,目前我国司法实践中广泛承认行政机关单方变更解除这一行政优益权,而且将其作为区别行政合同与民事合同的重要标准。另外,值得注意的是,目前司法实践中一个重要的面向是认同理论界的观点,并不强调基于法定或者合同约定而享有,行政优益权的来源并不明确,主要表现在以下几个方面:

一是尽管有法律的明确规定,也是作为补充理由予以阐述。例如"珠海军安企业(集团)有限公司与珠海高栏港经济区管理委员会等征用补偿行政合同纠纷案"中,珠海市香洲区人民法院认为,高栏港管委会与军安公司签订的《协议书》属于行政协议。作为行政协议一方当事人的行政主体,还同时兼备行政管理者的身份,为了更好实现行政管理目标,维护公共利益,行政主体在协议的履行过程中必然享有行政优益权,故高栏港管委会在《协议书》的履行过程中享有单方解除协议的行政优益权。《中华人民共和国海域使用管理法》第三十条也有明确规定。③ 因此,军安公司诉称高栏港管委会以《决定》的方式提出解除合同超越法定职权,理由不能成立。④

---

① 《北京市城市基础设施特许经营条例》第三十二条第二款规定:"确因公共利益需要,政府可以收回特许经营权、终止特许经营协议、征用实施特许经营的城市基础设施、指令特许经营者提供公共产品或者服务,但是应当按照特许经营协议的约定给予相应补偿。"

② 这 4 部规定分别为《湖南省行政程序规定》《宁夏回族自治区行政程序规定》《汕头市行政程序规定》和《永平县行政程序暂行办法》。

③ 《中华人民共和国海域使用管理法》第三十条规定:"因公共利益或者国家安全的需要,原批准用海的人民政府可以依法收回海域使用权。依照前款规定在海域使用权期满前提前收回海域使用权的,对海域使用权人应当给予相应的补偿。"

④ 参见广东省珠海市中级人民法院(2017)粤 04 行终 150 号行政判决书。

二是认为行政优益权来源于行政合同的基本原则。例如"崔邦安等不服秭归县郭家坝镇人民政府单方解除移民安置合同及要求退回移民安置费行政处理案"中,湖北省宜昌市中级人民法院认为:"按照行政合同的基本原则,行政主体为维护公共利益享有行政优益权,在合同的履行有损于公共利益时,行政主体有权解除行政合同。被上诉人已与崔邦安签订的《移民安置合同》,该合同的履行已有损于公共利益,被上诉人在公证机关撤销合同的公证后,解除与崔邦安签订的《移民安置合同》,在实体上符合行政合同的基本原则。"①

三是认为行政优益权来源于"政府便利的终止"惯例。例如"任亚东不服濉溪县教育局、濉溪县人事局不履行行政义务案"中,安徽省淮北市中级人民法院认为:"涉案培训安置协议性质实为行政合同,基于'政府便利的终止'这一惯例,在行政合同的履行、变更或解除中,行政主体享有行政优益权,有权单方面根据国家和社会公共利益作出变更或解除合同的规定。"②

四是并未说明行政优益权的来源,而是直接作为裁判理由。例如"龙生湖诉锦屏县偶里乡人民政府等行政协议纠纷案"中,贵州省高级人民法院认为:"行政合同订立后,由于公共利益的需要或法律、政策的重大调整,行政主体对行政合同享有单方变更和解除权。本案中,原确定的偶里乡生态移民工程经省发改委批复,调整到锦屏省级经济开发区。据此,本案所涉协议丧失履行的条件,被申请人对该协议享有解除权,故再审申请人要求判决被申请人继续履行该协议的主张不能成立。"③

（四）完善立法明确行政机关单方变更解除合同权

在行政主体与公民、法人或者其他组织缔结的行政合同中,行政主体具有相对独立的双重身份,即行政执法者与行政合同的当事人。而行政主体缔结行政合同的目的也是为了执行行政管理任务或者实现行政管理目的,并尽可能实现公共利益与相对人私人利益的平衡。然而一旦发生危害或威胁公共利益的事项,若不及时作出相应调整或者终止合同的履行,不仅导致公共利益受到重大损失,而且也无法实现行政合同的既定目标。尤其是在 PPP 的背景下,为了保障公共服务的可持续供给,加之一些与政府合作的社会资本方拥有

---

① 湖北省宜昌市中级人民法院(2006)宜中行终字第 00036 号行政判决书。
② 安徽省淮北市中级人民法院(2005)淮行终字第 022 号行政判决书。
③ 贵州省高级人民法院(2017)黔行申 192 号行政判决书。

信息优势,若不加控制可能危及公共安全,因此,赋予行政主体单方变更解除权确属必要。

但是对于行政优益权的来源问题,是必须法定还是可以基于合同约定?目前我国关于行政主体单方变更解除权的规定主要散见于单行法、地方政府规章及地方规范性文件之中,而在司法实务中,法院裁判往往置法律依据于不顾,仅仅以行政合同的理论学说为依据。笔者认为,行政合同是政府职能转变背景下所采取的新型柔性行政管理方式,在此基础上不宜过分强调行政优益权。在 PPP 背景下,重视的是公私双方的伙伴关系,如果过于强调行政主体的特权且不受法律法规的约束,则会赋予行政主体行使行政优益权以相当大的自由裁量空间,导致相对人无法从实体法上找到相应依据与之抗衡。试想如果行政主体仅凭自己的主观判断便可随意行使单方变更解除权,全然不顾契约精神,那么必然会挫伤社会资本方缔结履行行政合同的信心与热情,进而影响公私合作的进程。另外,如果当事人双方在合同中约定行政主体享有单方变更解除权,这种约定是双方平等协商的结果,并未体现出行政权的优益性,因此并不属于行政优益权。《审理规定》对于上述问题进行了回应,明确对行政优益权行为进行合法性审查,从而确保"法无授权不可为"原则的落实。综上,我国应当借鉴德国的做法,明确单方变更解除权这一行政优益权的来源法定,这样不仅使行政合同更多地体现政府谦抑原则,亦有益于保障相对人的利益。

三、行政机关单方变更解除合同的行使条件

行政机关的单方变更解除合同权系行政机关所拥有之特权,不仅会对行政合同的合意性产生影响,而且与全面履行原则不无冲突。尤其是在 PPP 背景下,强调合作共赢,行政机关单方变更解除合同权的行使亦可能打击社会资本方的投资积极性,不利于 PPP 的良性发展。于此,必须谨慎对待行政机关的单方变更解除权,对其行使条件给予严格规范。多数学者认可公共利益的需要作为重要的行使条件,但是对于如何判断公共利益并未作进一步之探讨,也有学者提出符合法律规定及国家利益实现与迫切需要等条件。前述笔者所梳理的我国相关立法以"国家利益、公共利益、其他法定事由"为基本条件,2015 年 5 月 1 日实施的《适用解释》第十五条第三款规定了"公共利益的需要

和其他法定理由标准"，①2020 年《审理规定》第十六条和第二十一条又去掉"其他法定理由"，仅仅确定了"国家利益和社会公共利益的需要"标准。那么，除了国家利益与社会公共利益之外，是否还应包括其他法定事由？如若包括其他法定理由又包括哪些？国家利益与公共利益如何进行区分？何种情况下的单方变更解除系满足国家利益与社会公共利益的需要？国家利益与社会公共利益是否需要法律规定？一系列的问题亟需进一步明确。

（一）国家利益与公共利益的关系

国家利益是概念十分复杂，单是国家就可以从国际法和国内法两个维度理解。国际法上的"国家"按照李斯特的定义是"定居在一定的领土而结合于一个独立自主的权力之下的人的集体"②。而国内法上的"国家"与国际法上的大为不同，凯尔森从纯粹法学观点出发，认为国家是作为一个社团存在的，而且是一个具有规范性秩序的特殊的社团，是由国内的法律秩序创造的共同体。③ 由此，在国内法的意义上，国家系由一定成员所组成的共同体，那么国家利益自然便是国家这个政治共同体作为一个整体所拥有的利益。

公共利益概念最重要的特征就在于其受益对象的不确定性，纽曼（F.J. Neumann）提出公共利益具有开放性，是一个不确定多数人的利益。④ 基于此，我们可以发现，国家利益与公共利益在内涵和外延上确实存在一定的交叉，对于二者之间的关系有学者认为："国家利益属于公共利益的范畴之内，公共利益是上位概念，国家利益是下位概念。"⑤史尚宽教授也认为："在日本民法不用公益二字，而易以公共福祉者，盖以公益易解为偏于国家的利益，为强调社会性之意义，改用公共福祉字样，即为公共福利。其实，公共利益不独是国家的利益，社会的利益亦包括在内。"⑥

---

① 《适用解释》第十五条第三款规定："被告因公共利益需要或者其他法定理由单方变更、解除协议，给原告造成损失的，判决被告予以补偿。"

② 周鲠生：《国际法》，武汉大学出版社 2009 年版，第 62 页。

③ 参见［奥］凯尔森：《法与国家的一般理论》，沈宗灵译，中国大百科全书出版社 1996 年版，第 203 页。

④ 参见陈新民：《德国公法学基础理论》，山东人民出版社 2001 年版，第 185—186 页。

⑤ 蔡乐渭：《土地征收中的公共利益问题研究》，首都师范大学出版社 2011 年版，第 101 页。

⑥ 史尚宽：《民法总论》，台北正大印书馆 1980 年版，第 31 页。

国家利益也并非当然为公共利益,按照马克思的观点,国家是为统治阶级服务的,国家利益真正体现的是统治阶级的利益,由于统治阶级并非占据社会中的多数人,所以国家利益并不必然为公共利益。只有国家在行使社会管理职能,服务公众时,如维护安全与稳定、建设公共设施时,国家利益才属于公共利益。在马克思的概念体系中,国家是"从社会中产生但又自居于社会之上并且日益同社会相异化的力量"①,从这个概念上分析,马克思将国家等同于政府,而并非共同体。另外,我们常常所理解的国家除了共同体之外,有时也指国家机关,因此,这时的国家利益就可能为国家机关的利益,而非国家这个共同体的利益,也就不是公共利益。另外,国家除了作为政治共同体之外,还作为独立的法律人格存在,当国家以法人资格参与到民事法律关系中来时,很难说其所代表的利益为公共利益。

(二) 司法实践中对于"其他法定理由"的认定

2015 年 5 月 1 日实施的《适用解释》施行前,规定单方变更解除权的行使条件的相关立法以地方政府规章和地方规范性文件为主,法律位阶较低,且所涉行政合同种类有限,故法官通常依据行政合同基本理论进行裁断,裁量空间较大。《适用解释》实施后,明确规定了单方变更解除权的行使条件,但"其他法定理由"仍然给予法官一定的裁量自由。尽管 2020 年《审理规定》取消了"其他法定理由"这一条件,但是我国的地方立法中对此仍然进行了明确规定,而且从法院的审判实践来看,对"其他法定理由"的认定颇为丰富。因此,在探究单方变更解除权的行使条件时,仍然需要对此问题进行详细梳理,具体包括以下情形:

第一,行政管理目的的需要。例如在"江苏省南通市通州区张芝山镇人民政府与陈宏等拆除违法建筑行政纠纷案"中,一审法院认为:"张芝山镇政府为了实现行政管理目标,要求陈宏、陈叶将相关房屋和其他设施交付拆除,给予陈宏、陈叶补偿残值回购款及搬迁费用,表明张芝山镇政府享有行政优益权,可以单方改变、解除协议。"②

第二,符合法律规定。如在"朱仕勇诉福建省宁化县教育局教育行政合

---

① 《马克思恩格斯选集》第 4 卷,人民出版社 2012 年版,第 187 页。
② 江苏省如皋市人民法院(2016)苏 0682 行初 15 号行政判决书。

同案"中,一审法院认为,被告宁化县教育局辩称因国家法律政策发生变化,并举出国务院和省政府有关文件,但其主要内容并没有规定应先达到大专以上相关学历才能安排就业,不能作为被告单方变更合同的依据。①

第三,违反合同约定。如在"中宁县国土资源局与中宁县宁鲁中学建设用地使用权合同纠纷上诉案"中,宁夏回族自治区中卫市中级人民法院认为,国土局与宁鲁中学签订的《中宁县宁鲁中学(民办)建校用地协议》,具有行政法上的权利义务关系。该协议约定了"宁鲁中学保证在使用期内将上述土地用于办学和教育教学活动,不将场地、所属建筑物等改作他用,不改变用途,不出租转让或用于其他任何活动,使用期内和使用期满后宁鲁中学擅自改变用途,国土局将收回土地并没收地上所有建筑物和附属设施"内容。宁鲁中学违反了上述约定,国土局可以单方变更解除协议,并具有一定的制裁权。②

第四,虚假行政合同。如在"乐塘坪组、李卫宇诉永州市零陵区国土资源局土地行政征收案"中,湖南省永州市中级人民法院认为:"上诉人与被上诉人签订的征地协议属于明显的虚假合同,被上诉人零陵区国土资源局作为行政主体签订该协议,并实施行政管理,在对自己合同履行过程中发现了问题,有权对该协议进行单方变更和解除。"③

第五,不能违背诚实信用原则。在上文提到的"崔龙书诉丰县人民政府行政允诺案"中,法院将不能违背诚实信用原则作为"公共利益的需要"和"不得与法律规定相违背"之外行使行政优益权的条件。

综上,法院对于"其他法定理由"认定呈多样化的态势。然而,行政机关单方变更解除权行使条件究竟有哪些?上述"法定理由"是否均适宜成为单方变更解除权的行使条件?或者说这些"法定理由"是仅与单方变更解除权这一行政优益权的特性相契合,还是普遍适用于民事合同的法定解除?这些问题需要我们对行政机关单方变更解除合同的行使条件进一步研究之后方能得出答案。

(三) 法律规定的公共利益系行政机关单方变更解除合同权行使的实质条件

公共利益是行政机关单方变更解除权的重要支点,如果抽去公共利益的

---

① 参见福建省宁化县人民法院(2000)行初字第 16 号行政判决书。

② 参见宁夏回族自治区中卫市中级人民法院(2017)宁 05 民终 270 号民事裁定书。

③ 湖南省永州市中级人民法院(2014)永中法林行终字第 9 号行政判决书。

考量,该权力便不再具有正当性。英国的一个判例曾指出,如果出现考虑公共利益的因素,因其高于一切,故政府合同可能会丧失执行力。① 所以,应当赋予行政机关单方变更解除合同的权力,以防止继续履行原合同对公共利益所造成的损失。基于此,我国的相关立法也均以"公共利益的需要"作为单方变更解除权的基本条件。然而,由于利益内容及受益对象具有不确定性,公共利益这一不确定法律概念在个案中的解释适用并不存在唯一预设的正确答案。因此,要探讨行政机关单方变更解除权的行使条件,需要从法律规范入手,在符合法律解释规则的基础上作出判断。

我国 1954 年《宪法》首次出现"公共利益"概念,其后多部法律法规对其进行了规定,但是真正以立法形式界定公共利益并具象化类型的是《国有土地上房屋征收与补偿条例》,该条例第八条明确将"国防和外交""基础设施建设""公共事业""保障性安居工程建设"及"旧城区改建"等纳入公共利益的范畴。尽管这几种类型的表述过于笼统,仍需进一步细化,但其对公共利益类型化的创举值得肯定,而且为涉及房屋征收行政合同中行政机关单方变更解除权行使是否符合公共利益提供了法律依据。

2015 年《适用解释》规定"行政机关单方变更解除权行使的条件为'公共利益的需要或者其他法定理由'"。按照文义解释,这一行使条件中的公共利益存在两种理解:一是公共利益的需要与其他法定理由为并列关系,也就是说公共利益的需要并不是法定理由,无需法律的预先规定,法院可以根据个案事实进行判定。二是公共利益的需要与其他法定理由为包含关系,换言之公共利益的需要本身就是法定理由的一种,个案中的公共利益须以现有的法律为依据。2020 年《审理规定》在确定单方变更解除权的行使条件为"国家利益和社会公共利益需要"的同时,明确要求对行政优益权行为进行合法性审查。基于此,并结合上文行政优益权来源法定的分析,笔者认为,行政机关单方变更解除权的基本行使条件为"法律规定的公共利益的需要"。

那么,接下来的问题便是对于"法律规定"中"法"的理解。通常而言,法按照不同的效力位阶可以分为宪法、法律、行政法规、地方性法规、规章和规范

---

① See Peter Leyland & Gordon Anthony, *Textbook on Administrative Law* (5th *Edition*) , Oxford University Press , 2005 , p.494.

性文件等,对于涉公共利益规章以上为法定理由理论界争议并不大,关键是法律规定是否包含规范性文件。有学者旗帜鲜明地提出了反对意见,认为"由于单方变更行为涉及行政协议相对方的切身利益,原则上规章以下的规范性文件不应作出限制当事人合法权益的规定"①。但是,笔者并不赞同此观点,原因在于:首先,规范性文件虽然不是行政立法,但作为一种抽象行政行为,它把政府管理纳入法治轨道,彻底改变了人治局面。再加上我国目前的行政法制并不完善,各地区的政治、经济、文化发展又极不平衡,日常行政管理实践中经常会涌现出一些不带有普遍意义却又亟需解决的问题,此时的规范性文件便具有不可替代的优势与作用。其次,《行政诉讼法》第三十四条明确了规范性文件可以成为行政行为的依据,可以说为规范性文件在行政机关行使单方变更解除权的法律适用方面扫清了障碍。再次,如前所述,在我国司法判例对于单方变更解除权认同理论界的观点,行政机关拥有较大的自由裁量权,如若现在排除规范性文件的适用,则对行政机关单方变更解除权的行使条件规定过于严苛,不仅有违循序渐进的立法步骤,而且也容易降低行政效率。最后,目前已有的法院判例亦对行政主体适用规范性文件进行单方变更解除行政合同予以认可。例如在"刘岩兴诉嵊州市水利水电局行政赔偿案"中,浙江省诸暨市人民法院"根据《嵊州市采砂管理专项整治工作实施方案》这一地方规范性文件的相关规定,认为被告嵊州市水利水电局未履行顺延涉案 2 号标段采砂权期限的行为,系因公共利益需要,并不违法"②。

(四) 相对人违反合同约定并非行政机关单方变更解除合同的行使条件

中宁县国土资源局与中宁县宁鲁中学建设用地使用权合同纠纷案中,法院认可中宁县国土资源局因宁鲁中学违约而享有单方变更解除的权力。《西安市行政程序规定》第九十三条第二款和《海北藏族自治州行政程序规定》第一百三十条第二款对此也作出了规定。③ 针对缔约人违法是否构成单方变更

---

① 袁杰:《中华人民共和国行政诉讼法解读》,中国法制出版社 2014 年版,第 214 页。

② 浙江省诸暨市人民法院(2015)绍诸行初字第 202 号行政判决书。

③ 《西安市行政程序规定》第九十三条第二款规定:"公民、法人或者其他组织违约,没有必要由其继续履行行政合同的,行政机关可以单方解除行政合同,但应当及时通知当事人,并说明理由。"《海北藏族自治州行政程序规定》第一百三十条第二款规定:"公民、法人和其他组织违约,没有必要由其继续履行行政合同的,行政机关可以单方解除行政合同,但应当及时通知当事人,并说明理由。"

解除合同的条件,理论存在两种不同观点,一种观点将相对人严重违约时行政主体的解除权视为一种行政特权,认为当相对人有严重过错时,行政主体因制裁而享有单方解除权。① 另一种观点则认为:"将相对人严重违约时行政主体的解除权视为行政特权系混淆了普通契约权利和行政权的关系。无论行政主体还是相对人在违约时,另一方当事人均有权解除契约,这是契约制度的基本规则,与特权无关。"②那么,相对人违反合同约定是否是行政机关单方变更解除权的行使条件? 如果不是,那是否有必要在行政机关单方变更解除权外再增加一项制裁性的单方解除行政合同权力?

1. 相对人的违约行为不是行政机关单方变更解除权的行使条件

单方变更解除权是行政机关基于公共利益的需要而享有的单方变更解除合同的权力,虽然为行政机关的特权,但其行使的前提条件是要确保财务平衡,也就是说,只有在补偿相对人因变更或解除行政合同所遭受损失的前提下才能行使。而如果相对人违约,因为是相对人的过错,行政机关行使解除权时不仅无须向对方补偿损失,反过来相对人须向政府支付赔偿金。在法国,行政机关的特权包括单方变更解除权、对合同履行的指挥权和制裁权等,其中相对人严重违约时的解除权系制裁权的一种,王名扬教授也认为:"行政机关因实施制裁而解除合同和行政机关因公共利益需要而解除合同不一样,因制裁而解除合同时,不给对方当事人任何补偿。"③因此,尽管相对人严重违约时的解除权与单方变更解除权同属行政主体的特权,但是两者在是否给予相对人损失补偿方面存在很大不同,故相对人违反合同约定并不能成为行政机关单方变更解除权的行使条件。

2. 相对人严重违约可通过行使法定解除权惩罚而无须设置制裁性的单方解除行政合同特权

域外的法例一般都承认相对人严重违约时,行政机关享有解除权。例如,法国重视行政合同的公共服务特征,强调公共利益的优越地位,由此法国将相对人有严重过错时行政主体的解约权视为行政优益权的一种,以实现对相对

---

① 参见王名扬:《法国行政法》,北京大学出版社 2016 年版,第 153 页;殷志诚:《行政契约中行政主体"特权"的再认识》,载《行政法学研究》2003 年第 2 期,第 75 页。

② 步兵:《行政契约履行研究》,法律出版社 2011 年版,第 129 页。

③ 王名扬:《法国行政法》,北京大学出版社 2016 年版,第 153 页。

人的制裁。在美国，如果相对人严重违约，政府可以作出因不履行而终止的决定，同时有义务通知相对人，并给予其解释或者改过的机会。① 我国的相关法律法规对此并未作出规定。实际上，民事合同的当事人因对方违约也可享有法定的解除合同的权利，只是其与行政主体行使行政优益权解除合同的法律后果有所不同。民事合同的一方当事人行使法定解除权后，如果对方有异议，需要请求人民法院或仲裁机构确认解除合同的效力；而行政机关行使制裁权解除合同的行为属于行政行为的一种，直接对相对人发生法律效力。如果相对人有异议，法院经审理后认为确系解除行为不合法的，须撤销该行为。

那么，在我国是否有必要在行政机关单方变更解除权外再构建制裁性的单方解除权？要回答这一问题，首先需要对我国目前行政合同中相对人严重违约而导致合同解除的情形进行梳理与总结，通常而言，主要包括以下三种情况：

第一，"因一方当事人的预期违约而解除行政合同"。预期违约是私法契约规则中的法定解除合同情形，在预期违约的情况下，无论是明示毁约还是默示毁约，都表明毁约当事人并不愿接受合同的约束，也表明该当事人具有了完全不愿受合同约束的故意，②此时合同于他而言已经形同虚设，而且其实际上已经剥夺了对方当事人依据合同所应获得的利益，从而使合同目的无法实现。因此对方当事人无须证明是否已经造成严重的损害后果，即享有解除合同的权利。预期违约作为私法合同的法定解除情形同样适用于行政合同，我国的司法实践中就有类似的裁判。在"即墨市国土资源局与庞某某土地使用权出让合同纠纷案"中，二审法院认为："上诉人即墨市国土资源局与被上诉人庞某某之间缔结的土地使用权出让合同有效。本案中，涉案土地至今未能办理供地手续，上诉人与被上诉人双方签订的国有土地使用权出让合同客观上不能履行，原因在于上诉人，被上诉人要求解除合同、返还土地出让金等费用并要求赔偿损失，应予支持。"③

第二，"一方迟延履行主要债务，经催告后在合理期限内仍未履行"。需

---

① 参见［美］Daniel J.Mitterhoff：《建构政府合同制度——以美国模式为例》，杨伟东、刘秀华译，载《行政法学研究》2000 年第 4 期，第 94 页。

② See G.H.Treitel, *Remedies for Breach of Contract*, Oxford, Clarendon Press, 1988, p.125.

③ 山东省青岛市中级人民法院(2016)鲁 02 民终 10051 号民事判决书。

要注意的是,并非所有的迟延履行情况均可解除行政合同,而应当是未履行主要义务,并非次要义务,主要义务与次要义务需要根据行政合同的内容来确定。通常而言,行政合同约定的主要义务是具有重要地位的义务,而且要求权利人在合理期限内进行催告,否则其不享有解除行政合同的权利。此种解除行政合同的典型案例为"华夏电源集团有限公司诉乐安县国土资源局建设用地使用权出让合同纠纷案","2011 年 6 月,乐安县国土资源局与华夏电源集团有限公司签订了国有建设用地使用权出让合同,之前华夏电源集团有限公司按《出让须知》的要求向乐安县财政国库中心交纳了 30,000,000 元竞买保证金",根据合同第 30 条的约定,受让人如果不能支付土地使用权出让价款超过六十日的,出让人有权解除合同。由于华夏电源集团有限公司长期未交纳剩余土地出让金,2013 年 12 月 18 日,乐安县国土资源局将该土地使用权再次拍卖转让给了江西万明实业有限公司,并于 2015 年 11 月 30 日依据国土资源部的《关于加强房地产用地供应和监管有关问题的通知》中"受让人逾期不签订合同的,终止供地、不得退还定金。已签合同不缴纳出让价款的,必须收回土地"的规定和出让合同及出让须知的规定,作出了乐国土行处字〔2015〕第 1 号行政处理决定,对华夏电源集团有限公司交纳的 30,000,000 元定金不予退回。华夏电源集团有限公司对该行政处理决定提起行政诉讼。江西省抚州市中级人民法院认为,国有土地出让合同系行政协议,华夏电源集团有限公司一直未向乐安县国土资源局交纳土地出让金,其存在违约行为。之后,乐安县国土资源局于 2013 年 12 月 18 日将该土地使用权再次拍卖转让给了江西万明实业有限公司,实际上是以其行为行使合同解除权,虽未及时通知华夏电源集团有限公司,但其行为并不违约。综上,乐安县国土资源局作为土地管理部门有权解除合同。①

第三,"当事人一方迟延履行债务或者有其他违约行为致使不能实现合同目的"。如果时间因素对缔约目的的实现至关重要,违反了履行期限将导致行政合同目的不能实现,则无须经过催告程序,便可以解除行政合同。至于有其他违约行为致使不能实现合同目的的情况,实际上赋予了非违约方在违约方的违约已经构成根本违约的情况下解除行政合同的权利。如最高人民法

---

① 参见江西省抚州市中级人民法院(2015)抚民一初字第 19 号民事判决书。

院《关于审理涉及国有土地使用权合同纠纷案件适用法律问题的解释》第六条规定："受让方擅自改变土地使用权出让合同约定的土地用途,出让方请求解除合同的,应予支持。"

综合上述对相对人严重违约情形的梳理可以看出,我国目前的相关立法及司法实践并没有强调制裁性的单方解除权,而主要是在民事合同法定解除权的框架下解决这一问题的。笔者也赞同这一思路,主要原因在于:一则我国的行政权素来强大,直到今天仍然有民法学者对行政机关单方变更解除行政合同等行政优益权充满质疑,而且行政机关在行使单方变更解除权时拥有过大的自由裁量空间,如果相对人严重违约可通过行使法定解除权予以惩罚,则不仅可以避免民法学者与行政法学者的再次论战,更重要的是能够体现行政行为谦抑性。二则合同性为行政合同的重要特征,在进行具体的制度设计时应充分考虑这一特性。制裁性的单方解除权属于行政权力,如果根据合同的约定或者法律规定,当事人通过行使约定或法定解除权能够很好地解决违约责任,并能更好地保护相对人的合同权益时,便无须动用合同以外的行政权力。

四、相对人一方的权利保障

(一) 相对人一方的程序保障

行政机关单方变更解除权属于行政权的组成部分,一旦被滥用,不仅会损害相对人的权益,而且也可能给公共利益造成难以挽回的损失。行政程序具有制约行政权力和保护公民权利的功能,可以使行政权力的行使更加合乎理性。然而我国并未出台"行政程序法",对于行政主体行政程序性义务规定较少,造成行政相对人的程序性权利缺失,这也是造成目前我国行政合同中单方变更解除权滥用的主要原因。因此,需要对行政机关单方变更解除权行使的法定程序进行科学设计,以实现对相对人一方的程序保障。

其一,协议前置程序。行政合同具有合同属性,需要尊重契约自由与合意,故行政机关在行使单方变更解除权前,应当首先与相对人进行协商,充分沟通达成一致意见以适应变化了的新情况。在法国,这一程序被称为"协议先行原则",法国强调公益优先,行政机关的单方变更解除权来源于行政法的一般原则,但尽管如此,如果合同内有直接规范该权力的条款,则行政机关必须遵守相关条款的约定方能行使该权力。换言之,原被视为法定的单方变更解除权,并非不能透过双方合意而达成共识,这样就可以大幅减缓该权力对"契约必须遵守原则"所造成的损害。"事实上,在大部分的案例中,人民与缔约机关皆会对此问题详加研究后,将其订入契约条款中。"①当然,"由于单方变更解除权源自于行政机关的法定职权,故虽然可以约定其行使范围,但是当事人双方的约定不得逾越行政机关的职权"②。另外,即使合同中并没有单方变更解除权的约定,行政机关基于公共利益的需要必须行使此权力时,原则上也会先行与相对人沟通协商。除非时间异常紧迫,否则行政机关不能完全不顾相对人的反应,而恣意、专断地行使该权力。

所以说,除非时间急迫,否则行政机关在行使单方变更解除权前,协商应当是优先选择,这样不仅符合行政合同的目的,而且能够比较好地照顾相对人的利益,从而使"变更解除由单方的特权行为转化为协商一致的契约行为,从僵硬的、易于异化的行政命令重新回复为富有弹性的合意行为"③。

其二,事先告知和说明理由程序。行政机关在行使单方变更解除权时,应当告知缔约相对方,而且原则上应当以书面形式为之。例如美国变更政府合同必须采用正式的书面合同变更书(Contract Modifications)形式,德国行政机关单方解除行政合同亦须采用书面通知的方式。事先告知程序可以使相对人及时了解合同变更解除的情况,有利于相对人适时维护自身的合法权益。

行政机关在行使单方变更解除这一行政优益权时,还应当向相对人说明行使这一权力的事实及法律依据,这样不仅能够较好地防止行政恣意,而且增加了该权力行使过程的透明度,有利于保障缔约相对方的合同权益。

其三,听证程序。行政合同系当事人双方合意的产物,即使是为了公共利益需要而变更解除合同,亦须提高相对人的可接受度。因此,行政机关在作出单方变更解除合同决定前,应当听取相对人的意见。如果涉及重大公共利益,或者对相对人有重大影响的,还应当举行听证。通过这一程序,不仅能够对行

---

① 陈淳文:《论行政契约法上之单方变更权——以德、法法制之比较为中心》,载《台大法学论丛》第34卷第2期,第244页。

② 陈淳文:《论行政契约法上之单方变更权——以德、法法制之比较为中心》,载《台大法学论丛》第34卷第2期,第245页。

③ 步兵:《行政契约履行研究》,法律出版社2011年版,第121页。

政机关的单方变更解除权进行必要的限制,提高相对人的接受程度,而且还能够使公共利益的判断更加合理与周全。

(二) 相对人一方的实体补偿救济

行政机关单方变更解除权的行使本质上损害了相对人的信赖利益,因为相对人基于对行政机关权威性及公平性的信赖而与之签订行政合同,并随之进行了资本的投入,行政机关行使单方变更解除权给相对人造成损失的,理应予以补偿。也就是说,一旦行政机关行使其单方变更解除权,随之而来的便是行政合同相对人补偿请求权的行使。这不仅是行政机关行使此项优益权的代价,也是平衡行政机关与相对人之间利益关系的最为有效的手段。从另一个角度而言,通过对相对人的损失补偿,也反过来限制行政机关恣意行使行政优益权。

这种对相对人的损失补偿权衍生出来的"经济利益平衡原则"在法国表现得最为典型。在法国,行政合同缔结之后,行政机关单方变更解除合同的,相对人便因此取得"统治者行为补偿权",当事人请求补偿的范围为因统治者行为而增加的全部负担。需要注意的是,这种补偿并不能涵盖相对人的所有期待利益,也不仅仅是确保其没有现实损失而不考虑收益,而是试图寻找到"预期收益"与"实际损失"之间的一个均衡点。当然,对于补偿的确切数额需要具体案件具体分析,且不同的人运用不同方法所得结果往往并不相同,因此当数额认定发生异议时,行政法官享有最终决定权。[1] 在美国的政府合同制度中,也对政府单方解除合同的补偿范围作了明确规定,包括相对人为履行合同已经付出的成本、已经付出成本所产生的预期利润以及终止合同的和解费。[2] 我国虽然立法上多规定了行政合同单方变更解除权行使后的补偿权,但在行政合同实践中,对于补偿标准并不明确,行政机关对于相对人的补偿远远达不到相对人的实际损失额,由此产生的纠纷亦屡见不鲜,不利于契约价值的实现。

行政机关单方变更解除合同给相对人造成的损失与相对人的过错无关,因此法国行政法院的相关判例特别强调行政机关必须完整补偿相对人因之所

---

[1]　参见李颖轶:《法国行政合同优益权重述》,载《求是学刊》2015 年第 4 期,第 101—102 页。

[2]　资料来源于 Carol Park-Conroy & Sanderson Hoe 在 2018 年 6 月 5 日中国政法大学法治政府论坛第 110 期关于《行政协议的美国经验》的讲座内容。

受的损失。这与不可预见理论中的补偿原则不同,"在不可预见理论中,合同内容并未改变,原始合同的平衡状态亦未被打破,而且造成相对人的损失系无法预见的意外情况,而非源自于行政主体本身的行为"[①]。行政主体基于公共服务的继续性原则,为了公共利益的需要,与相对人分摊风险,此种补偿的目的意在避免因外力因素造成相对人的过度负担,通常行政机关会承担这种不可预料风险的大部分(80%—95%)。然而,单方变更解除权所造成的损失,则需要行政机关以完全补偿为原则,以实际损失为起点,包括相对人已经支付的费用、已完成工作的报酬及已经所付出成本的预期利润。

第二节 基于情势变更而变更解除行政合同[②]

情势变更原则滥觞于私法并逐渐向公法领域扩张与演变,然则尽管行政合同与民事合同均具合意属性,但当事人双方的权利义务配置明显不同,于是在情势变更原则的适用方面便存在差异。同时,由于行政合同一方当事人为行政主体,其在履行过程中往往更容易发生情势变更,如国家政策、法规规章的修订,行政区划与行政规划的变化以及不符合公共财政预算支出程序规定等都可能构成情势上的重大变化,从而导致行政合同的变更或者解除。赋予行政协议当事人基于情势变更而变更解除合同权,能够在一定程度上抑制行政机关单方变更解除权的恣意行使,有利于合同双方进行协商,可以说是对行政合同的"合同性"有力维护。基于此,确有必要将情势变更原则的适用纳入行政合同的制度设置之中。德国《联邦行政程序法》第60条[③]对此原则进行

---

① 陈淳文:《论行政契约法上之单方变更权——以德、法法制之比较为中心》,载《台大法学论丛》第34卷第2期,第243页。

② 本节主要内容已经发表,详见冯莉:《论情势变更原则在行政协议履行中的适用》,载《经贸法律评论》2021年第5期。

③ 德国《联邦行政程序法》第60条规定:"(1)确定合同内容所依据的关系,如在合同成立后作出显著变更,以致遵守原合同对当事人一方不合理的,该当事人可要求将合同内容作出符合变更关系的调整,或不能调整或对合同当事人一方不合理的,作出解除合同通知。为避免或消除公共福利遭受严重不利,行政机关也可作出解约通知。(2)解约通知须以书面作出,法规另有规定的,依其规定。通知内应说明理由。"

了规定,法国透过行政法院判例确立了不可预见理论,将情势变更原则纳入行政协议案件审理之中。

　　然而,我国目前在立法上仅有一些地方行政程序规定、地方行政机关合同管理规定和地方政府合同管理办法中对情势变更原则进行了规定,而且规定得较为粗疏和原则,其中对于情势变更的行使主体与适用情形等核心问题语焉不详。于 2020 年 1 月 1 日起施行的《审理规定》第十七条尽管对于原告解除行政合同进行了规定,但是仅限于人民法院认为符合约定和法定解除情形且不损害国家利益、社会公共利益和他人合法权益的情形,并未将情势变更所导致的合同解除涵涉其中。那么,行政合同适用情势变更原则的正当性基础是什么? 行政合同与民事合同适用情势变更原则有哪些不同之处? 行政合同适用情势变更原则的构成要件是什么? 具体的适用情形又有哪些? 本章尝试通过相关立法梳理、域外借鉴以及司法案例分析对上述问题进行较为深入的探究与阐释。

一、情势变更原则在法安定性中之角色定位

(一) 情势变更原则的内涵

　　依据通说,情势变更原则源自 13、14 世纪的《优帝法学阶梯注解》,到 16、17 世纪自然法极为流行时期达到鼎盛。然而,由于该原则的概念并不确定,18 世纪后期,遭到滥用,损害了法律秩序的稳定性,其在法学理论上逐渐被学者及立法者所摒弃。尤其是其后继起的分析法学派更为重视实证法,主张形式正义、法安定性,极大地适应了资本主义自由竞争时期的经济发展,致使情势变更原则愈失其重要性。① 第一次世界大战后,由于各国的经济和社会状况陷入极度混乱之中,市场情况发生剧烈变化,致使许多合同无法依约履行,许多国家出现了"法律不足"的现象。正是在这样的背景下,为了谋求对各种法律关系加以协调适应,维护经济流转的正常秩序,"情势变更原则在法学理论研究和实务适用上再次复苏"②。所谓情势变更原则,是"指当事人间的法律关系发生后,因不可归责于当事人的事由而发生非当初所得预料的重大变

---

① 参见城仲模:《行政法之一般法律原则(一)》,三民书局 1999 年版,第 277 页。

② 彭凤至:《情势变更原则之研究》,五南图书出版公司 1986 年版,第 1 页。

化,如果仍然贯彻原定的法律效力,则显失公平,根据诚实信用原则,当事人可以对法律关系予以适当调整"①。从世界范围来看,情势变更原则已经被现代社会多数国家的法律所接受,其不仅为大陆法系国家所普遍采纳,英美法系也采用"合同落空"的表述来解决合同基础丧失的问题。② 我国《民法典》第533条亦对此进行了规定。

由于情势变更原则在法的价值上追求公平与维护当事人利益,因此,在行政合同变更解除制度中应当引入该原则。德国《联邦行政程序法》对此进行了规定。当然,需要注意的是,情势变更原则在行政合同变更、解除制度中的适用以没有侵害公共利益为限,如果情势上的变化使得继续履行原合同将损害社会公共利益时,行政主体便可以行使单方变更解除权。

(二) 法安定性的内容

"人类为了对抗不规则和不可预知的未来,需要通过制定法律规范来寻求秩序的稳定,由此,建立秩序与要求秩序安定,乃系人类的根本需求。此种需求,在法律的框架下,就成为对法律安定性的要求。"③因为追求法的安定性不仅可以使人们的生活更加有秩序有保障,而且亦能避免因新事物的出现或突然的变动所造成的不利益。所以说,法的安定性是重要的法的价值之一,亦是法学理念的重要成分。④ 法安定性的内容通常是指藉由法律所达成之安定,也称为不可破坏性或稳定性,对于其要素,学说上的列举主要有:(1)秩序之安定性;(2)法律之不可破坏性与可实现性;(3)法律之和平性;(4)法律之稳定性等。⑤

(三) 情势变更原则对法安定性的调整

第一,情势变更原则系对法安定性的调整,亦是实现实质正义的具体方法。人类制定法律规范以约束社会生活,其主要目的在于追求人民生活的安定与社会正义的实现。从法安定性的角度而言,法律制度对于当事人之间权利义务的规范,是为了保障和促使其行使权利及履行义务。然而由于人的有

---

① 城仲模:《行政法之一般法律原则(一)》,三民书局1999年版,第277页。
② 参见隋彭生:《合同法要义》,中国政法大学出版社1997年版,第253页。
③ [美]博登海默:《法理学——法律哲学与法律方法》,邓正来译,中国政法大学出版社2004年版,第245页。
④ 参见城仲模:《行政法之一般法律原则(二)》,三民书局1997年版,第272—273页。
⑤ 参见林合民:《公法上之信赖保护原则》,台湾大学硕士学位论文,1985年,第32页。

限理性,不可能制定出完美无瑕的实定法,如果当事人以外的客观因素发生了不可预见的重大变化,却一味地拘泥于法律文字的逻辑,坚持法的安定,则可能导致不当的结果。而意欲缓和过分强调法安定性所带来的后果,需要依赖于实质正义的判断,情势变更原则的运用便是具体方法之一。通过情势变更原则的适用,可以使形式的正义(法安定性)与实质的正义得以兼顾。因此,现代法治国家法律的适用,一方面固然要追求法安定性,满足人民安定生活的需要;另一方面亦应顾及实质妥当性,避免法律的正义与社会的正义产生矛盾。正如有学者所言,"情势变更原则主要在针对已成立有效之规范,排除其因情势变更所生的不公平结果,使之符合最高之法源规范。"①

　　第二,情势变更原则的运用更多地依赖于法官的裁断。情势变更原则是一项抽象的原则,对其进行科学的界定比较困难,需要法官的个案裁断使其具有可操作性。经验主义认为"制度的源始并不在于构设与设计,而在于成功且存续下来的实践",他们主张,"法律的重心在于司法,重要的是法律在现实社会中的运用与实践"。② 自由法论者则认为,法律漏洞在所难免,法官在法律不明或有漏洞时,有自由造法的权利,其承认法官在一定限度内,具有"准立法"的功能。③ 我国尽管没有像英美法系国家那样认可"法官造法",但是如果在法律规定不明确等情况下,法官应在法律原则的支配下,进行法律漏洞的补充和利益的衡量。

　　考察德国情势变更原则的发展,可以看出判例起到了极大的推动作用。起初德国民法典中并没有规定情势变更原则,后来法官在借鉴相关学说的基础上通过判例确定了情势变更原则的类型和认定尺度,直到2002年德国债法修订之时才被正式纳入德国民法典。可见,"情势变更原则在德国的发展经历了判例、判例类型化再到成文法的过程。"④我国虽然没有判例法的传统,但是在审判实践中逐渐出现的关于情势变更原则的案例,也为《民法典》合同编确定情势变更原则奠定了坚实的基础。

---

①　洪培根:《从公法学之观点论法律不溯及既往原则》,台湾中山大学硕士学位论文,1992年,第149页。
②　[英]哈耶克:《自由秩序原理》(上),生活·读书·新知三联书店1994年版,第64页。
③　参见城仲模:《行政法之一般法律原则(一)》,三民书局1999年版,第287页。
④　卡斯滕·海尔斯特尔、徐德风:《情势变更原则研究》,载《中外法学》2004年第4期,第388页。

综上所述,无论在大陆法系还是英美法系,法安定性都是重要的法价值之一。只是英美法系的法官对案件拥有较为广泛的衡平权,故英美法系国家将法安定性与变通性视为并存的价值;而大陆法系国家特别强调法安定性理念,故将法安定性与变通性列为优先与劣后的关系。当然,如若过于强调法安定性,往往流于刻板而忽略了实质的变通。因此,我们需要在法安定性的前提下,引入情势变更原则,以寻求实质正义的实现。

二、行政合同适用情势变更原则的正当性及原因分析

(一) 行政合同适用情势变更原则的正当性

"契约严守"(pacta sunt servanda)作为现代合同法的基本准则,旨在保障私法自治与维系交易的稳定与安全。但是,毋庸置疑,任何合同都是建立在一定的客观环境的基础之上的,如果这一客观环境不可预见地发生了显著变化,而当事人仍然依照原来的合同约定履行义务,将会显失公平,则应当允许当事人对合同进行变更或者解除,使其符合情势之变化,以此保证合同当事人之实质公平。[①]

情势变更适用于所有类型的合同,行政合同亦无例外。行政合同系合同的一种,是基于当事人意思表示一致而达成的,是具有"合意性"的双务合同,可以适用合同法上的一般原则与规范,而且也完全可能受到情势变更的影响。原因在于行政合同在缔结之时,由于人的有限理性及受到有限信息的制约,很难对未来的所有情势均作出预测,而在合同履行过程中,当这种未预见的情势出现造成合同的履行于当事人而言不再合理或者履行不能,如果继续按照原来合同履行,就会给一方当事人的利益造成严重损害,有违公平原则,此时,情势变更原则就有了适用的空间。另外,需要注意的是,情势变更之"变更"针对的是作为合同基础的法律或事实关系的变更,而非"当事人协商变更"之变更,二者存在的基础并不相同。同时,情势变更也与行政主体单方变更、解除权不同,情势变更下的变更解除权,并非行政主体独享的,优于相对人的权力,而是依行政合同的合同性所要求的,双方均享有的权利。

(二) 行政合同适用情势变更原则的原因分析

第一,情势变更在一定情况下可以抑制行政主体行使行政优益权。情势

---

① 参见谢怀栻:《合同法原理》,法律出版社 2000 年版,第 188 页。

变更适用于行政合同的根本立足点便在于对相对人权利的保护。因为行政合同关涉公共利益,而行政主体作为公共利益的代言人与维护者,在合同履行过程中发生了情势上的变化,而这种情势上的变化多数情况下也使公共利益受到损害,此时行政主体可行使单方变更解除权对行政合同作出调整或者终止履行,而无需援用情势变更规则。只是,行政主体虽然基于增进公共福祉的目的而缔结行政合同,但是其毕竟存有不同于公共利益之单位利益或者部门利益。承认行政主体情势变更下的变更解除合同的权利,当情势变化仅导致其单位利益或部门利益受到损失时,可求助于情势变更原则而非基于公共利益行使单方变更解除权。① 这样可以抑制行政主体动用行政优益权的冲动,防止其动辄以公共利益为借口行使单方变更解除权,不仅有利于维护相对人的权益,而且有利于行政合同的公平和自由精神的伸张与施展。

第二,为相对人提供了多元化的权利救济途径。当行政主体单方违约时,相对人可以要求其承担违约责任,通过请求对方支付违约金或者赔偿损失等方式维护其合法权益。而当客观情况的变化超出了行政主体的可控范围时,情势变更则提供了一种有效的风险分配机制,填补了相对人此种情形所造成的权益缺口。详言之,行政合同的缔结是建立在一定的客观环境基础之上的,而当这种客观环境发生了重大变化,诸如技术革新、市场需求改变、法律政策变化等,而导致行政合同的继续履行会严重损害相对人的权利或者根本无法履行时,通过情势变更的适用可以调整合同的内容或者终止合同的履行,一方面可以调和当事人之间的利益失衡,彰显诚实信用与实质公平,另一方面也为相对人开辟了保护权益的渠道。由此可见,情势变更的适用为相对人提供了合同违约、政府赔(补)偿等方式之外的权利救济途径,有助于全方位实现对相对人利益的保护。

第三,有利于行政主体与相对人和谐关系的维持。众所周知,行政合同是在合作行政的大背景下产生发展起来的,其与传统高权行政的重要区别便是双方由对抗转向对话,更强调双方当事人之间的合作互利、沟通协商。然而,毕竟当事人双方的利益诉求不同,行政主体所追求的公共利益与相对人所意欲实现的自身利益在博弈过程中,就容易引发二者之间关系的紧张。而在行

---

① 参见步兵:《行政契约履行研究》,法律出版社 2011 年版,第 111 页。

政合同履行过程中,又时常发生国家政策、法规规章的变化等不可预见的情形,如若不能妥善处理,将极大危害行政主体与相对人之间和谐的合作关系。情势变更的适用有助于合作双方因不可归责于对方的事由而加深彼此的理解与沟通,双方共同分担损失,亦实现了当事人之间经济利益的平衡。

三、行政合同与民事合同适用情势变更原则的区别

尽管行政合同与民事合同同属合同范畴,它们共享合同的本质属性——合意性,然行政合同兼具"行政性",与公共利益紧密相关,其当事人双方的权利义务配置与民事合同显有不同,这些不同将进一步折射到合同缔结、履行和终止的全过程中。于此,行政合同与民事合同履行中情势变更原则的适用亦存在差异,具体表现如下:

(一)价值取向不同

在民事合同领域,情势变更原则的意义在于当客观情势的变化使得当事人双方的利益处于失衡状态,通过该原则的适用可以重新分配交易双方在交易中应当获得的利益与风险,系诚实信用原则的具体体现,反映的是公平、正义的价值取向。而情势变更原则在行政合同中的运用,并不单纯为诚信原则的展现,其更要体现对公益原则的追求。因为行政合同属于特殊的行政行为,而任何行政行为如果偏离公共利益,将丧失其正当性。

(二)制度设置的着眼点不同

情势变更原则始于私法,其设置的目的是为了平衡当事人之间的利益,当因客观情势变化而显失公平时,赋予一方当事人变更或解除合同的权利,故其制度设置的着眼点在于公平保护双方当事人的利益。而行政合同系处于优势地位的行政机关作为一方当事人签订的,其享有民事合同当事人所不具有的行政优益权,如单方变更解除权,这种单方变更解除权属于行政机关一方的特权,行政机关可以基于公共利益的需要而享有单方变更或者解除合同的权力。为了贯彻合同当事人平等原则,在行政合同履行中引入情势变更原则,能够适当平衡双方当事人的利益。因此,情势变更原则在行政合同适用的着眼点在于相对人权益的保障。

(三)受公共政策的影响程度不同

公共政策的调整与变化可能导致合同基础动摇或丧失,系情势变更原则

的一般适用情形,但其在民事合同和行政合同具体应用的多寡并不相同,换言之,受公共政策的影响程度不同。民事合同由于是私主体之间签订的,与公共利益关涉不大,故一般较少受到公共政策的影响,主要影响散见于"限购"等。但行政合同的缔结与公共利益密切相关,其往往更容易受到公共政策的影响,我国的台湾地区便有诸多判例。试举一例,行政机关与地主缔结行政协议,约定特定土地暂不列入征收,但后来因为市地重新划分,且涉及大区域土地的整体规划,需要征收约定土地。我国台湾地区"行政法院"审理后认为,"市地重划涉及大区域土地之整体规划,此等公共利益之紧迫性会随时空环境而改变,因此即使有类似本案行政契约之约定,该等行政契约在事物本质上也经常会因为事后之环境变化而被调整或终止。所以即使有行政契约之缔结,在日常经验法则上,仍无法排除事后因情势变更而被征收之可能性。"[1]

(四) 具体内容不同

行政合同适用情势变更原则时,由于价值取向及制度设置的着眼点与民事合同不同,故体现在具体的内容上也略有不同,主要表现在以下两个方面:其一,行政合同具有实现公共利益的目的,行政机关与相对人缔结行政协议后,若遇情势变更,相对人可得请求变更或解除合同,但是如果相对人的这一行为将危害原定行政合同之公益目的时,基于公共利益的需要,我国台湾地区行政程序规定第 147 条规定,行政机关得于补偿相对人损失后,命令其继续履行原约定的义务。其二,从合同缔结形式的角度而言,法律大都允许民事合同当事人自由选择,可以说民事合同的缔结以非要式为原则,除法律有特别规定外,不以书面形式为必要。而行政合同由于关涉公共利益,故而缔结的一般原则即为采用书面形式,这一点在因情势变更而变更解除行政协议中亦有所体现。如我国台湾地区行政程序规定第 147 条第 3 款规定,当事人因情势变更请求调整或终止契约以及行政机关补偿相对人的决定,应当以书面叙明理由为之。

(五) 救济途径不同

在救济途径方面,民事合同履行的相关争议通过民事诉讼或仲裁加以解

---

[1] 台北市法务部法律事务司编辑:《行政程序法裁判要旨汇编(九)》,三民书局 2014 年版,第 603—607 页。

决,而对于行政合同履行相关纠纷的救济途径大陆法系国家与英美法系国家的做法并不相同。英美法系国家的政府合同纠纷由普通法院管辖。但是在实际运作中,因政府合同所引发的纠纷诉诸法院的并不多见,英国通常通过仲裁或当事人之间的非正式谈判解决。① 而以法、德为代表的大陆法系国家则秉持着公私法二元界分的传统,行政合同由公法调整,并由独立的行政法院管辖。我国新《行政诉讼法》明确将行政协议不依法履行、未按约定履行及违法变更、解除情形纳入行政诉讼受案范围,故行政合同适用情势变更原则的相关争议需通过行政诉讼予以救济,至于其是否可得仲裁,目前无论是在理论上还是在实践中均有不同的观点和做法,对于此问题笔者将在第七章中作详尽阐述。

四、法律文本中的行政合同适用情势变更原则
(一) 行政合同引入情势变更原则的域外相关立法

域外的一些国家和地区承认了情势变更原则下当事人的变更解除权,只是处理的方式和立法的态度有所不同。

法国强调行政合同的公共服务性特征,突出公共利益这一价值取向。行政主体为了公共利益的需要可以单方变更、解除合同。但是并未直接规定情势变更情形下相对人享有变更解除合同的权利。不过,法国的行政法院创设了"不可预见理论","对行政合同履行中可能出现当事人所不能预见的经济变动,从而使合同的履行极端困难,此时行政法院的判例承认对方当事人有权请求行政主体共同承担损失"②,以恢复当事人经济利益的平衡。可见,相对人这种不可预见情况的补偿权实际上等于对合同进行了变更。

"德国帝国最高法院"于1925年首次将情势变更适用于行政合同中;后"德国联邦宪法法院在其判决中将情势变更原则定位为'联邦宪法中不成文之构成部分'。"③法律上明确规定行政合同适用情势变更原则始于德国《联

---

① See Peter Cane, *An Introduction to Administrative Law*, Oxford, Clarendon Press, 1992, pp. 263-264.

② 王名扬:《法国行政法》,北京大学出版社2016年版,第156页。

③ 曾召愷:《德国行政法上情事变更理论——以行政契约、行政处分为中心》,台湾中兴大学法律学研究所硕士学位论文,1995年,第15—16页。

邦行政程序法》,①《欧盟示范行政程序规则》(专家意见稿)采取与德国基本相同的规定。② 基于此,基于这种情势变更而变更解除合同为当事人双方所共同享有,充分体现了合同当事人双方权利平等的理念。

通过对以上立法的梳理可以发现,上述立法对基于情势变更的变更解除权规定并不完全相同,德国的《联邦行政程序法》和《欧盟示范行政程序规则》(专家意见稿)明确赋予行政主体和相对人同等的变更解除权。我国台湾地区的行政程序规定则基于公共利益的考量,尽管承认行政主体和相对人均享有变更解除权,但仍然规定行政主体在补偿相对人损失之后,有要求其继续履行原约定之给付义务这一特殊例外情形。对此,有学者认为如果是为避免公益之重大危害已有行政主体单方变更解除规定的内容可供运用,似乎不必再于此增加排除调整与终止合同的权利,致使严重影响人们为合同一方当事人之主体地位,使得行政机关与人民在契约法上之地位更加悬殊,③笔者对此持赞成态度。法国并未直接赋予相对人基于情势变更原则而变更解除合同的权利,而是通过不可预见情况下的请求补偿权间接实现了变更合同的效果。

(二) 我国行政协议适用情势变更原则的立法例

情势变更原则滥觞于私法,其虽然未在我国《合同法》中予以明确规范,却可见于《合同法司法解释(二)》第二十六条之中,④后在《民法典》第五百三十三条中予以确定,并在司法审判实务中得以广泛应用。因为行政合同具有合同的特征,理应受到该原则的调整。

---

① 德国《联邦行政程序法》第 60 条第 1 项明确规定:"确定合同内容所依据的关系,如在合同成立后作出显著变更,以致遵守原合同对当事人一方不合理的,该当事人可要求将合同内容作出符合变更关系的调整,或不能调整或对合同当事人一方不合理的,作出解除合同通知。"

② 《欧盟示范行政程序规则》(专家意见稿)第四部分合同中的第 28 条规定:"若出现某种情形导致欧盟合同缔结后内容发生实质性改变,一方当事人坚持按原合同条款继续履行已不具有期待可能性,不利一方可请求变更协议,或当该变更协议的内容不可能实现或超出对方的合理预期时,不利一方可终止合同。"

③ 参见翁岳生:《行政法》,中国法制出版社 2002 年版,第 758 页。

④ 《关于适用〈中华人民共和国合同法〉若干问题的解释(二)》第二十六条规定:"合同成立以后客观情况发生了当事人在订立合同时无法预见的、非不可抗力造成的不属于商业风险的重大变化,继续履行合同对于一方当事人明显不公平或者不能实现合同目的,当事人请求人民法院变更或者解除合同的,人民法院应当根据公平原则,并结合案件的实际情况确定是否变更或者解除。"

尽管行政合同可以准用民事合同的部分规定,但基于其特殊性,仅仅适用民事法律规范恐难周全。目前我国理论界及实务界已经开始尝试对情势变更原则进行规范,2015 年 10 月由姜明安教授主持的北京大学法学院宪法行政法研究中心草拟的《行政程序法(专家建议稿)》不仅第六章第一节对"行政合同"予以单独规定,而且通过第一百七十五条第二款和第一百七十六条第一款第一项分别对情势变更下当事人的变更和解除合同进行了规定。① 除了公法学者的努力之外,一些地方立法也走在了前列,明确了情势变更及其处理规则。截至 2019 年 12 月 1 日,笔者通过北大法宝和百度搜索,以"行政协议"、"行政合同"、"政府合同"和"行政机关合同"为关键词,共查找到 15 部地方行政程序规定、32 部行政机关合同管理规定以及 34 部政府合同管理办法,涉及情势变更及其处理规则的规定详见表 6-1。②

---

① 《行政程序法(专家建议稿)》第一百七十五条是关于变更行政合同的规定:"(行政合同的变更)行政合同受法律保护,行政合同双方当事人应当严格履行各自的合同义务。合同订立所基于的客观情况在合同订立后发生重大变化,导致一方当事人不能继续履行原合同的,该当事人可以与对方当事人协商,变更原合同的内容。双方协商不成的,可通过仲裁或诉讼的途径解决。"第一百七十六条是关于解除合同的规定:"(行政合同的解除)行政合同在订立后出现下列情形的,一方当事人可以要求解除合同:(一)合同订立所基于的客观情况在合同订立后发生重大变化,导致一方当事人不能继续履行原合同,且问题不能通过变更合同解决或者双方达不成变更合同的协议;(二)合同继续履行可能给国家利益、公共利益造成重大损失,行政机关为了避免和消除此种损失而提出解除合同。""除法律有其他规定外,解除合同需采用书面形式,说明要求解除合同的理由。""因行政合同的变更或者解除造成对方损失的,提出变更或者解除要求的一方应当承担补偿责任。损害补偿的范围、标准可以通过双方协商确定,协商不成的,可通过仲裁或诉讼解决。"

② 需要说明的是,笔者对 15 部地方行政程序规定、32 部行政机关合同管理规定以及 34 部政府合同管理办法逐一筛查后发现,《杭州市人民政府办公厅关于印发杭州市行政机关合同管理办法的通知》、《湖州市人民政府关于印发湖州市本级行政机关合同管理工作实施细则(试行)的通知》、《宁波市人民政府办公厅关于印发宁波市行政机关合同管理办法的通知》、《北海市人民政府办公室关于印发北海市政府合同管理规定(试行)的通知》、《广州市政府合同管理规定》、《海口市人民政府关于印发海口市政府合同管理暂行办法的通知》、《合肥市人民政府办公厅关于印发合肥市政府合同管理暂行办法的通知》、《惠州市人民政府关于印发惠州市政府合同管理规定的通知》、《荆门市政府合同管理暂行办法》、《眉山市人民政府办公室关于印发眉山市政府合同管理办法的通知》、《濮阳市人民政府关于印发濮阳市政府合同管理办法(试行)的通知》以及《珠海市政府合同管理办法》都对情势变更的处理作出了类似规定,因此表 6-1 中仅体现《杭州市人民政府办公厅关于印发杭州市行政机关合同管理办法的通知》。

表6-1　地方立法关于行政合同履行中情势变更及其处理规则的规定

名称	发文字号	相关规定
《大连市人民政府关于印发大连市行政机关合同管理办法的通知》	大政发〔2010〕62号	第十一条　对于显失公平、重大误解或对方有欺诈行为的合同，以及发生不可抗力、情势变更或预期对方违约，行政机关应及时与对方协商解除合同，并立即采取合法有效的措施，制止危害行为的发生，必要时可依合同约定或法律规定提请仲裁机构或人民法院撤销或者解除合同。
《杭州市人民政府办公厅关于印发杭州市行政机关合同管理办法的通知》	杭政办函〔2013〕121号	第二十一条　出现下列情形之一的，市政府各部门应当及时主张权利，采取措施应对合同风险的发生： …… （三）签订合同时的客观情况发生重大变化、可能影响合同正常履行的； ……
《郑州市人民政府关于印发郑州市行政机关合同管理办法的通知》	郑政〔2011〕84号	第二十七条　行政机关应当按照约定履行合同。发生情势变更、相对人资产经营状况变化等特殊情况的，属于政府部门签订的合同，政府部门应当向同级政府法制机构通报；属于政府签订的合同，下级政府应当向上级政府法制机构通报。法制机构应根据具体情况指导行政机关正当行使权利，最大限度地保障行政机关的合法权益。
《西安市行政程序规定》	西安市人民政府令第101号	第九十四条　行政机关签订和履行行政合同，应当严格遵行诚实信用原则、信赖保护原则。因客观情势变更，需要更改或者终止行政合同，因此给当事人和利害关系人造成损失的，行政机关应当补偿。因行政机关的违法或者过错给当事人或者利害关系人造成损害的，应当赔偿。
《海北藏族自治州行政程序规定》	北政〔2013〕75号	第一百三十一条　行政机关应当严格遵循诚实信用原则、信赖保护原则签订和履行行政合同。因客观形势变更，需要更改或终止行政合同，因此给当事人和利害关系人造成损失的，行政机关应当补偿。因行政机关的违法或过错给当事人或利害关系人造成损害的，应当赔偿。

　　通过梳理笔者发现，尽管上述地方立法中有关于情势变更规则的萌芽，为我国行政合同履行中情势变更制度奠定了一定的基础，但是相关规定仍然比较粗疏、不甚清晰。例如，对基于情势变更而变更解除合同的主体语焉不详，

没有赋予相对人一方变更解除权,只是概括性地规定因客观情势变化,需要变更或者解除合同,由此给相对人造成损失的,基于信赖保护原则行政机关应当补偿,另外,对于情势变更原则的具体适用情形亦没有进行列举。这种原则性立法阻碍了该制度价值的实现,而立法依据的不足也使得司法机关面对合同履行争议时无所适从。所以,我们有必要借鉴德国和欧盟的立法经验,在行政合同制度中确立情势变更原则,明确规定行政主体和相对人享有同等的变更解除权,并对其适用规则予以完善,以合理分配当时不可预见的损失,进而调整当事人之间的法律关系,使之归于公平的结果。

五、行政合同中的情势变更原则构成要件

行政合同缔结之后,因有情势重大变更,非当时所能预料,如坚持法律安定,将导致严重违反正义时,通过当事人一方请求他方适当调整合同内容,可使形式的正义(安定性)与实质的正义得以兼顾。① 然而,行政合同目的得以实现的有效路径为当事人全面、适当地履行合同义务,情势变更下的变更解除毕竟是"契约严守"的例外情形,而且一则并非所有不可预料的客观情况变化都属于情势变更的范围,二则情势变更的边界较为模糊,过于弹性化,实践中不易判断,容易出现滥用。因此,需要对情势变更原则的构成要件加以必要的限制。

(一) 情势变更发生在合同生效后,履行终止前

这一要件要求情势变更发生的时间具有一定的"嗣后性"。一则合同尚未生效之前,对当事人双方不产生法律上的约束力,如果情势变更发生在合同生效之前,则当事人完全可以协商重新进行缔结合同的谈判,而不发生合同上的情势变更问题。二则情势变更也须发生在合同履行完毕之前,因为伴随着履行终止,合同关系终结,此时的"情势变更"显然与合同无关,要求当事人来分摊风险当然于法无据。

(二) 发生了重大情势变化这一客观事实

"所谓情势,是泛指作为法律行为成立环境的一切客观事实",②亦即缔约

---

① 参见城仲模:《行政法之一般法律原则(一)》,三民书局 1999 年版,第 277—278 页。
② 王家福:《民法债权》,法律出版社 1991 年版,第 399 页。

时客观存在的环境；①"所谓变更，是指合同赖以成立的环境或基础发生异常变动"。② 德国《联邦行政程序法》中称为"显著变更"，《欧盟示范行政程序规则》(专家意见稿)中表述为"实质性改变"，我国《民法典》称为"重大变化"。对于"重大"的判断标准，德国联邦最高法院判例认为，将产生不能承受的，与法和正义不相符的结果。③ 而对于情势变化的程度则以一般理性人作为判断标准，要求"理性人虽可得预见，但这些变化仍会造成合同履行极度困难，以至于达到合同履行没有意义的程度；或超越理性人之能预见，以至于达到合同履行艰难的程度。"④

（三）情势变更的发生系当事人不可预见的

情势变更还应当是合同当事人不可预见的，法国的"不可预见理论"是情势变更不可预见性的具体体现，不可预见"是以理性市场主体的认知能力作为判断标准，如果当事人在订立合同时已经预见到这种风险，就不会缔结现在的合同，这种风险即为不可预见的风险"⑤。而可预见的风险，通常而言不是合同赖以存在的基础，当事人在缔约前便需要自我考量是否缔约及如何规避该风险，因为系当事人自愿承担的风险，故并无情势变更适用的空间。如果当事人应当预见而未能预见，则应认为该当事人主观上具有过错，亦不适用情势变更。另外，"如果一方预见而另一方没有预见，则应区分善意和恶意两种不同情况，对善意的没有预见到的当事人应允许其主张情势变更"⑥。

（四）情势变更具有不可归责性

情势变更的不可归责性，"主要指的是情势变更不为当事人尤其是受不

---

①　通说认为情势变更为仅限于客观之情事，不同于德国法规定包括主观之情事，如共同之动机错误。具体可参见彭凤至：《情事变更原则之研究——中、德立法、裁判、学说之比较》，五南图书出版公司1986年版，第240页。

②　彭诚信：《"情势变更"原则的探讨》，载《法学》1993年第3期，第24页。

③　如此深刻的变化，以至于如恪守原来的规定，将产生一种不可承受的、与法和正义整个无法吻合的结果，因此，恪守原来的合同规定对相关当事人来说是不可合理预期的。参见［德］迪特尔·梅迪库斯：《德国民法总论》，邵建东等译，法律出版社2000年版，第656—657页。

④　陈淳文：《论行政契约法上之情事变更问题》，载《公法学与政治理论——吴庚大法官荣退论文集》，元照出版公司2004年版，第624—625页。

⑤　王名扬：《法国行政法》，北京大学出版社2016年版，第156页。

⑥　王家福：《民法债权》，法律出版社1991年版，第304页。

利影响的当事人所能控制"①。如果情势变更可归责于一方当事人,则表明该当事人具有过错,应当由过错方来承担损失,自然无情势变更适用的空间。

(五) 继续履行合同将导致显失公平或者不能实现合同目的

此要件系对情势变更的程度要求,是适用情势变更的实质要件和关键环节,即情势变更必须使原合同达到显失公平和不能实现合同目的的程度,否则,情势变更作为"契约严守"的例外恐难以立足。一方面,情势变更后,如继续履行合同将导致显失公平,判断是否构成"显失公平",要考察情势变更是否造成了一方处于重大不利地位,从而违背了公平原则和诚实信用原则。另一方面,继续履行合同会导致合同的基础丧失,即当事人的合同义务根本无法履行,合同目的无法实现。

(六) 当事人双方均享有变更解除合同的权利

此要件是对情势变更的主体要求,有学者将基于情势变更的变更解除权视为行政主体的特权,②笔者并不赞同此种观点。实际上,如德国《联邦行政程序法》的规定,基于情势变更而享有的变更解除权,并不是行政主体单方拥有的权力,而是基于行政合同的合同属性所要求的,双方均享有的权利。

六、情势变更的具体情形

(一) 我国司法实务关于情势变更原则在行政合同履行中适用情形的认定

通常认为,构成情势变更的客观事实主要包括经济危机、货币价值异常波动、汇率发生大幅波动、重大政治事变、法律和政策调整等情形。③ 然而,这些仅仅是学者根据情势变更的理论所划定的大致范围,并无法律的明确规定。因此,在司法实践中还需要法官的个案裁量。目前,情势变更原则应用于行政

---

① 《国际商事合同通则》第6—2—2条(c)项。

② 参见皮纯协:《行政程序法比较研究》,中国人民公安大学出版社2000年版,第423页。

③ 有观点将情势变更的范围,分为"大情势变更说"和"小情势变更说"。前者认为,突发战争、自然灾害、罢工、政策法律变动、经济危机、货币价值异常波动、汇率发生大幅波动等都属于情势变更的范畴;后者则认为,情势变更仅包括货币贬值、物价、汇率的异常波动等与经济直接相关的事实的变更,而诸如突发战争、自然灾害、罢工、政策法律变动等间接引起客观情况发生巨变的事实仅是产生不可抗力的原因,不属引起情势变更的范畴。参见于定明:《也谈情势变更制度的构成要件》,载《法学杂志》2005年第2期,第35页。

合同中的案例并不多见,主要原因有二:一则我国之前一直将行政合同纠纷作为经济合同案件处理,直到新《行政诉讼法》实施才纳入行政诉讼受案范围;二则法院对于情势变更原则采取十分审慎的态度,这其中固然是因为遵循"契约严守"理念,但更重要的是为了保障交易的稳定与安全。因为行政合同关涉公共利益、所涉主体多元且关系比较复杂,其变更和解除可能产生较大的社会影响。但是,在合同正义和交易稳定两者之间,立法者、司法者必须作出价值上的决断。有鉴于此,笔者希冀透过有限的案例,对我国司法裁判中关于行政合同情势变更的类型予以梳理总结,毕竟情势变更原则比较抽象且概念上具有不确定性,有必要对其进行类型化研究。正如有学者所言,"将所谓的原则规则化,就是在个案中法官对该原则适用标准的心证和自由裁量。总结法官的审判经验,其意义远大于立法者和学者的抽象推理。"①

1. 因物价暴涨或暴跌导致继续履行显失公平

因为物价的暴涨或暴跌导致作为合同的基础或环境发生根本性的改变,这是民事合同情势变更最主要的类型,也可适用于行政合同之中。例如"武汉绕城公路建设指挥部(以下简称指挥部)与中铁十八局集团第二工程有限公司(以下简称二公司)建设工程施工合同纠纷案","双方签订的招标文件中载明:本合同在施工工期内不进行价格调整,投标人在报价时应将此因素考虑在内,双方签订的《合同专用条款》中也约定:本合同在施工期间不进行价格调整,承包人应在投标时考虑这一因素。"工程完工后,二公司与指挥部为工程价款产生争议,故而成讼。"争议的焦点之一为施工期间建材大幅度涨价,指挥部是否应给予材料差价补偿的问题。"

一审法院认为:"建材的大幅度涨价使得合同基础环境发生了根本性的变化,而这种变化超出了合同当事人所能预测的范围,继续履行原合同将对二公司产生显失公平的后果,故适用情势变更原则,依二公司的材料差价补偿请求,由指挥部给予适当补偿。"最高人民法院二审认为:"本案当事人在合同中已经明确排除了因材料上涨而进行合同价款调整的可能。此外,二公司因材料价格上涨导致的差价损失幅度尚难达到情势变更原则所要消除的当事人之间权利义务显失平衡的严重程度。因此,一审法院适用情势变更原则判决指

---

① 韩强:《情势变更原则的类型化研究》,载《法学研究》2010 年第 4 期,第 63 页。

挥部补偿二公司材料差价损失,依据不充分。"①

2.因法律政策调整导致履行不能

此类案件目前出现较多,由于我国正处在改革的攻坚阶段和发展的关键时期,法律政策的调整时常发生,由此会给行政合同的履行产生影响。比较典型的案例有尹述红诉汉川市人民政府行政协议案②。

2002 年 10 月 31 日,汉川市生活资料公司作为甲方将坐落在汉川市城关北桥生活宿舍北的五间简易宿舍出售给乙方尹述红,并签订房地产买卖契约。2010 年 12 月,汉川市城市建设指挥部以尹述红所住房屋属于违法建筑为由,拆除了其房屋。尹述红为此一直到有关部门上访。2011 年 10 月 20 日,汉川市城市建设指挥部与尹述红签订协议,之后安排住房一套给尹述红且其已经住进该房屋,尹述红亦领取了人民币 30000 元。该协议第二条规定,"乙方(尹述红、杨巧珍)在 B 区规划局允许的范围内自行出资购买到台基后,甲方同意为乙方协助办理 80—100 平方米左右的私台手续贰个,若乙方只购买到一处 80—100 平方米左右的私台,甲方同意为其协助办理私台手续的基础上,另外从其他途径给予乙方人民币拾万元的各类费用综合补助款。"也就是说,双方约定的前提条件是乙方自己购买台基,然后由甲方协助办理手续,而非由甲方购买或者给予乙方台基,因此只有在乙方购买了台基的情况下才存在被告不履行协议的可能性。双方约定了乙方购买两个或者一个台基的情况,并未约定乙方没有购买或者无法购买台基的情况。2011 年 12 月 16 日,汉川市人民政府作出市长办公会议纪要,禁止在城区"四河"以内区域批建私房。由此可见,协议签订之时,从政策规定上乙方能够购买到台基,后来由于政策的调整,乙方已经不能在协议约定的范围内购买台基。本院认为,本案中,上诉人尹述红原审诉讼请求是要求履行涉案行政协议,并赔偿未履行协议造成的所有费用及精神损失。涉案行政协议的履行不能是出于情势变更,不可归因于当事人,故上诉人尹述红诉称的未履行所造成的损失不应由被上诉人汉川市人民政府赔偿,但可要求被上诉人汉川市人民政府对协议的履行不能采取补偿措施。

---

① 最高人民法院(2007)民一终字第 81 号民事判决书。
② 参见湖北省高级人民法院(2016)鄂行终 469 号行政判决书。

　　上述案例中,因为政策调整导致行政合同履行不能时,法院认定为属于情势变更,由行政主体分担相对人的损失。另外,在王家先与如皋市下原镇人民政府土地租赁合同纠纷案中法院也作出了类似的认定。① 可以说,因为法律政策的调整导致履行不能是适用情势变更的常见模式。然而,在司法实践中,也出现同一案件一审二审法院认定不一的情况。例如"何胜洪诉铜仁市碧江区人民政府(以下简称碧江区政府)、铜仁市碧江区灯塔办事处(以下简称灯塔办事处)不履行房屋征收补偿协议"一案,2011 年 9 月 15 日,灯塔办事处、九龙拆迁公司与何胜洪签订《房屋搬迁安置补偿协议书》,其中约定对何胜洪实行异地安置,安置在九龙大道原龙田小学至杨家湾安置区,安置宅基地面积为 120 平方米,宅基地编号为 119 号。而 2012 年 11 月 22 日,碧江区政府作出碧府办发〔2012〕272 号《碧江区人民政府办公室关于印发灯塔办事处龙田村下龙田片区房屋拆迁参与式开发建设安置补偿方案的通知》,该通知对原来的安置方式进行了变更,取消了用宅基地进行安置的方式,实行参与式开发建设安置。同时明确对原按铜府办发〔2011〕168 号文件签订的异地安置拆迁合同废止。一审法院认为,何胜洪与碧江区政府签订的《房屋搬迁安置补偿协议书》合法有效。但是,客观情况发生当事人在订立合同时无法预见的、非不可抗力造成的不属于商业风险的重大变化,不能实现协议目的,不可归责于任何一方当事人,系发生情势变更。鉴于何胜洪的房屋已被拆迁完毕,需要对其进行安置,现碧江区政府已无法按原协议继续履行,依法应采取相应的补救措施。而二审法院却认为此政策调整并非情势变更,而系行政主体因公共利益的需要而单方变更解除协议。本案中,因原铜仁地区撤地建市,被上诉人碧江区政府为加快城市建设,提升城市形象,对城镇城市规划建设进行调整,将与上诉人签订的《房屋搬迁安置补偿协议书》中安置方式予以实质性变更,对原来用宅基地安置的方式,变更为参与式开发建设安置方式,该变更、解除行为合法。②

　　3. 因政府行为导致合同目的无法实现

　　在"湖州德隆置业有限公司等与湖州市国土资源局国有土地使用权出让

①　参见江苏省南通市中级人民法院(2013)通中民终字第 0684 号民事判决书。
②　参见贵州省高级人民法院(2016)黔行终 842 号行政判决书。

协议案"中,浙江省湖州市中级人民法院认为,由于涉案地块发现文物导致上诉人湖州德隆置业有限公司不能按期开工建设,系浙江省文物局拟对涉案地块进行保护区划调整所致,上述订立合同时无法预见、非不可抗力造成的不属于商业风险的重大变化,虽然继续履行合同并不能完全实现上诉人订立合同的目的,但文物保护的公共利益优先于上诉人的商业利益,故上诉人请求解除合同的理由不能成立。鉴于上诉人在取得国有建设用地使用权后,由于涉案地块在考古勘探中发现新的历史文化遗存,浙江省文物局对文物保护区划进行了调整,致使该地块实际允许建筑面积相比《出让合同》减少,同时上诉人承担了已经支出的土地出让金的利息损失和实际费用支出,故原审法院根据公平原则,判决由被上诉人对上诉人减少面积的损失及利息损失、实际费用支出给予适当的补偿,亦无不当。①

由上述案例可见,法院认定政府行为所导致的合同目的无法实现属于情势变更。然而,正如前文所言,情势变更原则是为了维护合同的实质正义而对契约严守原则所作出的例外规定,固然可以解救当事人的合同困境,但是如果适用不当,则会动摇整个合同制度的根基,因此各国都对情势变更原则的适用予以从严限制。② 根据德国的判例,"情势变更造成的合同困境只有达到不能苛求当事人继续履行合同的程度,才能考虑适用情势变更原则"③。这一判例与我国司法认定中的"合同目的无法实现"具有异曲同工的效果。

4. 因无法预料的环境变化导致继续履行显失公平

在"成都鹏伟实业有限公司与江西省永修县人民政府、永修县鄱阳湖采砂管理工作领导小组办公室采矿权纠纷案"中,最高人民法院认为:"鹏伟公司在履行本案《采砂权出让合同》过程中遭遇鄱阳湖 36 年未遇的罕见低水位,导致采砂船不能在采砂区域作业,未能达到《采砂权出让合同》约定的合同目的,形成巨额亏损。这一客观情况是鹏伟公司和采砂办在签订合同时不可能预见到的,也非商业风险。在此情况下,仍旧依照合同的约定履行,对鹏

---

① 参见浙江省湖州市中级人民法院(2016)浙 05 行终 160 号行政判决书。
② 参见韩强:《情势变更原则的类型化研究》,载《法学研究》2010 年第 4 期,第 67 页。
③ 杜景林:《德国新债法法律行为基础障碍制度的法典化及其借鉴》,载《比较法研究》2005 年第 3 期。转引自韩强:《情势变更原则的类型化研究》,载《法学研究》2010 年第 4 期,第 67 页。

伟公司而言是不公平的,有悖于合同法的基本原则。鹏伟公司要求采砂办退还部分合同价款,实际是要求对《采砂权出让合同》的部分条款进行变更,符合合同法和本院上述司法解释的规定,本院予以支持。"①

（二）司法实践中需要注意的问题

第一,情势变更与商业风险所涉合同客观基础有无异常变动不同。

通过建材涨价案例我们可以看出,处理因物价暴涨或暴跌导致继续履行显失公平案件的关键在于准确区分情势变更与商业风险。当事人之间争议的焦点一般集中于作为合同客观基础的物价涨跌幅度是否具有根本性,也就是若继续履行是否会导致当事人之间权利义务关系显失公平,这实质上是价值判断的问题。行政合同的相对人追求自身利益的实现,因此行政合同亦具有相当的商业因素。然而,在审判实践中,情势变更与商业风险之间的界限很难清晰予以划定,这也是我国《合同法》没有规定情势变更制度的重要原因。②一些国外判例试图建立某种数字标准,来区别商业风险与情势变更,例如英国的丹宁勋爵在布雷尔一案中认为,如果涨价的程度低于30%,则属于商业风险;如果高于30%,则为情势变更。③ 当然,笔者并不赞同仅仅通过价格涨跌程度的量化来进行界分,而需要进一步对价格涨跌的原因予以分析,即是否存在无法预料的异常变动,如果没有异常的巨变,则为商业风险。由此在进行具体认定时,不仅要求法官对情势变更原则的价值取向有深刻的认识,还需要其结合个案并考虑市场的具体情况综合判断。

第二,情势变更与行政主体单方变更解除权所侵害的利益不同。

目前法院对于情势变更的认定仍然比较模糊且充满了不确定性,主要原因在于法律政策的调整既可能成为情势变更的情形,也可能导致行政主体单方变更解除行政合同。于此,首先需要明晰情势变更原则与行政主体单方变更解除权的关系。实际上,从理论视角来看,二者的区别非常明显:一是行使主体不同。单方变更解除权为行政主体一方所独享,而情势变更原则双方均可主张。二是行为性质不同。单方变更解除权属于行政行为的一种,系一种"权力",主要体

① 最高人民法院(2008)民二终字第 91 号民事判决书。
② 参见王利明:《合同法研究》(第二卷),中国人民大学出版社 2011 年版,第 333 页。
③ 参见[英]施米托夫:《国际贸易法文选》,赵秀文选译,中国大百科全书出版社 1993 年版,第 301 页。

现行政合同的"行政性"特征;而情势变更原则是双方当事人的"权利",侧重于行政合同的"合同性"特征。三是风险分担不同。单方变更解除权行使后,行政机关需要对相对人由此造成的损失予以补偿;而因情势变更原则所造成的损失由当事人进行合理分担。四是目的不同。这一区别是二者的本质区别,也是法院认定的关键,单方变更解除权的实质要件为"公共利益的需要",制度设置的出发点为维护公共利益;而情势变更原则设置初衷主要是防止客观环境的变化打破了当事人利益的平衡,反映的是"公平"、"正义"的价值取向。

当然,理论上的界分明显并不等于法院实际认定时的清晰明了,因为情势变更原则与单方变更解除权并非完全独立的关系,而是存在一定的交叉混合关系。有学者指出,行政机关除了代表公共利益外,还具有单位利益和部门利益,当公共利益受损时行政机关可行使单方变更解除权;当情势变化导致单位利益或部门利益显失公平时,便可援引情势变更规则。也就是说,情势的变更既可能适用情势变更原则,也可能导致行政机关行使单方变更解除权,关键在于侵害的利益不同。① 基于此观点,二者似乎各自独立。但行政机关作为公共利益的代表,其部门利益、单位利益与公共利益并无严格界分,而且当部门利益、单位利益失衡时,公共利益亦可能受到损害,此时行政机关通过情势变更原则如果无法达成合意或者无法阻止公共利益受损,则可行使单方变更解除权。而且由于行政机关不能起诉主张情势变更原则,实践中往往采用单方变更解除行政协议得以实现。所以说,两者之间存在着一定程度的交叉与混合,法院在进行认定时,需要针对不同情况进行个案裁断,以公共利益的实现为考量的基本出发点,同时兼顾相对人利益和行政协议的存续性,并综合对两种措施进行判断。

第三,情势变更与不可抗力存在程度上的强弱之分。

在上文鹏伟公司案例中,法院需要对环境变化作出准确判断。通常而言,这种环境的变化不仅可能构成客观情势的变化,而且又可能属于不可抗力的范畴,很多学者对情势变更与不可抗力的区别进行了深入探讨。然而,根据笔者收集到的案例,不可抗力常常是情势变更的原因,因为不可抗力中的"客观情况"常常改变了合同订立时的环境,从而导致了情势变更。所以,尽管二者系不

---

① 参见步兵:《行政契约变更研究》,载《东南大学学报》(哲学社会科学版)2008年第1期,第67页。

同法律概念但仍存在一定范围内的交叉与重合,主要表现为二者均属于合同履行的障碍,只是程度上存在强弱之分。不可抗力主要适用于合同的履行不能,这种履行不能不可逆转,此时解除合同自然不能适用情势变更原则;而当不可抗力的发生使得合同履行发生严重困难而非履行不能,若继续履行合同将显失公平或者合同目的无法实现时,便有情势变更原则的适用空间。于此,笔者并不赞同《合同法解释(二)》将不可抗力完全排除在情势变更之外。

第三节　双方协商一致变更行政合同: PPP 项目中的再谈判机制

再谈判机制是 PPP 项目推进中对已经开始履行的合同进行内容调整的重要机制。PPP 项目投资大、周期长,加之人的有限理性、外在运营环境的不确定性以及信息的不完整性,当事人不可能将未来的全部风险都写入 PPP 项目合同中并制定分担原则。[1] 当 PPP 项目合同的一方当事人提出原有的合同已经不能适应新的形势和变化,需要对合同的条款进行调整时,可以启动再谈判机制。再谈判机制被广泛应用在特许经营合同中,如针对拉丁美洲地区及加勒比地区的 1000 个特许经营合同的研究结果表明,有 30% 的合同启动了再谈判,而水务和卫生设施特许经营合同的再谈判率更是高达 74.4%,3 年内超过 60% 的特许经营合同条款进行了实质性变更。[2] 1993 年至 2007 年智利签订的 50 项特许经营合同共启动了 147 次事先未预料到的再谈判。[3] 在我国,PPP 项目的再谈判亦不鲜见,有学者通过文献调研,发现我国 20 世纪 90 年代以来发生的重大再谈判的 PPP 项目就超过 38 个,[4]在现实中,发生再谈

---

[1]　See Engel E.,Fischer R.,Galetovic A.,*Soft budgets and renegotiations in Public-Private Partnerships*,National Bureau of Economic Research,2009.

[2]　See Guasch J.L.,*Granting and renegotiating infrastructure concessions:doing it right*,World Bank,2004.

[3]　See Engel E.,Fischer R.,Galetovic A.,*Soft budgets and renegotiations in Public-Private Partnerships*,National Bureau of Economic Research,2009.

[4]　参见刘婷、赵桐、王守清:《基于案例的我国 PPP 项目再谈判情况研究》,载《建筑经济》2016 年第 9 期,第 32 页。

判的原因是多样的:可能是因为技术进步或者公共服务需求随时间而发生了变化,需要调整公共服务的方式;也可能是因为在协议期间,发生了项目权利义务的失衡,公私合作方希望调整失衡状态。然而,再谈判的顺利进行有赖于各方的妥协与让步,其负面效应比较显著,往往以牺牲社会福利和消费者的利益为代价。如果谈判破裂还会给各方造成多重伤害,对于行政主体而言,可能造成项目停滞和短期内财政支出激增;对于社会资本方而言,可能导致成本增加及预期收益难以实现等后果。另外,在政府财政吃紧的情况下,如果社会资本方丧失偿还债务的能力,则项目失败的风险也会传导到金融机构等融资方。所以,如果不对 PPP 项目再谈判制度予以完善,则有可能出现大范围的再谈判破裂现象,进而对社会经济秩序产生重大影响。

为了防止一些地方泛化滥用 PPP 及不规范操作 PPP 项目,近两年国家密集出台了一系列文件,例如 2017 年 11 月 10 日财政部发布了《财政部办公厅关于规范政府和社会资本合作(PPP)综合信息平台项目库管理的通知》(财办金〔2017〕92 号)和 2017 年 11 月 17 日国资委颁布的《关于加强中央企业 PPP 业务风险管控的通知》(国资发财管〔2017〕192 号)。这些文件的主要目的在于严格管控 PPP 项目,要求相关主体通过"清退"、"整改"、"协商谈判"等形式纠正 PPP 项目中的违法违规操作,这其中必然会涉及已签订的 PPP 相关合同的变更,这种变更通常由当事人协商一致,即再谈判机制。由此可见,再谈判是解决目前 PPP 项目整改工作的主要方式,也是 PPP 项目参与各方免受更大损害的补救措施。

一、PPP 项目再谈判发生的必然性

(一) PPP 项目合同本身的不完全性

现代契约理论认为:"缔约方或契约的第三方裁决者无法证实或观察一切,从而契约是不完全的。"①PPP 项目合同同样具备不完全契约的特点,由于 PPP 项目的期限较长,往往长达数十年,在缔结合同时难以对未来的风险进

---

① See Oliver Hart, *Incomplete Contracts and Public Ownerships: Remarks, and an Application to Public-Private Parterships*, The Economic Journal, Vol.113.No.486, 2003, pp.69–70.Pablo T.Spiller, *An institutional Theory of Public Contracts: Regulatory Implications*, in C.Menard, and M.Ghertman(Eds.), Regulation, Deregulation, Reregulation: Institutional Perspectives, Edward Elgar, Chelenham, pp.45–66.

行详尽预测,同时参与 PPP 项目谈判的机关、组织和个人具有有限理性,且受到有限信息的制约,恐难在缔结阶段提出完善的合同文本。反之,如果在合同中进行过分细致的约定,又容易造成合同的弹性不足,导致实际执行与合同规定不符的情况出现。所以说,由于 PPP 项目合同本身的不完全,使得再谈判成为大概率事件。

(二) 公私双方具有机会主义行为

参与 PPP 项目的公私双方都可能因存在机会主义行为而启动再谈判。一方面,部分地方政府在 PPP 大力推进的背景下匆忙上马 PPP 项目,且盲目承诺支持政策与优惠措施,在履行过程中无法实现承诺而引发再谈判。如前所举泉州刺桐大桥等项目便是因为此原因而导致再谈判发生。另外,行政主体也可能为了减少财政支出或者应民众要求而发起再谈判,如天津双港垃圾焚烧发电厂项目三废排放导致的污染引起周围居民的抗议。另一方面,私人部门为了获取利益,往往通过低价获得项目缔约权,在其后的履约经营过程中,利用信息优势要求修改合同,提高价格、延长收费年限或提高收益分配比例等,使得合同无法如约履行,从而启动再谈判。

(三) 外部环境的影响

由于 PPP 项目历时较长,外部环境诸如政治、经济、市场需求、技术发展、相关法律法规等都可能发生重大变化,使得 PPP 项目的可执行性及预期收益等方面可能受到不利影响,按照原合同继续履行可能会损害公共利益或者私人部门利益,于是再谈判便难以避免。

综上,由于外部环境的复杂、缔约双方的机会主义及 PPP 项目合同本身的不完全导致缔约双方的争端难以避免,在争端发生后,通过当事人的自我履约已经无法实现,但诉诸法院不仅成本较高,而且容易使双方的合作关系破裂。在此种情形之下,通过双方的友好协商即再谈判解决问题无疑是最佳的选择,所以说,再谈判的发生具有必然性。

二、PPP 项目再谈判的结果分析

正如每枚硬币都有正反两面一样,再谈判也亦如此,使得它就像一把双刃剑,一方面可以不断修正合同中出现的各种问题,合理地对权责利进行重新分配;另一方面也可能会导致管理效率降低,公共利益受损。下面,笔者试图对

PPP 项目再谈判的结果进行正反两个方面的分析,以期为 PPP 再谈判机制的完善奠定良好基础。

(一) 政府与社会资本项目再谈判的正向效应

PPP 项目合同的不完全与外部环境的变化所引发的再谈判,带有"修正"与"纠偏"的性质,可以使 PPP 项目合同在发现问题的动态过程中不断予以完善,具有实质合理性,需要我们积极予以看待。另外,再谈判也体现了对合同的尊重,是对鼓励交易原则的体现,因此为多数民法学者所拥趸。韩世远教授主张,再谈判"是克服长期合同的僵硬性而添加灵活性的润滑剂"①。王利明教授也认为:"尽可能鼓励当事人重新谈判,有利于最大限度地维护合同关系的稳定,实现当事人之间的利益平衡。"②在 PPP 实践中,很多项目经过再谈判,当事人约定通过政府补贴、收费调整等方式实现了公共利益与私人利益的双赢。如北京地铁四号线 PPP 项目,由于平均票价小于测算票价,项目运营发生亏损,经过再谈判,政府对项目给予补贴保障其正常运转。再如青岛威立雅污水处理项目,由于污水处理价格是当地政府对市场价格和相关结构不了解的情况下签订的不平等合约,价格过高,后经过重新谈判达成降价协议。该案例是因为政府的盲目承诺加之相对人的机会主义所引发的合同不合理,通过再谈判得以纠偏,可见,再谈判的正面效用不容忽视。

(二) 政府与社会资本项目再谈判的负面效应

事实上,与正面效应相比,PPP 项目再谈判的负面效应更为典型,突出表现为再谈判是以牺牲社会福利和消费者的利益为代价的,具体表现为以下几项:

第一,再谈判历时较长,导致浪费资源、成本增加。根据 Guasch 2004 年统计的拉丁美洲及加勒比地区的 1000 个特许经营合同的结果显示,"各部门再谈判的平均时间不同,电力部门为 1.8 年,交通部门为 2.9 年,水务部门最短为 1.3 年。总体平均时间为 1.8 年,时间较长。"③我国深圳梧桐山隧道项目再谈判一度陷入僵局,历经 7 年才最终达成协议。长时间的谈判过程,耗时

---

① 韩世远:《情势变更若干问题研究》,载《中外法学》2014 年第 26 卷第 3 期,第 666 页。

② 王利明:《合同法研究》(第二卷),中国人民大学出版社 2011 年版,第 559 页。

③ 转引自孙慧、孙晓鹏、范志清:《PPP 项目的再谈判比较分析及启示》,载《天津大学学报》(社会科学版)2011 年第 13 卷第 4 期,第 295 页。

耗力,不仅浪费资源,也引起经营成本的增加。

第二,再谈判容易造成 PPP 项目的延期或闲置,影响项目的可持续发展。再谈判对于缔约双方而言,需要进行调查和协商,这必然会花费一定时间,而 PPP 项目又属于政府负有提供责任的基础设施或公共服务项目,再谈判的过程容易导致项目延期或者限制,造成政府无法按原计划提供基础设施或公共服务。如广东廉江项目因合同脱离实际显失公平,双方再谈判 8 年无果,导致水厂闲置多年。另外,PPP 项目在实施中,也可能因为公众的反对而导致项目延期。例如英国 M6 收费公路项目,由于收费模式的改变,英国民众对使用者付费机制十分抵触,M6 收费公路被民众强烈反对,导致项目延误时间长达 8 年。

第三,再谈判恐造成特许经营期限的延长以及运营期收费的增加,损害消费者的利益。在 PPP 再谈判实践中,多数的再谈判是由私人主体提出的,当外部环境发生不利变化时,私人主体为了保证利润,弥补自身的利益,往往要求延长特许经营期限或者增加收费,导致消费者负担增加。例如英法海底隧道项目在施工过程中,英法政府临时增加安保、环保两项附加条款,导致私营部门的建设成本上升,经过再谈判两国政府同意将特许经营期由 55 年延长至 99 年,特许经营期限延长了 44 年之久。

第四,再谈判往往会增加政府的财政负担。当项目运营后的收益不能满足收回投资或达到预定的收益时,项目公司往往会通过再谈判的途径与政府进行协商以要求补偿,这就是通常所说的“敲竹杠”行为,政府往往是通过补贴或者回购的方式与项目公司达成协议。有学者对再谈判结果经过统计后得出“我国的 PPP 项目再谈判的结果以政府回购为主”①。也就是说,有些情况下是政府在为失败的 PPP 项目买单,例如沈阳第八水厂项目、上海南浦大桥项目等,这不仅大大增加了政府的财政负担,更有违公平原则。

第五,再谈判也可能损害私人投资者的利益,打击社会资本参与 PPP 项目的积极性。有些地方政府为了吸引投资,作出了承诺,而在项目实施过程中又不兑现承诺,再谈判的结果损害了私人投资者的利益。例如四川广汉客运站项目,就

---

① 刘婷、赵桐、王守清:《基于案例的我国 PPP 项目再谈判情况研究》,载《建筑经济》2016 年第 9 期,第 33 页。

因为政府违背承诺未移交经营权,致使车站荒废,投资者的利益严重受损。①

三、PPP 项目再谈判的关键影响因素及完善

再谈判机制为公私双方协商一致变更合同内容的重要方式,在行政合同履行过程中由于 PPP 项目合同的不完全或者外界环境发生了变化,再谈判机制为缔约当事人提供了调整合同内容的机会,避免当事人因无法继续履行合同所遭受损失。通过上文我们可以看出,PPP 项目再谈判的负面效应比较突出,因此,需要我们分析再谈判的关键影响因素,找到解决问题的源头,从而对症下药。

(一) 社会资本方采购方式

财政部颁布的《政府和社会资本合作项目政府采购管理办法》中明确规定 PPP 项目采购方式包括公开招标、邀请招标、竞争性谈判、竞争性磋商和单一来源采购五种。在这五种方式中,单一来源采购方式的适用条件非常严格,现实操作空间不大。公开招标、邀请招标则是《招标投标法》与《政府采购法》共同规定的方式,也最能保障竞争的公开性、公平性与透明性,但因需要准备的文件数量众多,且招标文件发出后便不能进行实质性修改,所以一切文件中的漏洞及不甚清晰的表述都可能导致 PPP 项目合同在执行时产生争议,从而引发再谈判。竞争性谈判与竞争性磋商具有高度相似性,但是在竞争性报价阶段有所不同,竞争性谈判采用的是最低评标价法,②而竞争性磋商采用的是综合评标法。③ 相比而言,最低评标价法可能会出现私人投资者为了获得 PPP 项目,而过分压低报价,忽略质量及项目的可持续经营,导致后期项目经营困难而发起再谈判。

综合上述分析,PPP 项目社会资本方采购方式确实是再谈判的关键影响因素之一,我国目前广泛采用的公开招标并非最优方式。所以,PPP 社会资

---

① 参见《四川广汉客运站建成三年不能运营——市政府被指承诺不兑现》,载《中国青年报》2009 年 1 月 16 日。

② 《政府采购非招标采购方式管理办法》第三十五条规定:"谈判小组应当从质量和服务均能满足采购文件实质性响应要求的供应商中,按照最后报价由低到高的顺序提出 3 名以上成交候选人,并编写评审报告。"

③ 《政府采购竞争性磋商采购方式管理暂行办法》第二十三条规定:"经磋商确定最终采购需求和提交最后报价的供应商后,由磋商小组采用综合评分法对提交最后报价的供应商的响应文件和最后报价进行综合评分。"

本方采购方式选择上要综合考虑多种因素,同时可引入欧盟 2014 年公共采购指令中的"创新伙伴方式",由于该种方式较为灵活,且合同双方之间的关系较为融洽,大大降低了再谈判的发生。另外,在评分方法的运用上,可以引入最有利经济原则,在运用最低评标价方法时,本着最有利于经济效益和公共利益的原则;在综合评分法中按照最有利经济原则的要素确定评标因素及权值比重,同时运用生命周期成本进行计算,以上内容笔者已经在本书第二章中作了详细阐述,在此不再赘述。

(二) PPP 项目合同的完善程度

如前所述,PPP 项目合同具备不完全契约的特点,很难在缔结阶段提出完善的合同文本,由此不可避免地导致了再谈判的发生。因此,PPP 项目合同的设计要专业、精确,减少因为合同条款问题而发生再谈判的可能。同时,需要在合同中设立弹性条款及明确再谈判机制。由于 PPP 项目合同期限较长,所以弹性的合同条款的设置对于主体之间风险的分配尤为关键,如设置弹性的定价机制、最低收益担保、弹性的特许经营期等,保证风险分担机制的合理与有效。这样,一方面可以使私人部门通过强化自身的生产与经营来降低风险,而非通过向政府转移风险或进行再谈判来推进项目的实施;另一方面,政府也能实现对风险的把控,通过政府对风险的承担,提高私人部门的积极性。

另外,还需要在合同中明确再谈判的触发点、再谈判的程序及争议的解决途径等。完善的再谈判机制不仅能够弥补 PPP 项目合同本身的缺陷,而且能够保证在外部环境发生变化时,双方能够按照合同约定的再谈判程序进行再谈判,从而维护自身的利益。

(三) 监管机制是否有效

PPP 项目合同缔结之后的执行和移交阶段都有可能发起再谈判,因此从 PPP 项目合同订立伊始,监管机制就需启动,这样可以有效遏制基于机会主义的再谈判行为。Guasch 指出:"阿根廷的铁路部门,有效的监管者使得再谈判率从 29.7% 降低到 5.3%;布宜诺斯艾利斯的水务部门,有效的管理者使得再谈判率从 9.9% 降低到 0.3%。"[1]然而,目前我国监管机制并没有能够很好

---

[1]　Guasch J.L., Laffont J.J., Straub S., *Renegotiation of Concession Contracts in Latin America*, World Bank, 2003.转引自孙慧、孙晓鹏、范志清:《PPP 项目的再谈判比较分析及启示》,载《天津大学学报》(社会科学版)2011 年第 13 卷第 4 期,第 296 页。

地发挥作用。一般来说,PPP 项目的监管有行政监管、司法监管、行业监管和社会监管等多种形式。而我国目前公众监督投诉渠道不畅;基础设施和公共服务行业缺乏组织性和自律性,行业监管也起不到实质性作用;司法监管存在滞后性。因此,现阶段 PPP 项目的监管主要是政府的行政监管。然而,我国传统的政企不分的部门管理体制并没有彻底被打破,政府的行政主管部门往往兼有产业政策、产权管理、投资建设、监督检查等职能,既是政策的制定者,又是具体业务的经营者,是一种典型的行政垄断,而不是基于自然垄断的经济性垄断。① 监管机构的独立性差,政府部门在 PPP 中既是参赛者,又是裁判员,使得社会资本处于不利地位。英国诺顿罗氏律师事务所,于 2006 年针对亚洲 6 个国家基础设施 PPP 市场,向全球的相关人员开展了一次调查问卷,得出的评估报告显示,中国是法律和监管风险最高的国家。②

为了确保监管机制的切实有效,减少机会主义的再谈判,关键在于建立相对独立的监管机构。世界银行强调建立一个独立的私人部门融资基础设施项目监管机构的必要性,但同时也提出,如果在现实中由于政治原因不可行,则可以考虑一些替代性手段,包括建立一种咨询角色的独立机构;国有控股公司履行监管权力;在政府内部建立一个机构等。③ 欧盟的报告中也提出,建立一个集中的 PPP 监管机构或者工作组,有利于政府部门更新职能,增加获取新技能的效果。④ 在我国,要建立相对独立的监管机构,首先,要实行"政企分开,管办分离",行政主管部门要转型成为合同监管机构,同时要将政府的监督权与企业的所有权、经营权分离,真正成为监管的主体、公共利益的维护者。

---

① 参见仇保兴、王俊豪等:《中国市政公用事业监管体制研究》,中国社会科学出版社 2006 年版,第 11 页。

② 英国诺顿罗氏律师事务所,针对亚洲 6 个国家(中国、印尼、泰国、马来西亚、越南、新加坡)的基础设施 PPP 市场,向全球金融机构、保险公司、法律顾问、投资者、政府官员开展了一次调查问卷,在随后作出的评估报告中,将各国存在的风险分为 10 类:供应风险、需求风险、完成风险、运作风险、工程风险、环境风险、合作风险、政治风险、法律和监管风险、外汇风险。See Infrastructure PPP in Asia, Norton Rose international Legal Practice, 2006, p.10.

③ 参见《世界银行 PPIAF 技术援助项目中国基础设施领域私营部门参与的政策制度环境改善研究报告》,载周林军、曹远征、张智主编:《中国公用事业改革:从理论到实践》,知识产权出版社 2009 年版。

④ See *A guide to promoting Good Governance in Public Private Partnerships*, *United Nations Economic Commission For Europe*, Final Draft Last Revised, 31 July 2007.

其次,可以在中央设立专门的 PPP 项目监督委员会,与此相适应,各级政府组建相应级别的监督委员会,成员由各行业专家及政府公务员组成。这样使得各级委员会独立于行政职能部门,又具有专业性,能够切实有效地起到监督作用。

第七章　实质解决行政争议目标下的
行政合同争议解决制度

　　新《行政诉讼法》第十二条第十一项明确将政府特许经营协议、土地房屋征收补偿协议引起的争议定性为行政争议，将之纳入行政诉讼案件范围。《行政诉讼法》修订之前，这类协议引发的争议一般通过调解、协商、仲裁或者民事诉讼途径解决，新法颁布后，这些协议引发的争议是否仍可以适用仲裁方式解决成为目前争议最大的问题。民事诉讼法学者和仲裁机构主张《行政诉讼法》并没有排除仲裁对解决行政合同争议的适用，①一些政府部门也明确表示希望保留仲裁这一争议解决方式。于 2020 年 1 月 1 日起施行的《审理规定》第二十六条亦规定："行政协议约定仲裁条款的，人民法院应当确认该条款无效，但法律、行政法规或者我国缔结、参加的国际条约另有规定的除外。"这一规定的出台再一次将行政合同争议是否具有可仲裁性的问题推上风口浪尖。本章拟对《行政诉讼法》修订后特许经营协议争议等行政合同争议是否仍能适用仲裁方式解决、确定行政合同争议解决机制应当考量哪些因素、我国应建立何种行政合同争议解决机制等问题展开探讨。

第一节　修法前行政合同争议解决机制

　　争议解决机制，亦可称为争议（纠纷）处理机制，一般包括诉讼机制和非

---

　　①　参见姜丽丽：《PPP 项目合同争议可仲裁性分析——从纠纷解决的视角》，载《公私合作合同（PPP）国际研讨会会议资料》；张莉：《谈法国行政协议纠纷解决》，载《人民司法》2017 年第 31 期；姜波、叶树理：《行政协议争议仲裁问题研究》，载《行政法学研究》2018 年第 3 期。

诉机制两种,是各种纠纷解决途径、制度的总和或体系,其主旨在于化解和处
理争议或纠纷。由于我国尚未出台行政程序法,关于行政合同争议解决机制
的规定散见于各单行法律、行政法规、规章、规范性文件及地方行政合同规定
之中,基本呈碎片化的样态。要了解《行政诉讼法》修法之前行政合同争议的
解决方式,就需要我们对当时的立法状况进行全面梳理,以期窥见全貌。

一、修法前法律层面关于行政合同争议解决机制的规定

笔者在第二章表2-1中已经列举了行政合同所涉法律,现进一步针对其
中争议解决部分的规定予以梳理。

表7-1　《行政诉讼法》修订前法律层面关于行政合同争议解决机制的规定

法律名称	相关规定
《农村土地承包法》	第五十五条　因土地承包经营发生纠纷的,双方当事人可以通过协商解决,也可以请求村民委员会、乡(镇)人民政府等调解解决。 　　当事人不愿协商、调解或者协商、调解不成的,可以向农村土地承包仲裁机构申请仲裁,也可以直接向人民法院起诉。
《农村土地承包经营纠纷调解仲裁法》	第二条　农村土地承包经营纠纷调解和仲裁,适用本法。 　　农村土地承包经营纠纷包括: 　　(一)因订立、履行、变更、解除和终止农村土地承包合同发生的纠纷; 　　(二)因农村土地承包经营权转包、出租、互换、转让、入股等流转发生的纠纷; 　　(三)因收回、调整承包地发生的纠纷; 　　(四)因确认农村土地承包经营权发生的纠纷; 　　(五)因侵害农村土地承包经营权发生的纠纷; 　　(六)法律、法规规定的其他农村土地承包经营纠纷。 　　因征收集体所有的土地及其补偿发生的纠纷,不属于农村土地承包仲裁委员会的受理范围,可以通过行政复议或者诉讼等方式解决。 第三条　发生农村土地承包经营纠纷的,当事人可以自行和解,也可以请求村民委员会、乡(镇)人民政府等调解。 第四条　当事人和解、调解不成或者不愿和解、调解的,可以向农村土地承包仲裁委员会申请仲裁,也可以直接向人民法院起诉。
《税收征收管理法》	第八十八条　纳税人、扣缴义务人、纳税担保人同税务机关在纳税上发生争议时,必须先依照税务机关的纳税决定缴纳或者解缴税款及滞纳金或者提供相应的担保,然后可以依法申请行政复议;对行政复议决定不服的,可以依法向人民法院起诉。

续表

法律名称	相关规定
《政府采购法》	第五十一条 供应商对政府采购活动事项有疑问的,可以向采购人提出询问,采购人应当及时作出答复,但答复的内容不得涉及商业秘密。 第五十五条 质疑供应商对采购人、采购代理机构的答复不满意或者采购人、采购代理机构未在规定的时间内作出答复的,可以在答复期满后十五个工作日内向同级政府采购监督管理部门投诉。 第五十八条 投诉人对政府采购监督管理部门的投诉处理决定不服或者政府采购监督管理部门逾期未作处理的,可以依法申请行政复议或者向人民法院提起行政诉讼。
《公务员法》	第一百零五条 聘任制公务员与所在机关之间因履行聘任合同发生争议的,可以自争议发生之日起六十日内申请仲裁。 　　省级以上公务员主管部门根据需要设立人事争议仲裁委员会,受理仲裁申请。人事争议仲裁委员会由公务员主管部门的代表、聘用机关的代表、聘任制公务员的代表以及法律专家组成。 　　当事人对仲裁裁决不服的,可以自接到仲裁裁决书之日起十五日内向人民法院提起诉讼。仲裁裁决生效后,一方当事人不履行的,另一方当事人可以申请人民法院执行。

通过梳理可以看出:

第一,对于行政合同的纠纷解决机制均采取多元化立法的思路,包括诉讼机制和非诉机制两种,其中非诉机制主要有协商、调解、行政仲裁和行政复议。而诉讼机制则是民事诉讼和行政诉讼两种途径皆有运用。

第二,我国在土地管理和人事管理领域建立了行政仲裁制度,所以土地承包合同和聘任制公务员合同纠纷可以进行行政仲裁,只是二者要求不同。聘任制公务员合同纠纷中人事仲裁为诉讼的前置程序;而土地承包合同纠纷当事人则可以从行政仲裁和诉讼二者选择其一。然而,对于诉讼机制,上述规定是向法院提起民事诉讼抑或行政诉讼语焉不详。农村土地承包合同纠纷根据《最高人民法院关于审理涉及农村土地承包纠纷案件适用法律问题的解释》第一条规定是向法院提起民事诉讼。[①] 聘任制公务员合同纠纷属于劳动争

---

① 《最高人民法院关于审理涉及农村土地承包纠纷案件适用法律问题的解释》第一条第一款规定:"下列涉及农村土地承包民事纠纷,人民法院应当依法受理:(一)承包合同纠纷;(二)承包经营权侵权纠纷;(三)承包经营权流转纠纷;(四)承包地征收补偿费用分配纠纷;(五)承包经营权继承纠纷。"

议,亦是依照民事诉讼法的有关规定进行处理。

第三,《政府采购法》并没有对政府采购合同的纠纷解决机制作出专门规定,只是规定供应商对政府采购活动事项有疑问的,可以询问、投诉、行政复议和行政诉讼,这是典型的行政纠纷解决途径。但同时《政府采购法》第四十三条又规定政府采购合同适用《合同法》,虽然说此种行政纠纷解决途径仅适用于招标阶段,合同履行过程中的纠纷则适用民事救济途径,看似泾渭分明。然而,正如笔者在第二章中所分析的,《政府采购法》的"两阶段"立法存在缺陷,这种弊端再一次在纠纷解决途径中得以凸显,对于同一对象规定了两种性质不同的争议解决方式,且两种方式如何有效衔接并不明确,不仅导致《政府采购法》内部逻辑结构上不自洽,而且在一定程度上造成了当事人选择救济途径时的困惑。

二、修法前政策规章层面关于行政合同争议解决机制的规定

政策规章层面关于行政合同的立法主要集中在 PPP 领域,截至 2019 年 3 月 4 日笔者在北大法宝中以"政府和社会资本合作"和"公用事业特许经营"为关键词,共查找到 1 部行政法规、50 部部门规章及 4 部立法草案,经过逐一筛选,涉及行政合同争议解决机制的共有 7 部。其中《PPP 条例(征求意见稿)》的发布时间在《行政诉讼法》修法之后,在此不予梳理;《基础设施和公用事业特许经营管理办法》的生效时间虽然在新《行政诉讼法》生效之后一个月,但其发布时间为 2015 年 4 月 25 日,在新《行政诉讼法》生效前,故在此一并梳理。(详见表 7-2)

表 7-2　《行政诉讼法》修订前政策规章层面关于行政合同争议解决机制的规定

文件名称	发文字号	相关规定
《基础设施和公用事业特许经营管理办法》	国家发展和改革委员会、财政部、住房和城乡建设部、交通运输部、水利部、中国人民银行令第 25 号	第四十九条　实施机构和特许经营者就特许经营协议履行发生争议的,应当协商解决。协商达成一致的,应当签订补充协议并遵照执行。 第五十条　实施机构和特许经营者就特许经营协议中的专业技术问题发生争议的,可以共同聘请专家或第三方机构进行调解。调解达成一致的,应当签订补充协议并遵照执行。 第五十一条　特许经营者认为行政机关作出的具体行政行为侵犯其合法权益的,有陈述、申辩的权利,并可以依法提起行政复议或者行政诉讼。

文件名称	发文字号	相关规定
《财政部关于印发〈政府和社会资本合作项目政府采购管理办法〉的通知》	财库〔2014〕215号	第二十二条　参加PPP项目采购活动的社会资本对采购活动的询问、质疑和投诉，依照有关政府采购法律制度规定执行。 项目实施机构和中标、成交社会资本在PPP项目合同履行中发生争议且无法协商一致的，可以依法申请仲裁或者提起民事诉讼。
《财政部关于印发政府和社会资本合作模式操作指南(试行)的通知》	财库〔2014〕113号	第二十八条　在项目合同执行和管理过程中，项目实施机构应重点关注合同修订、违约责任和争议解决等工作。 …… (三)争议解决。 在项目实施过程中，按照项目合同约定，项目实施机构、社会资本或项目公司可就发生争议且无法协商达成一致的事项，依法申请仲裁或提起民事诉讼。
《建设部关于印发城镇供热、城市污水处理特许经营协议示范文本的通知》	建城〔2006〕126号	城镇供热特许经营协议示范文本第21章 (一)协议争议的协商 (二)仲裁或提起诉讼 城市污水处理特许经营协议示范文本 第19条　争议的解决 19.1　双方友好协商解决 19.2　仲裁
《财政部关于规范政府和社会资本合作合同管理工作的通知》	财金〔2014〕156号	所附《PPP项目合同指南(试行)》"第二十节适用法律及争议解决"规定： 常见的争议解决方式包括： (一)友好协商。 (二)专家裁决。 (三)仲裁。
《国家发展和改革委员会关于开展政府和社会资本合作的指导意见》	发改投资〔2014〕2724号	所附《政府和社会资本合作项目通用合同指南》"第十四章争议解决"规定： 第73条　争议解决方式 1.协商 2.调解 3.仲裁或诉讼

通过梳理可以看出，PPP项目合同或者特许经营合同的争议解决，通常采取多元化的争议解决机制。在诉讼机制中，上述规范以民事诉讼居多，行政诉讼较为特殊。非诉讼机制包括协商、调解、专家裁决、仲裁、行政复议，其中协商通常前置，即发生争议后首先须协商，协商不成才能启动其他救济途径；在《PPP项目合同指南》中规定了一种新的非诉机制——专家裁决，主要解决

的是 PPP 项目中涉及的专业性或技术性纠纷。另外,针对 PPP 项目合同的纠纷相关立法均规定了仲裁的方式。

三、修法前地方行政合同立法关于行政合同争议解决机制的规定

笔者对如前搜集到的 15 部地方行政程序规定、32 部行政机关合同管理规定以及 34 部政府合同管理办法中关于行政合同争议解决机制的规定进行了梳理,主要有以下 6 种模式。(详见表 7-3)

表 7-3　地方行政合同立法对于行政合同争议解决机制的规定

序号	争议解决机制规定	采用此规定的文件数量	采用此概念的文件名称
1	双方先协商、和解、调解,达成一致意见,签订书面协议;不能达成一致意见,通过诉讼或仲裁解决。	20 部	《北京市西城区人民政府关于印发北京市西城区行政机关合同管理办法的通知》《大连市人民政府关于印发大连市行政机关合同管理办法的通知》《汕头市行政机关合同管理规定》《淮安市人民政府关于印发淮安市行政机关合同管理办法的通知》《宁波市人民政府办公厅关于印发宁波市行政机关合同管理办法的通知》《宁波国家高新区管委会办公室关于印发高新区行政机关合同管理办法的通知》《珠海市政府合同管理办法》《广州市政府合同管理规定》《海口市人民政府关于印发海口市政府合同管理暂行办法的通知》《合肥市人民政府办公厅关于印发合肥市政府合同管理暂行办法的通知》《惠州市人民政府关于印发〈惠州市政府合同管理规定〉的通知》《眉山市政府办公室关于印发眉山市政府合同管理办法的通知》《商洛市人民政府关于印发商洛市政府合同管理办法的通知》《上海市杨浦区人民政府关于印发〈上海市杨浦区人民政府合同管理办法(试行)〉的通知》《邵阳市人民政府办公室关于印发〈邵阳市政府合同管理办法〉的通知》《深圳市人民政府关于印发深圳市政府合同管理规定的通知》《张家界市人民政府关于印发〈张家界市政府合同管理办法(试行)〉的通知》《益阳市人民政府关于印发〈益阳市政府合同管理规定〉的通知》《长沙市人民政府办公厅关于印发〈长沙市政府合同审查与管理办法〉的通知》《株洲市人民政府办公室关于印发〈株洲市政府合同审查管理办法〉的通知》

序号	争议解决机制规定	采用此规定的文件数量	采用此概念的文件名称
2	双方协商或者调解，达成一致意见的，应当签订书面协议。经协商或者调解达不成一致意见的，合同承办单位应当及时委托法制机构或法律顾问按约定的争议解决方式解决。	1部	《中卫市人民政府关于印发中卫市政府合同审查管理办法的通知》
3	对外签订合同，争议的解决方式优先选择仲裁，如果选择诉讼的应明确选择管辖地法院为市建设管理委所在地法院。	1部	《上海市城乡建设和管理委员会关于印发〈上海市城乡建设和管理委员会机关合同管理规定〉的通知》
4	发生纠纷可以协商解决，也可以通过行政复议或行政诉讼解决。	1部	《海北藏族自治州行政程序规定》
5	经协商不能达成一致意见，依据合同提请仲裁或诉讼解决。	2部	《贵港市人民政府办公室关于印发贵港市政府合同管理办法的通知》、《三明市人民政府关于印发三明市政府合同管理办法的通知》
6	政府合同在履行过程中产生纠纷的，承办单位和承办人可以与合同对方当事人进行协商；并将协商情况及时报请订立合同的政府一方作出决定。	1部	《新晃侗族自治县人民政府关于印发〈新晃侗族自治县政府合同管理细则〉的通知》

通过对表7-3的梳理，可以得出如下结论：

第一，行政合同的争议解决机制为多元化的，包括非诉机制和诉讼机制两种。其中非诉讼争议解决机制包括协商、调解、仲裁和行政复议；对于诉讼机制而言，除了《海北藏族自治州行政程序规定》确定为行政诉讼外，其他规定均未予以明确，但鉴于上述地方规定的颁布时间基本都在新《行政诉讼法》出台前，故推定为民事诉讼。

第二，协商和调解通常作为前置方式，即行政合同纠纷发生后，当事人首先要进行协商和调解,协商调解不成,才能选择其他的救济途径。但是《海北藏族自治州行政程序规定》并没有将协商前置,而是与行政复议和行政诉讼并行。

第三,行政合同纠纷可以依合同的约定提请仲裁,其中《上海市城乡建设和管理委员会关于印发〈上海市城乡建设和管理委员会机关合同管理规定〉的通知》更是明确规定争议的解决方式优先选择仲裁。

第四,除了《海北藏族自治州行政程序规定》明确行政合同的纠纷可以通过行政诉讼解决外,其他地方行政程序规定对行政合同争议解决制度均未作出规定,系立法中的制度缺陷。

综合法律层面、政策法规层面及地方行政合同立法的梳理我们可以看出,《行政诉讼法》修法前立法关于行政合同的争议解决机制均采取多元化的思路,包括诉讼机制与非诉机制两种。非诉机制主要包括协商、调解、仲裁、行政仲裁和行政复议五种,其中又以协商、调解和仲裁最为常见;诉讼机制则主要为民事诉讼。

第二节　修法后行政合同争议可仲裁性分析

《行政诉讼法》修改前我国行政合同争议主要是通过民事救济途径解决的,少部分纠纷自行协商或经过调解了结,大部分纠纷则通过民事诉讼或者仲裁予以救济,仲裁在修法前已经成为一种重要的行政合同纠纷救济途径。然而,新《行政诉讼法》明确在受案范围中列举了"行政协议"之后,便意味着从实定法上确定了行政合同纠纷系行政争议,而我国《仲裁法》第三条又明确规定行政争议不能仲裁。2020 年 1 月 1 日生效的《审理规定》第二十六条的规定又以行政协议的性质为根本出发点,相当于从司法解释层面明确了在除外规定外,行政协议争议不得仲裁。然而,新《行政诉讼法》是否排除了仲裁这一争议解决方式? 行政协议的性质是否为确定争议解决机制的唯一因素?《审理规定》关于行政协议争议不得约定仲裁条款的规定是否适当? 我国《仲裁法》关于仲裁的定位是否准确? 仲裁在处理行政协议争议上又有哪些先决条件及优势? 这些问题的探究与阐释不仅有利于构建科学高效的行政协议争议解决机制,而且能够解决司法实践中"案结事不了"的状况,真正做到实质化解争议目标的实现。

一、新《行政诉讼法》仅排除了民事诉讼救济途径

(一) 新《行政诉讼法》背景下行政合同争议解决机制所面临的新问题

1. 新《行政诉讼法》规定的"等"字为"等内等"还是"等外等"

新《行政诉讼法》第十二条第十一项采用了"政府特许经营协议、土地房屋征收补偿协议等协议"的表述,这个"等"究竟为"等内"还是"等外"并不明晰,导致实践中对"行政协议"的救济范围存在不同理解,由此也引发了争议。根据新《行政诉讼法》的规定,由行政诉讼途径解决的行政合同争议是仅包括政府特许经营协议和土地房屋征收补偿协议两种,其他的行政合同依旧沿用民事诉讼途径解决,还是范围作扩张性的解释,所有的行政合同争议均适用行政诉讼? 2017 年 12 月 17 日,在长沙举办的首届法治政府建设实践论坛中,上海市人民政府法制办公室副主任刘平做了题为《行政协议履行与争议解决相关法律问题的思考》报告,在报告中提出按照立法技术的惯例,立法中的"等"一般应为等内等,如要对"等"作进一步扩大解释,应当由立法机关通过立法解释来明确。笔者对新《行政诉讼法》、《审理规定》进行分析后并不赞同上述观点,认为新《行政诉讼法》中规定的"等"字适宜作扩大解释,即"等"字为"等外等"。

首先,立法中的"等"字通常表示列举未尽,包括"等内"和"等外"两种情况。所谓"等内",是指列举未尽的内容并没有超出已列明事项所属的同一性质或范畴,而"等外"则恰恰相反。对于"等"字的解释不能拘泥于传统的机械性、僵化的法律解释方法,而是要运用更加全面、灵活及动态的方法以适应日益多元的社会利益诉求。随着合作行政、福利国家理念的深入,行政合同在我国行政管理各个领域广泛应用已经是不争的事实,而且地方行政合同立法关于行政合同类型的规定也有十几项之多(笔者在图 3-1 中已经作了详细梳理)。在这样一个背景下,仍然固守狭义的限制解释确实不合时宜,我们需要运用发展的眼光对新《行政诉讼法》中的"等"作扩大化的解释。

其次,《审理规定》则进一步明确行政协议还包括矿业权等国有自然资源

使用权出让协议、政府投资的保障性住房的租赁买卖等协议、政府与社会资本合作协议及其他行政协议。由此可见，《行政诉讼法》中关于行政协议条文中的"等"字为等外等。另外，笔者在第三章中已经对新《行政诉讼法》出台后我国司法实务中关于行政合同类型进行了梳理，可以看出司法实践亦是采取扩大解释的。

2. 新《行政诉讼法》规定的涉行政合同争议的受案范围是否仅限四种情形

新《行政诉讼法》第十二条第十一项将行政机关不依法履行、未按照约定履行或者违法变更、解除四种情形纳入行政诉讼的受案范围。然而，在实践中，行政合同争议比较复杂，除了上述四种情形外，还可能存在缔约过失的救济争议、行政合同有效与否的争议、合同履行中的情势变更引发的争议、违反合同附随义务的争议等，这些争议是否也应当属于行政诉讼的受理范围，便成为新《行政诉讼法》出台后的又一争议焦点。有观点认为，新《行政诉讼法》纳入救济的行政合同四种情形均属于行政机关履行消极或改变约定（也属于不履行的一种情形）的情形，并没有覆盖所有行政合同争议的情形，因此，并不能扩张解释。① 也有观点认为，"如果结合新《行政诉讼法》第七十八条、第七十五条关于行政协议判决方式的规定，可以发现行政协议有效与否也包含在可诉行政行为范围之中。"② 除了对于行政合同效力认定持支持行政诉讼的观点外，还有观点认为行政合同缔约责任问题也与行政诉讼直接相关，主要是因为订立行为涉及行政机关运用行政协议达到行政管理目的的合法性，必须接

---

① 2017年12月17日，在长沙举办的首届法治政府建设实践论坛中，上海市人民政府法制办公室副主任刘平在《行政协议履行与争议解决相关法律问题的思考》报告中提出的观点。

② 具体原因如下。修改后的行政诉讼法第七十八条规定："被告不依法履行、未按照约定履行或者违法变更、解除本法第十二条第一款第十一项规定的协议的，人民法院判决被告承担继续履行、采取补救措施或者赔偿损失等责任。""被告变更、解除本法第十二条第一款第十一项规定的协议合法，但未依法给予补偿的，人民法院判决给予补偿。"适用该条的前提条件是行政协议有效。但是，如果行政协议存在重大且明显违法而无效时，则该条内容无法适用，应当适用第七十五条规定。而第七十五条规定："行政行为有实施主体不具有行政主体资格或者没有依据等重大且明显违法情形，原告申请确认行政行为无效的，人民法院判决确认无效。"这一条款事实上赋予人民法院判决确认行政协议无效的权力。既然人民法院有权判决行政协议无效，公民、法人或者其他组织当然要有权对行政协议本身的有效性提起行政诉讼的权利。行政协议是否有效就不是一个单方行为，人民法院要审查的就是一个双方行为的合法有效性问题。参见江必新：《新行政诉讼法专题讲座》，中国法制出版社2015年版，第62页。

受司法审查。①

第一,对于先合同争议,由于争议发生时行政合同并未订立,所以当事人因违反诚实信用原则而产生的缔约过失责任的相关争议是否可得行政诉讼问题,不仅在我国存在争议,国外亦有争论。德国学界的通说认为,"行政合同成立之前的缔约过失责任较为接近已经展开的行政程序,可以将其解释为'基于公法契约'的损害赔偿,如果交予普通法院审理,不仅违背立法者欲将行政合同相关的争议由行政法院管辖的意图,也会导致诉讼途径的不安定性,因为行政合同是否存在缔约过失等问题,常在诉讼初期仍不明确。因此,行政合同之缔约过失问题,应交由行政法院管辖。"②由于行政合同争议属于行政争议,尽管在先合同争议阶段行政合同尚未成立,但因为其与后续行政合同具有关联性,选择行政诉讼模式系属当然。如果这部分争议交由民事诉讼,就等于对行政争议进行了拆分,造成当事人选择救济途径时的无所适从。在我国司法实践中,也有法院通过行政判决确认行政合同当事人缔约过失责任的案例。如在"杨胜松与镇远县羊坪镇人民政府案"中,法院认为:"本案所涉《安置补偿合同》为行政协议,被告作为行政机关,在签订拆迁补偿合同时没有认真审查原告是否符合宅基地的安置条件,未尽到订立合同的注意义务,应当对合同无效承担缔约过失责任。"③

第二,对于行政合同履行过程中的争议,由于系属典型的行政合同争议,故而选择行政诉讼模式是正当和可行的,这在上文中已经进行了详细的分析,在此不再赘述。对于在本部分开始所提出的目前实践中出现的合同履行中的情势变更引发的争议和违反合同附随义务争议均系行政合同履行中的争议,当然属于行政诉讼的受案范围。在司法实践中也对此持肯定态度,履行中的情势变更引发的争议在本书第六章中已经对法院案例进行了类型化探讨,不再重复;违反合同附随义务的争议,例如"张素珍与沈阳市苏家屯区国有土地

---

① 参见江必新、梁凤云:《最高人民法院新行政诉讼法司法解释理解与适用》,中国法制出版社 2015 年版,第 150 页。

② 江嘉琪:《行政契约之争讼与诉讼类型》,载林明锵、蔡茂寅主编:《行政法实务与理论(二)》,元照出版公司 2006 年版,第 89 页。转引自胡宝岭:《行政合同争议司法审查研究》,中国政法大学出版社 2015 年版,第 131 页。

③ 贵州省黔东南苗族侗族自治州凯里市人民法院(2015)凯行初字第 70 号行政判决书。

房屋征收管理办公室征收补偿协议上诉案"中,沈阳市中级人民法院认为:
"上诉人与被上诉人签订的《住宅房屋征收安置补偿协议》属于行政协议,且
协议合法有效。合法有效的协议签订后,双方均应按照协议适当履行,只有在
相对方存在严重违反协议的行为导致不能实现合同目的时,守约方才能主张
解除协议。本案中,被上诉人安排上诉人回迁严重超出协议约定期限。在上
诉人起诉后,被上诉人在合理期间内通知上诉人选房,并提供了备案手续,可
视为其采取了补救措施。但上诉人也未适当履行协助义务,按时参加回迁摇
号,上诉人存在不履行附随义务的违约行为。"①

　　第三,对于后合同争议,其产生的基础在于争议双方之间业已存在的行政
合同,故而后合同争议带有附随义务的性质。正是后合同争议的这种附随性
决定了其应与产生它的主法律关系一致,而这种主法律关系即为行政合同关
系。因此,后合同争议便当然适用行政诉讼模式。

　　综合上述分析,我们认为,虽然新《行政诉讼法》只将四种情形纳入行政
诉讼的受案范围,但是无论先合同争议、合同履行中的争议还是后合同争议都
属于行政合同争议,而行政合同争议又属于行政争议,故应当全部选择行政诉
讼模式。正如有学者所言,"行政合同的内容即为公法关系,在原则上自不得
成为民事诉讼的标的。"②

　　3. 新《行政诉讼法》是否排斥其他非诉争议解决途径

　　要研究新《行政诉讼法》是否排斥了其他争议解决途径,其主要的分析
路径可以从新《行政诉讼法》修订的立法目的入手。新《行政诉讼法》将"解
决行政争议"写入了第一条的立法目的中,主要针对实践中"案结事不了"
和"循环诉讼"等现象,也包括现实中由于行政与民事争议交叉时,行政诉
讼受理范围过窄所导致的争议无法一并解决,多头诉讼等问题,是法治发展
和社会现实需求共同作用的结果。基于这一立法目的,扩展了第十二条的
法院受案范围、第六十一条的"当事人申请一并解决相关民事争议的"以及
第七十三、七十七条丰富了一般给付判决等裁判方式。体现了新《行政诉
讼法》在"保障权利、监督权力"这一立法宗旨基础上,对"争议解决"这一诉

①　辽宁省沈阳市中级人民法院(2017)辽01行终346号行政判决书。
②　张家洋:《行政法》,三民书局2002年版,第527页。

讼机制基本功能的回应。① 结合上述立法目的及新《行政诉讼法》的修法思路,可以看出,对引发争议的第十二条法院受理范围的理解,应当是从"保护权利"和"有利于争议解决"出发,明确了"政府特许经营协议、土地房屋征收补偿协议等协议"。因此,从立法目的及修法思路来看,实质上是给行政合同相对人增加了一条权利救济的渠道,而并不是替代或排斥了原来已有的非诉争议机制。鉴于此,仲裁作为一种重要的非诉争议解决途径,并未被新《行政诉讼法》排除在外,那么《审理规定》关于行政协议约定仲裁条款无效的规定是否就存在有违《行政诉讼法》之嫌呢?

(二)行政诉讼作为行政合同诉讼纠纷解决方式具有排他性

1. 选择行政诉讼模式的根本原因——行政合同争议系属行政争议

尽管行政合同兼具行政性与合同性双重属性,但行政性仍然为其本质属性,对此多数学者也持赞成态度。例如有学者认为,行政合同根本上是在执行行政职权,因而行政性是其最基本的特征。②

首先,行政合同是一种行政行为,而且是一种"新型行政行为"③,这是行政合同争议具有可诉性的基本前提。正如龚祥瑞教授所指出的:"对于法院来说,某种行为是不是行政行为,往往可能构成司法审查的先决条件,因为只有行政行为才能成为司法审查的对象。"法国在19世纪70年代就形成了行政行为概念,后来随着行政法实践的发展和理论上的探讨,尤其是在社会连带主义法学思潮影响下,"行政行为外延不断扩大,既包括传统意义上的行政行为,也包括行政合同、抽象行政行为和行政事实行为"④。德国行政行为的内涵较窄,行政合同是与行政行为并列的概念。"德国的这种做法与法国和中国不同,因为法国和中国都把行政合同行为看成是一种特殊的行政行为。"⑤行政合同的行政性与合同性并存的属性决定了其是合同与行政行为的组合体,当然,这并不矛盾,因为毕竟行政性是其本质属性,所以行政是行政合同的

---

① 参见姜丽丽:《PPP 项目合同争议可仲裁性分析——从纠纷解决的视角》,载《公私合作合同(PPP)国际研讨会会议资料》,第 80 页。

② 参见刘善春:《行政审判:实用理论与制度构建》,中国法制出版社 2008 年版,第 258 页。

③ 杨海坤、黄学贤:《中国行政程序法典化——从比较法角度研究》,法律出版社 1999 年版,第 350 页。

④ 应松年:《当代中国行政法》(上卷),中国方正出版社 2005 年版,第 512 页。

⑤ 胡建淼:《比较行政法——20 国行政法评述》,法律出版社 1998 年版,第 292 页。

实质内容,合同则是行政合同的表现形式。① 换言之,行政合同是一种以合同为表现形式或载体的行政行为。我国新《行政诉讼法》明确规定行政协议属于行政诉讼的受案范围,充分表明立法机关已经将行政合同认定为一种行政行为。

在我国司法实践中,将行政合同认定为行政行为的案例并不鲜见。例如在"赵文明与湟中县住房和城乡规划建设局补偿协议案"中,西宁铁路运输法院认为:"行政协议既是一种行政行为,具有行政行为的属性,又是一种合同,体现合同制度的一般特性。本案中,拆迁补偿协议以及拆迁补偿补充协议均是以协商方式订立的行政协议,是一种双方行政行为。"②

其次,行政合同争议属于行政争议。囿于我国《行政诉讼法》的规定,前文先对行政合同系行政行为进行了论证,接下来进一步阐述行政合同争议属于行政争议,进而为其纳入行政诉讼扫清障碍。具体原因如下:第一,行政合同所涉法律关系为行政法律关系;第二,行政合同的缔结目的为执行行政管理任务或者实现行政管理目标。上述两个原因笔者在第一章中已经作了详尽说明,在此不再赘述。另外,由于我国法院系统内部存在分工,行政诉讼和民事诉讼分别解决行政争议与民事争议。新《行政诉讼法》第一条规定了"解决行政争议",使得行政诉讼解决行政争议这一命题具有了实定法上的依据。

目前,在我国司法实践中亦有诸多案例明确将行政合同争议定性为行政争议。在"张正印、张正龙与丹凤县人民政府履行土地安置行政协议案"中,陕西省商洛市中级人民法院认为:"本案是因履行行政协议引起的行政争议。本案被告丹凤县人民政府因国家修建商界高速公路需要,作为协调方与原告张正龙、张正印签订了拆迁补偿协议,并于签订协议的当日及2009 年 3 月 27 日形成了两份会议纪要,相关的会议纪要是原、被告达成的拆迁协议的补充。上述拆迁协议及相关会议纪要,是被告丹凤县人民政府履行征地拆迁行政管理职责的体现,明确了原、被告的权利义务,所签订的协议属于行政协议。"③

---

①　参见张步洪:《中国行政法学前沿问题报告(中国法学会行政法学研究会 1997—1999 年会主题)》,中国法制出版社 1999 年版,第 65 页。

②　西宁铁路运输法院(2017)青 8601 行初 34 号行政判决书。

③　山西省商洛市中级人民法院(2017)陕 10 行初 29 号行政判决书。

2. 选择行政诉讼模式的现实原因——全面解决行政合同争议

民事诉讼制度和行政诉讼制度最大的区别在于其立法目的不同,民事诉讼侧重保护原被告双方在同等诉讼地位上的权利救济,而行政诉讼则对处于相对弱势地位的行政相对人给予更大的倾斜,例如行政机关不具有原告资格、举证责任方面承担更重的责任等。行政合同的合同性要求行政主体与相对人处于对等的法律地位,然而从我国目前的情况来看,二者之间仍然存在较大的力量差距,而且这种差距至少在现阶段并不能完全改变。实践中大量的司法案例亦表明,在行政合同履行中,相对人权益遭受损害仍占绝大多数,因此,将行政合同纠纷纳入行政诉讼比较适合我国的国情。

具体而言,相较于民事诉讼,行政诉讼能够更为全面地解决行政合同争议。于安教授就曾指出:"民事诉讼模式在行政合同争议司法审查中具有一定的局限性,无权审查行政机关合同的法律能力和依据,无权迫使行政机关履行义务,也无法确切规定行政机关不履行合同义务的财产责任。"[1]于立深教授也提出:"行政合同往往与其他行政行为存在牵连,尤其是农村土地承包合同、国有企业承包合同、国有土地使用权出让合同,表面上看争议的并不是合同自身问题,而是一个行政行为合法性、合理性的问题。"[2]这种牵连关系的存在,也决定了处理行政合同争议时,行政诉讼比民事诉讼更具有优越性。正如全国人大法工委对于《行政诉讼法》第十二条第十一项的修订所作的释义:"考虑到此类争议中往往伴随着行政争议,将其纳入行政诉讼受案范围,有利于争议的一并解决。"[3]

3. 选择行政诉讼模式的其他原因——兼顾公共利益与私人利益的平衡

行政合同条款中的法定内容较多,且多涉及公共资金的使用,在行政合同的缔结过程中又常常出现相对人或者竞争人的公平竞争权问题,行政诉讼程序的设计能够更多地考虑保护作为弱势一方的相对人的利益,从而实现实质意义上的平等。另外,近年来,行政主体不诚信履约、滥用行政优益权的现象

---

① 于安:《降低政府规制——经济全球化时代的行政法》,法律出版社 2003 年版,第 151—152 页。

② 于立深:《通过实务发现和发展行政合同制度》,载《当代法学》2008 年第 6 期,第 16 页。

③ 信春鹰主编:《中华人民共和国行政诉讼法释义》,法律出版社 2014 年版,第 44 页。

屡见不鲜,而且在社会经济的转型期,合同的约定与法律、政策等变化之间的冲突也不断升级。在这样的背景下,行政诉讼在审理行政合同争议时具有民事诉讼所无法比拟的优势。

综上所述,由于所有的行政合同争议均属于行政争议,决定了其诉讼模式具有唯一性,即只能为行政诉讼,再由于行政诉讼相比民事诉讼所具有的优势,使得尽管行政合同具有合同性,亦不能使我们转而选择民事诉讼,这也正是英美法系国家在政府合同争议案件中适用行政法上的特别规定作出裁判的重要原因。

二、比较法视角下可仲裁性分析:不应将仲裁仅仅定位为商事领域

可仲裁性不等于应当仲裁,而是指哪些争议事项可以提交仲裁,通过仲裁方式予以解决。新《行政诉讼法》出台后,之所以会引发关于行政合同争议是否具有可仲裁性的争议,根本原因在于《仲裁法》第二条和第三条对于仲裁事项范围的规定,《仲裁法》通过"肯定概括为主(第二条)+排除性否定列举(第三条)"的规定明确了行政争议不能仲裁。正是这样的规定为运用仲裁解决行政合同纠纷形成了立法上的障碍。然而我国 1995 年起实施的《仲裁法》将仲裁定位为"商事"领域,这种定位是否符合仲裁制度的初衷? 是否与国际仲裁的发展趋势接轨? 要回应上述问题,需要我们对于仲裁的缘起及域外国家的相关规定进行考察,从而找到解决问题的突破口。

(一) 仲裁的缘起及发展探究

仲裁作为一种争议解决方式,可谓源远流长。早在人类社会的原始阶段,氏族或村庄中出现争议时通常请年长者加以裁断,这便是仲裁的雏形与萌芽。[①] 法律意义上的仲裁起源于古罗马时代,《十二铜表法》中就有关于仲裁的记载,如第七表规定,土地疆域发生争执时,由长官委任仲裁员三人解决之。[②] 在那时的地中海沿岸一代各城邦、各港口之间商事往来不断增多,纠纷自然随之增加,为了保持商业关系的顺利发展,逐步形成了由双方当事人共同约请第三者居中裁决纠纷的习惯。从 14 世纪开始,世界各国逐渐开始对仲裁

---

① 参见黄进、宋连斌、徐前权:《仲裁法学》,中国政法大学出版社 2008 年版,第 13 页。
② 参见宋连斌:《国际商事仲裁管辖权研究》,法律出版社 2000 年版,第 1 页。

进行立法,从那时起,仲裁作为一种社会的调节器进入了一个全新的阶段,即现代仲裁制度时期。① 现代仲裁制度进入 19 世纪末 20 世纪初之后,仲裁制度又发生了新的飞跃性发展和创新,进入到仲裁的成熟和完善阶段。从那时起,各国开始逐渐制定和修改仲裁立法,设立常设性的仲裁机构,"仲裁的范围也逐步由一国范围内的仲裁扩展到国际经济贸易仲裁、海事仲裁、解决国家间争端的国际仲裁"②。

通过上述对于仲裁历史沿革的梳理可以看出,仲裁缘起的目的在于通过居中第三人解决纠纷,只是因为商事交易的繁荣与发达才进一步促成了仲裁制度的成熟与完善,仅仅将仲裁定位为"商事领域"实际上并不符合仲裁制度的设立初衷。

(二) 域外国家关于可仲裁性的典型规定③

域外关于仲裁的立法归属并不相同,通常来说普通法系有专门的仲裁法,而大陆法系有的规定在民商法中,有的则规定在民事诉讼法中,而且对于可仲裁性具体内容的规定也不尽相同,因此,有必要对可仲裁性不同风格的典型规定进行考察,以全面"把脉"当今世界可仲裁性的真实状况。

肯定概括(《瑞士联邦国际私法》):"一切具有财产性质的争议均可提交仲裁";

否定概括(《阿根廷民商事诉讼法》):"法律不允许和解与调解解决的争议,不能提交仲裁,否则仲裁无效";

排除式列举(《秘鲁民法典债编》):涉及个人法律能力、国家及其财产的争议,道德情感和可接受表彰的争议,不可仲裁;

肯定概括为主+排除性否定列举(《意大利民事诉讼法》):当事人可以将他们之间产生的法律争议提交仲裁解决,但与个人身份和分居有关的争议,及不能成为调解对象的争议除外。

通过域外可仲裁性的规定可以看出,可仲裁的范围呈现逐渐扩大的趋势,

---

① 参见石育斌:《国际商事仲裁研究(总论篇)》,华东理工大学出版社 2004 年版,第 9—10 页。

② 黄进、宋连斌、徐前权:《仲裁法学》,中国政法大学出版社 2008 年版,第 15 页。

③ 本部分资料系姜丽丽教授于 2017 年 11 月 16 日在中国政法大学以题为《PPP 合同可仲裁性分析》讲座资料整理而成。

并不仅限于商事交易领域,主要的标准为是否可以和解或调解。行政合同是行政主体与相对人意思表示达成一致而订立的,这种合意正是和解或调解制度的适用基础。因此,我国《仲裁法》将仲裁仅限定在商事领域,未免范围过于狭窄,似应进一步扩大仲裁事项的范围。

三、仲裁作为行政合同争议解决方式的先决条件、基础与优势

(一) 仲裁作为行政合同争议方式的先决条件:行政合同的合同性

行政合同是公法私法化和私法公法化相互交织、相互融合的必然产物,具有明显合同属性。一方面,行政合同的内容具有可协商性。尽管行政主体缔结行政合同要受到法定职权的限制,但是现代法治下的行政自由裁量领域为契约自由在行政法中的施展提供了广阔的空间,行政主体可以在自由裁量的限度内为意思表示,与相对人经协商确定合同的内容,亦可经协商一致对已经确定的内容进行修改,这就是合意性的体现。另一方面,行政合同体现了行政主体与相对人的双向依赖关系。行政合同的缔结需要相对人的资金、知识、经验等资源,在这种合作共赢的理念支配之下,需要当事人之间的相互信赖与依赖,即这种依赖是双向的、相互的。行政合同的这种合同属性,不仅是区别于传统行政处理等单方行政行为的重要依据,而且亦是行政合同争议具有可仲裁的前提和基础。

(二) 仲裁作为行政合同争议解决方式的制度基础:现行立法的明确规定

通过笔者在上文对修法前行政合同争议解决机制立法梳理可以看出,在政策规章层面(主要是 PPP 领域)涉及行政合同争议解决的 6 部立法中有 5 部明确规定可以仲裁;新《行政诉讼法》修改后国务院法制办的《PPP 条例(征求意见稿)》第四十条也规定,PPP 项目合同争议可以申请仲裁。地方层面行政合同规定涉及行政合同争议解决的 26 部立法中有 23 部明确规定可以仲裁(详见表 7-3)。绝对多数的立法规定在为仲裁成为行政合同争议的解决途径提供合法性与正当性的同时,亦肯定了其在行政合同争议解决中的重要作用。

另外,域外的经验告诉我们,仲裁已经成为各国解决行政合同争议的重要渠道,即便是有着"公法人不得诉诸仲裁"传统立场的法国在其国内法中亦进

行了突破,通过单行立法允许特定领域的合同类型诉诸仲裁。

(三) 仲裁作为行政合同争议解决方式的优势

目前以仲裁方式解决行政合同争议面临理论上争议和立法上障碍的双重考验,但是仲裁机构的相关实践却一直在路上。2017 年 5 月,中国国际经济贸易仲裁委员会成立了国内首家政府和社会资本合作争议仲裁中心,专门处理 PPP 争议。北京仲裁委员会也成立了 PPP 研究中心,不断提升解决 PPP 争议的专业性。仲裁界热烈回应 PPP 发展的原因,主要系因为仲裁在审理行政合同争议时具有相对优势。

1. 仲裁具有制度优势

首先,仲裁作为民间自治的争议解决方式系依据当事人的合意产生,更加尊重当事人各方的权利,其裁决结果容易为各方所接受。其次,仲裁机制具有中立性,能够更好地实现公平公正。与诉讼相比,仲裁的独立性和中立性更高,我国目前的行政诉讼,受到多种因素的影响,相对人一方总是心存顾虑,加之受到传统行政法惯性思维的影响,社会公信力有待进一步提高。仲裁则能够更好地满足行政合同争议对公正的追求。再次,仲裁的裁判机制具有灵活性和开放性,有利于争议解决朝向保持合作的理性方向发展。

2. 仲裁具有专业及经验优势

首先,仲裁具有专业优势。行政合同所涉领域众多,尤其是 PPP 项目合同投资大、法律关系复杂,而且要掌握金融、证券、财务、法律等多学科知识,于是便对争议解决者提出了更高的专业性要求。现实中"PPP 专家库"与从事该领域仲裁的仲裁员具有相当大程度的"重合",这些人成为推动 PPP 仲裁的核心力量。法官虽然具有较强的司法专业性,但对于特定领域的行政合同专业性要求普遍不足。

其次,仲裁具有经验优势。在新《行政诉讼法》修法之前,大量的行政合同争议通过仲裁予以解决,如国有土地使用权转让合同纠纷和 BOT 项目(如高速公路、水电站等)合同纠纷等。20 世纪 90 年代至今,中国国际经济贸易仲裁委员会裁决了 300 多件 PPP 项目合同纠纷,北京仲裁委员会也处理了 70 多件。[①]

---

① 数据来源于姜丽丽教授在 2017 年 10 月 11 日"公私合作合同(PPP)国际研讨会"上的发言。

因此,仲裁在裁决行政合同争议,尤其是 PPP 项目合同争议具有经验优势。

3. 仲裁具有保密和高效的优势

行政合同涉及公共利益,而且有些还具有较强的社会敏感性,其处理结果常常关乎公共产品和服务的持续稳定供给,适度的保密不仅有利于合作的继续进行,而且能够较好地维护社会的稳定。同时,由于仲裁程序简单灵活,且一裁终局,可以降低当事人双方解决争议所投入的时间成本,从而高效地解决行政合同争议。

四、现代仲裁理念的发展和"一带一路"的推进为行政合同争议的仲裁解决提供了机遇

(一) 现代仲裁理念的发展倒逼国内可仲裁范围的扩大

其一,仲裁作为民间自治、商业自治衍生而来的争议解决机制,其基本的价值取向便是妥善解决纠纷、促进合作、维护合同及合作目的的实现,与行政合同争议解决的价值取向高度一致。

其二,现代仲裁理念的发展使得仲裁的定位发生了变化,仲裁不再仅仅是一种争议解决机制,更重要的是一种商业服务,它已经不仅仅是被当作协商、调解、专家评估评审不足以解决时,被置于最后环节与诉讼并列的纠纷解决途径,而是本身可以与各种非诉讼争议解决方式协同创新,并为行政合同提供全流程的服务。[1]

其三,国际仲裁具有跨国性,是漂浮在各国法律秩序之上的国际秩序。1958 年 6 月 10 日,联合国通过了《纽约公约》,经过近六十年的发展,《纽约公约》的缔约方从当初的 40 个,增加为今天的 163 个[2],正是这部公约使得国际仲裁在国际贸易和投资领域中得到了广泛应用。以法国为例,"仲裁在法国行政领域的应用经历了'先国际后国内'的发展过程,面对仲裁为国际争议解决主渠道的现实,《公共采购法典》第 132 条规定,凡因组织或参与世界博览

---

① 参见姜丽丽:《PPP 项目合同争议可仲裁性分析——从纠纷解决的视角》,载《公私合作合同(PPP)国际研讨会会议资料》,第 85 页。

② 帕劳加入《承认及执行外国仲裁裁决公约》(《纽约公约》)的文书于 2020 年 3 月 31 日生效,正式成为《纽约公约》第 163 个缔约国。公约将于 2020 年 6 月 29 日对帕劳生效。

会而签订的工程、货物采购合同价款清算纠纷都可以仲裁。"①法国的经验表明,国际仲裁的发展能够拓宽国内可仲裁事项的范围,进而倒逼国内仲裁法制的完善。

(二)"一带一路"为通过仲裁解决行政合同争议带来了契机

"一带一路"倡议提出以来,中国对外投资规模增长迅速。仅"2020 年1—11 月我国企业在'一带一路'沿线 61 个国家新签对外承包工程项目合同4711 份,新签合同额 7932 亿美元"②。面对如此庞大的投资数额及合同数量,更加需要我们关注争议解决制度。鉴于"一带一路"沿线国家分别隶属不同法系,发生争议后诉诸一国司法的可能性大大降低,仲裁俨然成为争议解决的主要渠道。在国际仲裁领域最重要的国际公约即《纽约公约》,它要求缔约国有义务在本国领土内承认和执行在任何外国作出的仲裁裁决,而该外国是否属于《纽约公约》的缔约国在所不问,除非缔约国提出了"互惠保留"。如此一来,扩大可仲裁的范围,建立国际化、专业化的仲裁机构便成为各国亟待解决的关键问题。通过纠纷解决的国际化服务竞争来实现对外投资的话语权,对于作为"一带一路"的倡导者和推动者的中国亦至关重要。

综上所述,现代仲裁理念的发展和"一带一路"的推进促进了可仲裁范围的扩大,为行政合同争议的可仲裁性提供了空间。实际上,也正如法国最高行政法院索维副院长所言:"行政合同的复杂性——表现为合同标的的整体性、履约期限的长久性和融资方式的特殊性等——决定了有必要为其开放仲裁这种适宜的纠纷解决机制。"③

第三节　确定行政合同争议解决机制的考量因素

诚如上文所言,在行政合同争议解决的诉讼机制内,行政诉讼具有排他性

---

①　张莉:《谈法国行政协议纠纷解决》,载《人民司法》2017 年第 31 期,第 32 页。

②　《2020 年 1—11 月我对"一带一路"沿线国家投资合作情况》,商务部官方网站,http://fec.mofcom.gov.cn/article/fwydyl/tjsj/202012/20201203027821.shtml,最后访问日期:2021年 1 月 9 日。

③　转引自张莉:《谈行政协议纠纷解决》,载《人民司法》2017 年第 31 期,第 33 页。

和唯一性,但这是否意味着行政诉讼应成为解决行政合同争议的唯一途径?
实际上,在新《行政诉讼法》出台之前,行政合同争议业已大量存在且通过多
元化的方式予以解决。新《行政诉讼法》实施之后,无论是规范层面还是实践
层面,都承认非诉机制的作用与价值。同时,上文亦从新《行政诉讼法》的立
法目的及修法思路角度得出,新《行政诉讼法》是为行政合同相对人增加了一
条权利救济的渠道,而并不是替代或排斥了原来已有的非诉争议机制。行政
诉讼作为解决行政合同争议的最后一道防线,其重要作用自不待言,但这并不
意味着它可以单兵作战、所向披靡,因为司法本来就不可能、也不应该站在争
议解决的最前线。[1] 既然行政诉讼并非解决行政合同争议的唯一途径,那么
接下来要探讨的问题便是确定行政合同争议解决机制究竟有哪些需要考量
因素。

一、行政合同性质不应为确定争议解决机制的唯一因素

(一) 将行政合同性质作为确定争议解决机制的唯一因素容易造成争议解决机制本身难以自洽

新《行政诉讼法》将政府特许经营协议和土地房屋征收补偿协议等行政
协议纳入受案范围,"确立了行政协议的独立地位",明确了行政协议的行政
性纠纷解决途径,[2]从此角度来看,性质是确定这一争议解决途径的重要因
素,正是基于此,《审理规定》第二十六条将性质作为确定争议解决机制的唯
一因素。一些学者对此也持积极的支持态度,如最高人民法院行政审判庭梁
凤云法官主张,如果立法机关对于合同性质或者救济途径有了明确的选择,这
是不可争议的,只有性质不明确的情况下才可以争议。例如 PPP 合同,其中
最重要的部分为政府特许经营协议,新《行政诉讼法》已经明确地把政府特许
经营协议界定为行政协议,它的救济途径就是明确的,通过仲裁来解决行政协
议争议是有障碍的。[3] 然而,笔者对此种观点持保留态度,根据《审理规定》第

---

[1]　参见胡宝岭:《行政合同争议司法审查研究》,中国政法大学出版社 2015 年版,第 69 页。

[2]　参见江必新主编:《中华人民共和国行政诉讼法理解适用与实务指南》,中国法制出版社 2015 年版,第 56 页。

[3]　参见梁凤云:《公私合作协议的公法属性及其法律救济》,载《中国法律评论》2018 年第 4 期,第 183 页。

二十七条第二款的规定:"人民法院审理行政协议案件,可以参照适用民事法律规范关于民事合同的相关规定。"这一规定既突出了行政协议的特殊性,亦体现了行政协议的契约性。

于安教授认为:"在我国实行民事诉讼与行政诉讼分离的制度下,应当把PPP 合同的争议处理作为确定法律属性的着手点。"①按照此观点,合同的属性应当成为争议解决方式的基础或前提,但同时于安教授又认为:"PPP 合同属于普通民事商事合同还是行政合同,就成为设计法律制度的基本出发点。"②究竟合同的性质与争议解决机制的关系如何? 到底合同的性质是确定争议解决机制的前提还是争议解决机制系确定合同性质的基础并不十分清晰。从目前情况来看,行政合同的争议解决方式不仅采用行政诉讼,而且也有行政复议、仲裁等多种方式,如果以性质作为唯一确定因素,将导致争议解决机制本身难以自洽,进而反过来再次引发合同的性质之争。为了避免此类现象的出现,意大利 PPP 合同争议解决机制或许对我国具有一定的借鉴意义。根据意大利 2016 年的《公共合同法典》,PPP 合同为行政合同,其纠纷解决方式主要为行政诉讼,同时鼓励替代争议解决机制,行政诉讼主要适用于程序上的争议,侧重于对公权力的约束;而有关合同的实体权利问题,则可以适用民法中的争议解决机制,如民事和解与仲裁。③ 意大利关于行政合同的争议解决方式尽管将 PPP 合同的争议分割为程序和实体两种,一定程度上增加了当事人的诉讼负担,但是其争议解决机制的设置并不囿于合同性质,而是基于争议内容确定的思路值得我们学习与借鉴。实际上,非诉解决机制具有各自的优势与特点,将合同性质作为确定争议解决机制的唯一因素未免过于僵化。

(二) 基于实质法治视角合同性质并非是确定争议解决机制的唯一因素

众所周知,古希腊的亚里士多德开创了"实质法治"理论的先河。其后的很多学者,如洛克、康德等都承继了其法治思想传统,认为只有符合正义及自由、平等原则的法律,才能实现法治。1959 年通过的《德里宣言》丰富了法治

---

① 于安:《我国实行 PPP 制度的基本法律问题》,载《国家检察官学院学报》2017 年第 2 期,第 90 页。

② 于安:《我国实行 PPP 制度的基本法律问题》,载《国家检察官学院学报》2017 年第 2 期,第 90 页。

③ 参见罗冠男:《意大利 PPP 法律制度研究》,载《行政法学研究》2017 年第 6 期,第 27—34 页。

的内涵,认为法治更加强调尊重个人的合法愿望与尊严。① 由此,实质法治注重法的理性、弹性,强调法的实质内容和价值取向,也更加关注社会正义和对人权的尊重。②

实质法治体现在争议解决机制中体现为要求纠纷解决具有妥善性和高效性,这不仅需要协调争议解决机制供给与社会需求之间的矛盾,保障行政相对人的合法权益;而且需要全面高效地解决当事人之间因法律关系不明确而导致的纠纷,避免发生"案结事不了"、"官了民不了"及"循环诉讼"等现象。所以说,以实现实质法治为目标的争议解决机制在设计时,除了要遵守法律的规定外,更重要的是符合社会对公平正义的认知,而这也正是实质法治的要求。由此可见,实质解决争议不仅是实质法治的应有之义,更是实质法治的有利推进器。从这一角度看,争议解决机制不仅要追求过程的正义,更要强调结果的正义。于是乎争议的性质便不再是确定争议解决机制的唯一因素,能够有利于实现实质法治的非诉途径在行政纠纷解决实践中往往更具有优势,使得一些司法问题可以通过非司法途径有效得到解决。③ 换言之,尽管行政合同纠纷系属行政争议,但并不能据此排除其他非诉途径的适用。

(三) 行政诉讼作为唯一的争议解决机制所存在的问题

尽管如前文所言,行政诉讼在处理行政合同争议时具有民事诉讼所无法比拟的优势,而且由于行政合同系属行政争议,决定了其诉讼模式只能为行政诉讼。但是这并不能说明行政诉讼在解决行政合同争议上是完美无瑕的,新《行政诉讼法》并没有为行政合同争议解决构建起较完整的制度框架,仍然存在一定的缺陷,将其作为唯一机制尚存在诸多问题,需要其他非诉机制进行补充。

1.行政主体面临原告资格困境

我国的行政诉讼采用单向构造,原告与被告具有恒定性,即通常我们所说的"民告官"制度。张树义教授就曾直言:"从行政诉讼的起因看,行政诉讼是

---

① See International Commission of Jurists, The Rule of Law and Human Rights: Principles and Definitions, Geneva, 1966, p.66.
② 参见江必新:《法治中国的制度逻辑与理性构建》,中国法制出版社 2014 年版,第 32 页。
③ 参见汪庆华:《政治中的司法:中国行政诉讼的法律社会学考察》,清华大学出版社 2011 年版,第 119—160 页。

一种'民告官'的诉讼。"①然而在目前行政合同实践中,往往会出现相对人不履行行政合同的情况,通过行政主体的行政优益权或者法院的强制执行有时并不能切实解决问题,导致行政合同中关于相对人的违约条款无法得到落实。囿于我国行政机关"民告官"的壁垒,行政机关有时只能束手无策,最终损害了社会公共利益,法院对此亦开不出良方,影响了行政合同争议的实质解决。

纵观世界各国的行政诉讼制度,英美法系国家由于政府合同适用普通法,故当事人任何一方均可提起诉讼。大陆法系的许多国家和地区也规定可以由行政主体提起行政诉讼,尤其是在行政合同争议中更为突出。在法国,虽然根据行政合同理论行政机关不用诉诸法院,但"如果政府部门自愿放弃自己的单方解约权,或者当涉及公共事业特许经营契约而政府部门无权宣布废除时,也只能提请法官处理"②。德国在行政机关请求相对人履行行政合同义务时,应以一般给付之诉请求。③ 鉴于前述的立法经验,有学者提出,应当改造现有的诉讼模式,建立专门适用于解决行政合同纠纷的双向性构造的诉讼结构。④然而,正如有学者所分析的,单独为了解决行政主体在有关行政合同的行政诉讼中的原告资格问题,而要另行构建双向性诉讼结构的话,"在某种程度上意味着要改变整个行政诉讼的模式,这在现阶段似乎不太可能,或者需要一个庞大的立法修改过程"⑤。

2. 行政诉讼的调解范围无法满足行政合同诉讼的需要

按照我国传统行政法的理论,行政诉讼不适用调解。新《行政诉讼法》第六十条在原则上规定法院审理行政案件不得适用调解外,增加了对"行政赔偿、补偿以及行政机关行使法律、法规规定的自由裁量权的案件"适用调解的规定。这一规定符合我国法治现状,有利于促进社会和谐,而且为行政合同纠纷适用于诉讼内调解提供了法律依据。行政合同系行政主体与相对人基于合

---

① 张树义:《冲突与选择——行政诉讼的理论与实践》,时事出版社1992年版,第14页。

② [法]让·里韦罗、让·瓦利纳:《法国行政法》,鲁仁译,商务印书馆2008年版,第578—579页。

③ 参见江嘉琪:《行政契约之争讼与诉讼类型》,载林明锵、蔡茂寅主编:《行政法实务与理论(二)》,元照出版公司2006年版,第98页。

④ 参见皮纯协主编:《行政程序法比较研究》,中国人民公安大学出版社2000年版,第439页。

⑤ 王旭军:《行政合同司法审查》,法律出版社2013年版,第153页。

意而订立的,这种合意正是调解制度的适用基础,如果一概排除调解,将会在很大程度上阻碍当事人双方解决争议过程中主观能动性的发挥。然而,新《行政诉讼法》对于调解范围的规定却过于狭窄,比如纯粹因为合同履行中所发生的纠纷显然无法通过调解制度进行化解,与行政合同所具有的合意属性并不符合,无法满足行政合同诉讼的需要。

二、行政合同的合同属性应当作为核心考量因素

行政合同兼具行政性与合同性,其中合同性是其重要属性,合同性要求行政合同尊重契约自由与意思自治,允许当事人对合同的内容进行商定,这也是"契约是当事人之间的法"这一命题的应有之义。所以,在确定行政合同的争议解决机制时,应当尊重当事人之间的约定,将合同性作为核心因素予以考量。

行政合同作为政府进行行政管理活动的法律规制工具和手段,是双方长期合作的基础和依据,从某种意义上来说,是政府实现了一种以共识为基础的契约式管理。与单方行政行为不同,行政合同以当事人间的意思表示一致为要件,其内容除为了保障公共利益、增进合同中所涉的主要风险的共识等需要规定一些法定条款外,其他的条款均可通过双方协议确定。以合意为前提订立的行政合同,能够对当事人产生激励,实现优势互补、合作共赢,从而增进社会福祉。

既然行政合同具有合同性,当事人的实体权利义务主要系由约定产生,允许当事人对于争议的解决方式进行约定,自然是在双方合意的范畴之内,理应得到尊重与认可。因为任何一种争议解决方式实际上都是"在当事人之间合理分配实体权利、义务和程序的过程"①,而最佳的争议解决方式则是当事人自己选择的方式,此种方式与具有国家意志性的诉讼方式相比,能够充分体现出当事人的合意性与自主选择性。而且,当事人通过合意约定争议的解决方式,有利于合作互信,减少因为沟通欠缺所导致的两造分歧而可能衍生出的紧张关系,为建立长期的伙伴关系打下坚实的基础。

契约理念便是公法和私法共同适用的一般法理,只是这种契约理念的适

---

① 陈桂明:《诉讼公正与程序保障》,中国法制出版社 1996 年版,第 1 页。

用还是应当以不违背行政法的一般原则为前提。于此,行政合同争议解决机制应当体现意思自治和契约自由,给予合同双方自由约定的空间。

综上所述,合同性应当作为行政合同争议解决机制的核心考量要素,由此,一些私法的争议解决机制便可以纳入行政合同争议解决机制的范畴之中,即在仲裁之外,还应当考虑协商、调解等非诉争议解决机制的应用。

三、实质解决争议应当作为目标考量因素

有学者指出:"行政争议长期无法有效解决的根本原因在于,我国各地还未建成多元协作、合力解决行政争议的机制。但复合性、敏感性、群体性的官民矛盾纠纷,往往需要多方联动、积极协调才能及时化解。"[①]由此,如果将行政合同的争议解决方式仅限于行政复议和行政诉讼,不仅不符合争议解决机制的目标,而且也有悖于行政合同争议解决的潮流。于此,"行政争议的实质性解决"或许能够为我们开辟一条崭新的思路。

"行政争议实质性解决"的提法最早可追溯至 2007 年最高人民法院规定的案结事了原则,新《行政诉讼法》的修改使得实质解决行政争议得到进一步倡导,该法第一条开宗明义便提出了"解决行政争议"这一立法目的,同时纵观近几年最高人民法院出台的有关行政审判的司法解释以及指导性规范文件可以发现,最高法院十分重视与强调实质解决行政争议这一命题。[②] 在最高法院的积极倡导下,各地法院也纷纷探索新机制与新路径,行政审判正在实现由"是非曲直型"向"纠纷解决型"转变,逐步建立了"以纠纷解决为导向的新的司法政策"。[③] 所谓行政争议的实质性解决,通常要求法律所规定的争议解决途径能够最大限度地将处于争议状态的行政法律关系予以终局性的确定,真正做到"案结事了"、"定纷止争"。强调实质解决争议,能够有利于化解社会矛盾,从根本上实现官民之间的和谐关系,更好地保护行政相对人的利益。由此可见,对于法律所规定的争议解决渠道,不仅要看其是否有先进的理论作

---

① 袁勇:《规范与事实之间的行政争议解决机制、现状、问题及对策》,载《广西社会科学》2016 年第 1 期,第 104 页。

② 参见江必新:《论行政争议的实质性解决》,载《人民司法》2012 年第 19 期,第 13 页。

③ 章志远:《我国司法政策变迁与行政诉讼法学的新课题》,载《浙江学刊》2009 年第 5 期,第 144 页。

为指导,更应关切其实际效果的发挥,也就是是否真正有利于实质解决争议。

实质解决争议的两个基本要素分别为纠纷解决的妥善性和高效性,妥善性要求全面妥当解决当事人之间的争议;高效性则要求争议解决途径能够尽量快速、终局地解决当事人之间的纠纷。然而,以审查被诉行政行为合法性为中心的行政诉讼主要审查行政行为与法律的契合程度,这就极易导致当事人之间权利义务关系的确定并不彻底;同时行政诉讼无论从其诉讼程序所历经的时间还是行政判决的内容而言,确实难以满足快速终局的要求。笔者试图通过透视行政诉讼中制约行政争议实质解决的因素,进一步论证构建多元化争议解决机制的必要。

首先,法院司法审查标的具有局限性。法院在行政诉讼中审查的是被诉行政行为的合法性,这种以"审被告"为中心的司法审查方式容易忽略原告的诉讼请求及其行为的合法性,那么也就难以全面准确确定当事人之间的行政法律关系。另外,在实践中,行政合同纠纷是多元化的,往往民事、行政不同的法律关系盘根错节交织在一起,而在三大诉讼分离的背景下,行政裁判无法一揽子予以解决。新《行政诉讼法》第六十一条授权法院对相关民事争议一并审理,是向"实质解决争议"的方向迈进了一大步,"但囿于司法体制和诉讼程序上的诸多障碍,仍然没法像医院处理一个身患多种疾病的病人一样,组织各科医生会诊并进行综合治疗"①。

其次,法院司法审查标准具有局限性。在行政诉讼中,法院对行政行为的审查标准为合法性,较少涉及合理性。新《行政诉讼法》明确行政行为"明显不当"的法院可以撤销,这意味着法院对行政行为的合法性可以进行更加深入的审查,但是法院仍然需要对行政机关的判断给予更多的尊重。具体到行政合同领域,在行政合同缔结过程中涉及行政主体自由裁量权的应用与行使,为了防止行政机关滥用职权,假借行政合同之名进行寻租交易,诸如"不正当连结"等权力行使合理性问题应当受到审查,但是笔者搜索"北大法宝"和"中国裁判文书网"并没有找到类似考量的案例。

最后,法院司法判决具有局限性。行政判决的内容主要涉及被诉行政行为的合法性评价,法院一般不能代替行政机关作决定,也不直接确定当事人之

---

① 何海波:《行政诉讼法》,法律出版社 2016 年版,第 39 页。

间的权利义务关系。例如,"山东××有限公司诉济南市××管理局行政合同纠纷案"中,一审法院认为,"行政诉讼中不宜以判决方式直接调整原、被告之间的具体权利义务。司法审查以监督或督促行政机关作为及不作为为主要任务,故本案应当通过督促被告履行职责来解决案件的争议问题为宜。"①新《行政诉讼法》第七十七条规定了法院的变更权,有利于争议的实质解决,在司法实践中,有少数法院运用了变更权,取得了很好的效果。例如在"王忠明、陈向前诉余杭区良渚街道办事处征迁行政协议案"中,二审法院判决撤销一审判决,并"将良渚街道与王忠明户签订协议第六条第 1 项中确定的安置人口 6人变更为 7 人,安置面积 480 平方米相应变更为 560 平方米。"②然而,法院通常对于变更权的运用十分谨慎,较少使用。在很多情况下,法院无权变更,行政诉讼解决行政争议的有效性,仍然需要行政机关诚心自觉地遵循法律的精神。③ 由此可见,虽然行政诉讼基本定位为解决行政争议的最后一道防线,而要实质解决争议,真正实现案结事了,在行政合同争议中非诉机制的适用可能比行政诉讼判决的效果要好得多。

四、行政合同争议解决经验应当作为历史考量因素

新《行政诉讼法》将行政合同争议纳入司法审查范围确实是一项具有突破性的制度创新,但并不意味着行政合同纠纷在我国仅初见端倪,恰恰相反,如政府特许经营协议已经历经了三十余年的发展。据世界银行不完全统计,"自 20 世纪 90 年代以来,我国在能源、交通、市政等领域共组织了 1000 余个特许经营项目,在城市公用事业领域,特许经营已经普遍适用于全国东、中、西部绝大多数城市;在供水、排水、燃气、采暖、公交、环卫、城市道路等绝大多数行业推行。"④政府特许经营不仅为我国基础设施和公用事业的建设与发展作出了不可磨灭的贡献,成为保持经济发展活力的长久之策,而且也极大地推动了公私治理模式的发展。与此相适应的是,关于争议解决方式在实践中也已

---

① 山东省济南市市中区人民法院(2012)市行初字第 36 号行政判决书。
② 浙江省杭州市中级人民法院(2016)浙 01 行终 367 号行政判决书。
③ 参见何海波:《行政诉讼法》(第二版),法律出版社 2016 年版,第 40 页。
④ 李沄:《PPP 的法律规制——以基础设施特许经营为中心》,法律出版社 2017 年版,第9—10 页。

经形成了一套行之有效的途径,主要包括协商和解、仲裁和民事诉讼。实际上,在新《行政诉讼法》出台前,大量的行政合同案件已经通过中国国际经济贸易仲裁委员会、北京市仲裁委员会等在内的仲裁机构进行裁决。① 新《行政诉讼法》的实施明确了行政合同争议系属行政争议,等于在诉讼机制内排除了民事诉讼,这一点笔者在上文已经进行了详细阐述,但是以实质解决行政争议为目标的争议解决机制在设计时,只要不违反法律的强制性规定,还是应当充分尊重行政合同争议解决的历史因素。

以仲裁为例,其独立性和中立性能够较好地满足行政合同争议对公正的追求,专业性亦恰好与行政合同复杂且有较强专业需求相符合,其保密性与高效性又非行政诉讼所能比拟。所以仲裁在处理行政合同争议方面具有较强的优势,新《行政诉讼法》修法之前,大量的行政合同争议通过仲裁予以解决,截至 2016 年底,北京市仲裁委员会受理的仲裁案件中,约有 1500 余件是以行政机关为一方主体的。② 另外,中国国际经济贸易仲裁委员会成立了国内首家政府和社会资本合作争议仲裁中心,北京仲裁委员会也成立了 PPP 研究中心,可以说,在以 PPP 仲裁中心为代表的仲裁机构在处理行政合同争议方面有着丰富的实践经验并呈现出勃勃生机。然而,与实践中的如火如荼发展不相适应的是,我国 1995 年实施的《仲裁法》的规定过于落后,虽然于 2009 年和 2017 年分别进行过两次修订,但是并未对实质内容进行修改。于此,在科学构建行政合同争议解决机制的背景下,迫切需要对《仲裁法》进行修订予以积极回应。

一项制度的设计不仅需要立足当下,面向未来,更需要尊重历史。尊重行政合同争议解决机制的历史并不是制度的倒退,而是为了更好地与我国的经济和制度现状接轨。当然,我们在尊重这些长期适用的争议解决方式时不能不加甄别,全盘吸收,相反,需要我们在现有法律法规的框架内作出科学合理的安排,从而促使行政合同的争议解决机制更加规范化与系统化。

---

① 参见孙昊哲、尹少成:《仲裁是解决 PPP 纠纷的好机制》,载《经济参考报》2017 年 11 月 7 日第 8 版。

② 《国务院拟出台条例明确 PPP 争议可仲裁》,法制网,http://epaper.legaldaily.com.cn/fzrb/content/20170724/Articel06003GN.htm,最后访问时间:2020 年 5 月 8 日。

第四节 构建多元化的行政合同争议解决机制

科学的争议解决制度不能是单一的,而应是科学的和全面的,需要针对不同层次的纠纷设置不同的出口,这也与中共十八届四中全会提出的"健全社会矛盾纠纷预防化解机制,完善调解、仲裁、行政裁决、行政复议、诉讼等有机衔接、相互协调的多元化纠纷解决机制"的目标高度契合。纵观我国及域外关于行政合同争议解决机制的相关立法也可以得出相同的结论。因此,我们在建构行政合同争议解决机制时,应当坚持以行政诉讼为中心,其他非诉解决制度充分发挥各自的功能,且相互协调、合理衔接,从而共同构成一个高效完整的多元化争议解决链条。另外,仲裁为多元化争议解决机制的重要组成部分,但笔者在本章第二节行政合同争议的可仲裁性分析中已经进行了详细阐述,故在本节之中不再赘述与体现。

一、域外行政合同争议解决机制考察

(一)大陆法系国家

1. 法国

法国的行政法院因行政合同缔结和履行引发的合同之诉被称为"完全管辖之诉",法官在审理此类纠纷时享有广泛的处置权;而因可与合同分离行为引发的合法性审查之诉被称为"越权之诉",但行政法官通常只享有撤销、变更和责令重新作出决定的权力。① 在法国,除了诉讼机制外,行政合同的争议解决也适用非诉机制,例如议会监督、行政救济、调解专员救济与友好协商咨询委员会救济等。② 对于行政合同争议是否可得仲裁是法国行政合同领域的最新发展。在法国,公法人缔结的合同传统上不得仲裁,但是,在涉外行政合同的推动下,法国"自20世纪80年代起,通过单行立法,为交通运输领域、邮政电信领域及科研领域中特殊类型的公法人和合同类型诉诸仲裁开启绿灯,

---

① 参见张莉:《谈行政协议纠纷解决》,载《人民司法》2017年第31期,第33页。
② 参见王名扬:《法国行政法》,北京大学出版社2016年版,第416—423页。

且统摄到 2000 年的《行政诉讼法典》第 L.311—6 条中,由于该条为不完全列举条文,为后续的单行立法增加行政合同不得仲裁的例外情形提供了空间。"①

2. 德国

德国《联邦行政法院法》对行政合同争议的解决途径作了明确的规定,并且在《联邦行政程序法》第 97 条中得到了保留。"行政合同争议由行政法院管辖,且行政合同的诉讼不限于合同的履行,还包括损害赔偿的救济。"②此外,由于德国更注重行政合同的合同性,对公共利益和个人利益实行同等保护,于是当行政合同发生争议时,当事人可以选择协商调解等非诉讼争议解决机制,亦可以寻求司法救济。

(二) 英美法系国家

1. 英国

在英国,虽然政府合同纠纷由普通法院来审理,但是在行政合同争议案件中仍会考虑适用行政法上的特别规定作出裁判。③ 尤其是对旨在提供公共服务或者涉及管理及公共规制方式来执行行政任务的政府合同,适用《王权诉讼法》进行司法审查,因为如果这些权力不受司法审查,政府行使权力所获得的豁免范围将大幅增加。④ 然而,从每年政府合同的数量来看,争讼到法院的相对较少。在实际运作中,这些纠纷以各种形式的协商、调解、仲裁而得以解决。⑤彼得·坎恩(Peter Cane)认为:"政府与相对人间多为互利的长期合作关系,而非一次性商业交易,如果诉诸法院,则常被视为不适当且易产生副效应。"⑥

2. 美国

美国对于政府合同争议司法审查态度的转变始于戈德伯格诉凯利案,在

---

① 张莉:《谈行政协议纠纷解决》,载《人民司法》2017 年第 31 期,第 33 页。

② 于安:《德国行政法》,清华大学出版社 1999 年版,第 137 页。

③ 参见胡建淼:《行政诉讼法学》,高等教育出版社 2003 年版,第 45 页。

④ See Peter & Gordon Anthony, Textbook on Administrative Law (5th Edition), Oxford University Press, 2005, p.494.

⑤ 参见[英]A.W.布拉德利、K.D.尤因:《宪法与行政法》(下册),刘刚、江菁等译,商务印书馆 2008 年版,第 856—857 页。

⑥ Peter Cane, op.cit, pp.263-264.转引自余凌云:《行政契约论》,中国人民大学出版社 2006 年版,第 120 页。

此案发生之后,美国法院逐渐认可政府合同相对方应当受到正当法律程序的保护。"当政府作出不再继续签订合同的决定时,必须先举行听证,使得当事人能够提出证据以维护自身权益。"①根据美国《合同争议法》(*Contract Disputes Act*),法院有权对于关涉政府合同的诉求进行司法审查,②而且与英国类似,在政府合同进行司法审查时适用与普通合同不同的规则。在政府合同争议的非诉机制中,协商、谈判、仲裁等方式被广泛应用。另外,行政机关内设的合同申诉委员会(a board of contract appeals)亦起到非常大的作用。③

(三) 两大法系行政合同争议解决机制之总结与评析

两大法系关于行政合同争议解决机制具有各自的特点,无论从价值取向还是具体的制度建构上均有所不同。即便是同为大陆法系或英美法系,不同国家的行政合同争议解决制度亦存在差异。然而,随着世界一体化和全球化的不断发展,各国的法律在相互借鉴中不断完善,使得行政合同争议解决制度也呈现出诸多相近之处。

其一,在行政合同争议解决制度的选择上,各国都将司法救济作为最终的救济方式,符合司法最终决定原则。诉讼机制通过"设计精巧、顺序推进、依据法治且在某种程度上必然具有自由裁量特征并因此具备政策导向、造法过程的司法程序"④,在解决行政合同争议中具有非诉机制所难以企及的优势。德国和法国均通过行政诉讼来解决行政合同争议,而英国和美国也对政府合同进行司法审查,并规定适用特殊法律规则。

其二,在行政合同争议解决机制的设计上,各国都充分认识到行政合同争议的特殊性与非诉机制有着更大程度上的契合,因而非诉机制成为行政合同争议解决制度的重要组成部分。行政主体与缔约相对方多以"伙伴式"的合作方式缔结行政合同,且合作的时间较长,诉讼易使双方形成冲突,造成关系

---

①　王名扬:《美国行政法》,北京大学出版社 2016 年版,第 303—304 页。

②　See Jay E.Grenig, Fundamentals of Government Contracting, West Publishing Company, 2010, p.227.

③　美国的政府合同纠纷通常由行政部门一位特别合同执行官员来裁决,对该裁决不服,可向行政机关内的合同申诉委员会或者赔偿法院(限于金钱赔偿诉讼)申诉,如仍不满意,可向联邦巡回上诉法院上诉。参见余凌云:《行政契约论》,中国人民大学出版社 2006 年版,第 120 页。

④　[意]卡佩莱蒂:《比较法视野中的司法程序》,徐昕、王奕译,清华大学出版社 2005 年版,第 4 页。

的紧张,故而非诉解决机制往往成为他们纠纷解决之首选模式。例如,随着各国之间国际合作的不断深入,仲裁开始大放异彩,成为各国解决行政合同争议的重要渠道,即便是有着"公法人不得诉诸仲裁"传统立场的法国在其国内法中亦有所突破,不仅拓宽了行政合同的争议解决渠道,而且也实现了行政高效与民主精神的高度统一。

二、以行政诉讼为中心

在行政合同争议解决机制中,行政诉讼排斥民事诉讼且具有不可替代性。坚持以行政诉讼为中心,不仅符合司法最终决定原则,而且亦能够更好地保护相对人的合法权益。然而,行政诉讼在解决行政合同争议时仍然存在一些制度缺陷,尚需要进一步完善。

(一) 非诉执行制度的完善与其他非诉争议解决制度的补充

如前所述,我国的行政诉讼系建立在单向的"民告官"的基本框架之下,如何解决行政合同争议中相对人不履行的问题,已经成为现阶段必须考虑的重大问题。倘若这一问题不能得到有效解决,就可能造成国有资产的流失,损害社会公共利益。对于此,理论界目前形成两种针锋相对的观点,一种观点建议重构行政诉讼制度,建立适合于解决行政合同纠纷的双向构造的诉讼结构。① 另一种观点则认为,"尽管行政主体不能以原告身份提起诉讼,但新《行政诉讼法》规定了行政机关强制执行的情形,在相对人不履行行政合同时,行政主体可以作出《限期履行决定书》,并通过向法院申请非诉执行或者强制执行寻求救济",②行政主体的履行请求权并非完全无法得到保障。

笔者认为,我国行政诉讼单向构造的设置是有其历史缘由和现实基础的,在一段时间之内至少在现阶段仅因为行政合同纠纷解决的需要重构为双向构造的可能性微乎其微。而行政主体通过非诉执行或者强制执行来实现其利益的保护确实是权宜之计,但是当相对人陷于履行不能的情况下,合同已经无法履行,即使行政主体强制执行或者向法院申请非诉执行也无济于事,公共利益

---

① 参见皮纯协主编:《行政程序法比较研究》,中国人民公安大学出版社 2000 年版,第439 页。

② 王学辉:《行政何以协议:一个概念的检讨与澄清》,载《求索》2018 年第 2 期,第 127—128 页。

的损失难以得到弥补。在此情形之下,就需要通过非诉争议解决机制予以补充。

综上所述,我国的行政权素来强大,行政主体在相对人面前具有很强的比较优势,《行政诉讼法》"民告官"的单向构造更有利于保护相对人的利益。对于行政主体在行政合同中的权益保护则可以通过非诉执行制度的完善和非诉争议解决机制得以实现。

（二）进一步扩大调解的范围并建立"调审分离"的司法调解模式

新《行政诉讼法》第六十条对调解的例外情况进行了规定,只是这一规定过于狭窄,并不能涵盖行政合同争议的所有情形。行政合同是当事人在意思自治的前提下双方合意的结果,正是这种合意性使得将行政合同争议纳入行政诉讼调解范围具有正当性与合理性。因此,应当进一步扩大调解的范围,使其满足行政合同争议解决的需要。

那么,调解与审判如何衔接? 如何构建司法调解模式? 便是接下来要研究的问题。根据国内外的经验,司法调解模式可以分为"调审合一"与"调审分离"两种。"调审合一"强调调解与审判程序合二为一且可以相互转换,法官兼具调解者与审判者的双重身份,调解协议与生效判决具有同等的法律效力,德国是这种模式的典型代表。"调审分离"则要求调解独立于审判程序,不仅参与调解的法官在调解不成时不能继续成为审判法官,而且在调解过程中当事人所达成的共识与妥协也不能作为审判程序中的证据,美国的 ADR 采用的就是"调审分离"模式。

我国的相关法律并没有明确规定司法调解模式,但是根据《民事诉讼法》的规定可以推断出我国目前采用的是"调审合一"的模式。该种模式的优势在于效率高、成本低、程序对抗性小,但是由于法官的双重身份及程序限制较少,容易产生强制调解,从而违背了调解制度设置的初衷。为了避免上述弊端的出现,我国行政诉讼的调解制度中已经出现了"调审分离"模式的趋向,①该模式将调解和审判程序相分离,对法官的中立性及证据制度提出了更高的要求,更有利于实现过程及结果的公正。因此,行政合同争议的解决应当建立

---

① 参见最高人民法院《关于行政诉讼证据若干问题的规定》第六十六条:"在行政赔偿诉讼中,人民法院主持调解时当事人为达成调解协议而对案件事实的认可,不得在其后的诉讼中作为对其不利的证据。"

"调审分离"的司法调解模式。

建立行政诉讼"调审分离"模式的关键在于实现行政法官的角色转变。在美国,随着立法鼓励 ADR 的发展,行政法官开始越来越多扮演协调员的角色。如劳工部的"和解法官"是行政法法官办公室任命的调解人,他们经过 ADR 技巧训练,被授权与当事人磋商,帮助当事人解决纠纷而无需诉诸正式听证程序。① 这使行政法官在行政争议调解中发挥更大的作用,这样不仅有利于行政合同争议的实质解决,亦对整个行政诉讼制度的发展大有裨益。

三、其他非诉争议解决机制为补充

(一) 双方协商

双方协商既是一种合意型的纠纷解决方式,也是典型的私力救济机制。曾有学者以当事人在纠纷解决过程中的参与度为标准划分为合意型(和解、调解)与决定型(审判、行政裁决);②还有学者进一步从权利救济的角度将行政纠纷分为公力救济与私力救济两种,当事人通过"党政渠道"和"法律途径"解决纠纷,属于公力救济的范畴,其他方式如和解、向媒体投诉等属于私力救济的范畴。③

协商是当事人在意思自治的前提下,通过互相磋商与彼此妥协形成解决方案,从而实现纠纷的和平解决。通过双方协商解决行政合同争议具有灵活、高效、经济等特点,而且也是契约自由原则的具体体现。英国财政部于 2007 年公布的 PFI 标准文本第四版中规定的争议解决方式的第一个阶段就是由合同双方在确定的时间内进行协商,以形成双方都满意的共识。④

当今社会是一个多元的社会,主体的多元化、利益的多元化等势必导致纠纷的多元化,而协商解决通过多元化主体的广泛平等参与,在相互妥协与让步的过程中实现利益的多元化,从而对纠纷的多元化给予了良好的回应。

---

① 参见范愉:《当代世界多元化纠纷解决机制的发展与启示》,载《中国应用法学》2017 年第 3 期,第 61 页。

② 参见[日]棚濑孝雄:《纠纷的解决与审判制度》,王亚新译,中国政法大学出版社 2002 年版,第 10—18 页。

③ 参见解瑞卿:《行政纠纷的非正式解决方式研究》,甘肃民族出版社 2014 年版,第 302 页。

④ See *Standardisation of PFI Contracts*(Version 4) :pp.233-239.

具体到行政合同领域,当发生纠纷时,通过双方协商的途径解决争议,无须第三方的介入,充分体现了行政合同的契约精神。按照笔者上文对我国行政合同争议解决途径相关法律法规的梳理可以看出,协商也是最为普遍规定的一种争议解决方式。在具体规定方面,有的规定协商后可签订补充协议;有的将协商作为前置,即发生争议后首先须协商,协商不成才能启动其他救济途径。

徐昕教授提出要"认真对待私力救济",主张"以承认私力救济为原则,同时具体设定禁止私力救济的情形和许可私力救济的条件"①。故而尽管双方协商解决行政合同纠纷优势显著,但是也具有其自身的局限性:第一,协商一致是一把双刃剑,在尊重意思自治的同时也可能导致双方的来回拉锯,导致效率低下;第二,协商体现出较强的随意性,倘若出现合同双方当事人恶意协商的情况,则极有可能损害公共利益或者第三人的合同权益;第三,协商无法保障结果的公正性。正如有学者所指出的,倘若行政合同无法诉诸第三人,则"可能出现因当事人之间讨价还价能力的不平等而使结果失控的风险"②。由于行政合同多涉及重大的利益关系和复杂的技术问题,政府方和缔约相对方都可能因为获取信息的不充分或者谈判能力不足等问题,出现协商结果的显失公平,亦有可能因为双方巨大的利益冲突而导致协商失败。此外,由于缺乏监督,如若行政主体违背合同相对人的意思表示以协商之名行强迫之实,相对人亦难以寻求合理的救济。因此,需要对双方协商机制进行一些程序上的限定。

其一,在协商前的准备阶段,行政合同的当事人应当遵循诚实信用原则,积极并及时参与协商的过程,同时对于协商过程中涉及的议事流程、保密规则、记录规则等内容达成初步共识,这样不仅能够确保协商程序的顺利进行,而且议事流程、记录规则等又能在一定程度上保证双方认真对待协商过程、降低恶意协商的几率。其二,行政合同当事人协商达成的合意须以书面的和解协议予以明示,并在其中对和解协议的履行期限进行约定,一方逾期不履行和解协议,则视为协商失败,当事人可转而求助于其他争议解决方式。其三,和

---

① 徐昕:《论私力救济》,中国政法大学出版社 2005 年版,第 386—392 页。
② Peter Cane, *An Introduction to Administrative Law*, Clarendon Press, 1992, p.264.

解协议履行过程中,行政合同当事人双方可以指派专门的机构或人员对履行情况进行监督,保证和解协议的履行效果。

（二）**专家调解**

作为一种制度,调解在非诉纠纷解决机制中历史最为悠久。专家调解作为调解的一种,有利于将行政合同争议化解在萌芽状态,能够保持行政主体与相对人良好的合作关系。然而,专家调解作为一种行政合同争议解决制度在我国才刚刚起步,立法层面仅有《PPP 条例征求意见稿》第三十九条和《基础设施和公用事业特许经营管理办法》第五十条进行了规定,而且主要针对行政合同中专业技术问题发生的争议,但是对于不涉及专业技术问题是否适用专家调解并未作出明确规定,换言之,相关立法对于专家调解的适用范围及限度并不明确。该制度目前面临着规范性和有效性不足等问题,缺乏成熟的机制和良好的社会环境,在一定程度上影响了解决行政合同争议的实际效果。英国的专家裁决机制提供了很好的示范作用。

英国自 1992 年启动 PFI 后,1999 年颁布了《标准化 PFI 合同》第一版,到 2007 年已经颁布到第四版。2012 年英国政府在总结以往 PFI 不足的基础上,颁布了 PF2,英国财政部也于该年度出版了《标准化 PF2 合同》,基本上实现了现阶段 PPP 模式的自我革新。[①]《标准化 PF2 合同》对于专家介入 PFI 争议进行了如下规定:"第一,合同一方当事人通知对方后,可将争议提交至专家进行裁决。第二,裁决专家分别从已经建成的建设专家组和运营专家组中提名,由承包商和管理局共同任命 3 名专家,在 28 天内组成裁决组。第三,在裁决组组成后 7 天内,双方提交材料,专家组在审阅材料后决定是否需要召开听证会。第四,专家组应当在被任命后的 28 天内作出书面裁决。裁决对双方具有约束力。"[②]

近几年,我国也开始重视专家的作用。2016 年 8 月 25 日,国家发展和改革委员会 PPP 专家库正式成立,首批确定了 343 名专家。[③] 2017 年 8 月 9 日,PPP 专家库第二批专家名单公布,共包含 145 人。财政部也建立了 PPP

[①]　参见邱闯:《英国 PPP 的新模式》,载《中国投资》2015 年第 5 期,第 65—66 页。

[②]　*Standardisation of PF2 Contracts*:pp.322-333.

[③]　参见国家发展和改革委员会官方网站,http://tzs.ndrc.gov.cn/zttp/PPPxmk/gzdt/201611/t20161108_825925.html,最后访问日期:2019 年 6 月 24 日。

专家库,截至 2020 年 6 月 16 日,在库专家已达到 497 人,①且对专家按照政策类、法律类、财务类、资讯类、行业类和学术类进行了分类并在财政部政府和社会资本合作中心官方网站上予以公示。财政部专门出台了《财政部政府和社会资本合作(PPP)专家库管理办法》(财金〔2016〕144 号)以规范 PPP 专家库的管理,该办法列举了入库专家的工作职责,但是颇感遗憾的是,并没有提及专家调解的相关内容。② 笔者认为,我国可以借助发改委和财政部 PPP 专家库的优良资源,构建行政合同的专家调解制度,不断完善议事原则、调解程序、费用承担等具体内容。

(三) 行政仲裁和行政复议

1. 行政仲裁

我国行政仲裁制度的发展是以 1995 年《仲裁法》的实施为分野的。《仲裁法》实施以前,行政仲裁呈扩大趋势,突破了传统的劳动和经济合同领域,扩大到产品质量、人才流动、技术合同、农业联产承包、土地和房产等领域。《仲裁法》颁布实施后,原有行政管理体制下行政机关内部的仲裁机构纷纷被撤销,大部分行政仲裁转向民事仲裁,实现了从行政仲裁向商事仲裁制度上的转变。

目前,我国行政仲裁主要包括两方面:一是农村土地承包合同纠纷可以提请行政仲裁;二是基于聘用合同争议所引发的人事仲裁。有学者指出,"应以当前出现的在人力资源社会保障部内设立专门仲裁机构(现为调解仲裁管理司)处理人事聘用合同争议的做法为契机,在行政机关体系内建立独立的行政合同仲裁机构,专门用来处理行政机关之间以及行政机关与所属下级机构或公务员之间缔结的特定种类的行政合同争议。"③当然,这一建议被采纳的可能性并不大,至少在短期内并不可能。由此可见,我国现有的行政仲裁范围极其有限,而且随着商事仲裁范围的不断扩大,行政仲裁的发展前景并不十分

---

① 参见财政部政府和社会资本合作中心官方网站,https://www.cpppc.org:8082/inforpublic/homepage.html#/expertsList,最后访问日期:2020 年 6 月 16 日。

② 《财政部政府和社会资本合作(PPP)专家库管理办法》第九条规定:"入库专家承担以下工作职责:(一)受财政部及其直属单位委托,参与 PPP 相关政策制定、课题研究、示范项目评审、督导调研、案例编撰、宣传培训活动。(二)受地方政府、社会资本方等委托,参与 PPP 项目相关方案设计、评估论证、人员培训等工作。(三)审核个人申请专家的入库申请。"

③ 胡锦光主编:《行政法专题研究》(第 2 版),中国人民大学出版社 2006 年版,第 161 页。

乐观。

2. 行政复议

至于行政合同争议能否申请行政复议这一问题,尽管相关立法规定特定种类的行政合同纠纷可以提起行政复议(笔者在上文已经进行了梳理,在此不再赘述),2020 年 11 月 24 日《行政复议法(修订)征求意见稿》第十一条十一项也将"认为行政机关不依法履行、未按照约定履行或者违法变更、解除行政协议的"纳入行政复议范围,但是笔者对此仍持保留的态度。主要原因在于《行政复议法》中所确立的行政复议的性质为行政内部自我纠正错误的监督机制,①于是,在不涉及行政机关行为监督的,纯粹因为行政合同的缔结、履行、效力等问题所引发的争议便难以进入到行政复议程序之中。而且,在因相对人不履行行政合同而产生的纠纷,行政复议机关是否有权要求相对人继续履行合同? 即使在作出复议决定后,倘若相对人不履行,行政复议机关又将如何? 如果要申请强制执行,谁又是申请主体? 复议机关作为缔结行政合同的上级机关,其申请强制执行又与缔约机关不经行政复议直接申请有何实质区别? 如此一来,通过行政复议来解决行政合同争议不仅存在障碍,而且效果亦大打折扣。

此外,2017 年 9 月国务院法制办对《交通运输部关于政府特许经营协议等引起的行政协议争议是否属于行政复议受理范围的函》的复函中明确答复:"政府特许经营协议等协议争议不属于《中华人民共和国行政复议法》第六条规定的行政复议受案范围。"通过这一复函中的"政府特许经营协议等协议"可以看出当时国务院法制办的态度是明确将行政合同排除于行政复议之外。

综上所述,如果要将行政合同争议全面纳入行政复议受案范围,需要将行政复议的性质定位和制度设计进行全面重构,并结合《行政诉讼法》的修改予以不断完善。

---

① 参见王万华:《行政复议程序反司法化定位的思考及其制度重构》,载《学习论坛》2011年第 4 期,第 113—114 页。

主要参考文献

一、著作类

1. 应松年:《当代中国行政法》(上、下),中国方正出版社 2005 年版。

2. 应松年:《依法行政教程》,国家行政学院出版社 2004 年版。

3. 应松年:《外国行政程序法汇编》,中国法制出版社 2004 年版。

4. 王万华:《行政程序法研究》,中国法制出版社 2000 年版。

5. 王万华:《中国行政程序法典试拟稿及立法理由》,中国法制出版社 2010 年版。

6. 王万华:《知情权与政府信息公开制度研究》,中国政法大学出版社 2013 年版。

7. 马怀德:《行政程序立法研究——〈行政程序法〉草案建议稿及理由说明书》,法律出版社 2005 年版。

8. 王名扬:《美国行政法》,北京大学出版社 2016 年版。

9. 王名扬:《法国行政法》,北京大学出版社 2016 年版。

10. 王名扬:《英国行政法、比较行政法》,北京大学出版社 2016 年版。

11. 范扬:《行政法总论》,中国方正出版社 2005 年版。

12. 江必新:《法治中国的制度逻辑与理性构建》,中国法制出版社 2014 年版。

13. 江必新、邵长茂:《最高人民法院关于适用〈中华人民共和国行政诉讼法〉若干问题的解释辅导读本》,中国法制出版社 2015 年版。

14. 江必新:《中华人民共和国行政诉讼法理解适用与实务指南》,中国法制出版社 2015 年版。

15. 江必新:《新行政诉讼法专题讲座》,中国法制出版社 2015 年版。

16. 江必新、梁凤云:《最高人民法院新行政诉讼法司法解释理解与适用》,中国法制出版社 2015 年版。

17. 郑秀丽:《行政合同过程研究》,法律出版社 2016 年版。

18. 张树义:《行政合同》,中国政法大学出版社 1994 年版。

19. 张树义:《冲突与选择——行政诉讼的理论与实践》,时事出版社 1992 年版。

20. 余凌云:《行政契约论》,中国人民大学出版社 2006 年版。

21. 余凌云:《全球时代下的行政契约》,清华大学出版社 2010 年版。

22. 余凌云:《行政法讲义》,清华大学出版社 2010 年版。

23. 王克稳:《政府合同研究》,苏州大学出版社 2007 年版。

24. 姜明安:《行政法与行政诉讼法》,北京大学出版社、高等教育出版社 2015 年版。

25. 姜明安:《法治思维与新行政法》,北京大学出版社 2013 年版。

26. 姜明安:《行政程序研究》,北京大学出版社 2006 年版。

27. 于安:《外商投资特许权项目协议(BOT)与行政合同法》,法律出版社 1998 年版。

28. 于安:《德国行政法》,清华大学出版社 1999 年版。

29. 于安:《降低政府规制——经济全球化时代的行政法》,法律出版社 2003 年版。

30. 林明锵:《行政契约法研究》,翰芦图书出版有限公司 2006 年版。

31. 步兵:《行政契约履行研究》,法律出版社 2011 年版。

32. 蔺耀昌:《行政契约效力研究》,法律出版社 2010 年版。

33. 施建辉:《行政契约缔结论》,法律出版社 2011 年版。

34. 施建辉、步兵:《政府合同研究》,人民出版社 2008 年版。

35. 于川等:《柔性行政方式法治化研究——从建设法治政府、服务型政府的视角》,厦门大学出版社 2011 年版。

36. 信春鹰:《中华人民共和国行政诉讼法释义》,法律出版社 2014 年版。

37. 吴庚:《行政法之理论与实用》,中国人民大学出版社 2005 年版。

38. 阎磊:《行政契约批判》,知识产权出版社 2011 年版。

39. 杨解君:《中国行政合同的理论与实践探索》,法律出版社 2009 年版。

40. 杨解君:《行政契约与政府信息公开》,东南大学出版社 2002 年版。

41. 杨解君:《法国行政合同》,复旦大学出版社 2009 年版。

42. 杨解君:《中国行政法的变革之道——契约理念的确立及其展开》,清华大学出版社 2011 年版。

43. 胡建淼:《比较行政法——20 国行政法评述》,法律出版社 1998 年版。

44. 胡建淼:《行政诉讼法学》,高等教育出版社 2003 年版。

45. 杨海坤、黄学贤:《中国行政程序法典化——从比较法角度研究》,法律出版社 1999 年版。

46. 杨海坤:《跨入 21 世纪的中国行政法学》,中国人事出版社 2000 年版。

47. 章志远:《行政行为效力论》,中国人事出版社 2003 年版。

48. 杨建顺:《日本行政法通论》,中国法制出版社 1998 年版。

49. 杨建顺:《行政规制与权利保障》,中国人民大学出版社 2007 年版。

50. 张弘:《公共行政与服务行政下中国行政法的结构性变革》,法律出版社 2010 年版。

51. 张正钊、韩大元:《比较行政法》,中国人民大学出版社 1998 年版。

52. 李霞:《行政合同研究——以公私合作为背景》,社会科学文献出版社 2015 年版。

53. 李亢:《PPP 的法律规制——以基础设施特许经营为中心》,法律出版社 2017 年版。

54. 胡锦光:《行政法专题研究》,中国人民大学出版社 2006 年版。

55. 徐昕:《论私力救济》,中国政法大学出版社 2005 年版。

56. 解瑞卿:《行政纠纷的非正式解决方式研究》,甘肃民族出版社 2014 年版。

57. 皮纯协主编:《行政程序法比较研究》,中国人民公安大学出版社 2000 年版。

58. 刘善春:《行政审判:实用理论与制度构建》,中国法制出版社 2008 年版。

59. 张家洋:《行政法》,三民书局 2002 年版。

60. 仇保兴、王俊豪等:《中国市政公用事业监管体制研究》,中国社会科学出版社 2006 年版。

61. 城仲模:《行政法之一般法律原则(一)》,三民书局 1999 年版。

62. 城仲模:《行政法之一般法律原则(二)》,三民书局 1997 年版。

63. 王家福:《民法债权》,法律出版社 1991 年版。

64. 彭凤至:《情事变更原则之研究——中、德立法、裁判、学说之比较》,五南图书出版公司 1986 年版。

65. 陈敏:《行政法总论》,三民书局 1999 年版。

66. 翁岳生:《行政法》,中国法制出版社 2002 年版。

67. 翁岳生:《行政法与现代法治国家》,台湾大学法学丛书编辑委员会 1990 年版。

68. 詹镇荣:《公私协力与行政合作法》,新学林出版股份有限公司 2014 年版。

69. 王泽鉴:《民法学说与判例研究》(第一册),中国政法大学出版社 1997 年版。

70. 林纪东:《行政法》,三民书局 1985 年版。

71. 何海波:《行政诉讼法》,法律出版社 2016 年版。

72. 周汉华:《政府信息公开条例专家建议稿——草案、说明、理由、立法例》,中国法制出版社 2003 年版。

73. 周汉华:《行政法学的新发展》,中国社会科学出版社 2013 年版。

74. 李广宇：《政府信息公开司法解释读本》，法律出版社 2011 年版。

75. 汪庆华：《政治中的司法：中国行政诉讼的法律社会学考察》，清华大学出版社 2011 年版。

76. 王旭军：《行政合同司法审查》，法律出版社 2013 年版。

77. 胡宝岭：《行政合同争议司法审查研究》，中国政法大学出版社 2015 年版。

78. 王利明：《合同法研究》（第二卷），中国人民大学出版社 2011 年版。

79. 谢怀轼：《合同法原理》，法律出版社 2000 年版。

80. 丁保河：《中国 PPP 立法研究》，法律出版社 2016 年版。

81. 张璐：《政府采购理论与实务》，首都经济贸易大学出版社 2011 年版。

82. 文正邦：《法治政府建构论——依法行政理论与实践研究》，法律出版社 2002 年版。

83. 袁杰：《中华人民共和国行政诉讼法解读》，中国法制出版社 2014 年版。

84. 王周户、徐文星：《行政法学》，中国政法大学出版社 2015 年版。

85. ［美］理查德·B.斯图尔特：《美国行政法的重构》，沈岿译，商务印书馆 2003 年版。

86. ［美］理查德·J.皮尔斯：《行政法》，苏苗罕译，中国人民大学出版社 2016 年版。

87. ［美］彼得·盖伊思：《政府未来的治理模式》，吴爱明、夏宏图译，中国人民大学出版社 2001 年版。

88. ［美］E.S.萨瓦斯：《民营化与公私部门的伙伴关系》，周至忍等译，中国人民大学出版社 2002 年版。

89. ［美］迈克尔·D.贝勒斯：《法律的原则——一个规范的分析》，张文显等译，中国大百科全书出版社 1996 年版。

90. ［美］史蒂芬·布雷耶：《规制及其改革》，李洪雷、宋华琳等译，北京大学出版社 2008 年版。

91. ［美］菲利普·库珀：《合同制治理：公共管理者面临的挑战与机遇》，竺乾威、卢毅、陈卓霞译，复旦大学出版社 2007 年版。

92. ［美］J.格里高利·西达克、丹尼尔·F.史普博：《美国公用事业的竞争转型——放松管制与管制契约》，宋华琳、李鸻译，上海人民出版社 2012 年版。

93. ［美］罗纳德·德沃金：《认真对待权利》，信春鹰、吴玉章译，中国大百科全书出版社 1998 年版。

94. ［美］朱迪·弗里曼：《合作治理与新行政法》，毕洪海、陈标冲译，商务印书馆 2010 年版。

95. [美]埃尔曼:《比较法律文化》,贺卫方、高鸿钧译,生活·读书·新知三联书店 1990 年版。

96. [美]博登海默:《法理学——法律哲学与法律方法》,邓正来译,中国政法大学出版社 2004 年版。

97. [英]A.W.布拉德利、K.D.尤因:《宪法与行政法》(下册),刘刚、江菁等译,商务印书馆 2008 年版。

98. [英]弗里德利希·冯·哈耶克:《自由秩序原理》(上),生活·读书·新知三联书店 1994 年版。

99. [英]史蒂文·卢克斯:《个人主义》,阎克文译,江苏人民出版社 2001 年版。

100. [英]威廉·韦德:《行政法》,徐炳译,中国大百科全书出版社 1997 年版。

101. [英]彼得·斯坦、约翰·香德:《西方社会的法律价值》,王献平译,中国法制出版社 2004 年版。

102. [英]弗里德里希·冯·哈耶克:《经济、科学与政治——哈耶克思想精粹》,冯克利译,江苏人民出版社 2000 年版。

103. [英]米尔恩:《人的权利与人的多样性——人权哲学》,夏勇译,中国大百科全书出版社 1995 年版。

104. [德]哈特穆特·毛雷尔:《行政法学总论》,高家伟译,法律出版社 2000 年版。

105. [德]奥托·迈耶:《德国行政法》,刘飞译,商务印书馆 2002 年版。

106. [德]迪特尔·梅迪库斯:《德国民法总论》,邵建东译,法律出版社 2000 年版。

107. [德]哈贝马斯:《公共领域的结构转型》,曹卫东等译,学林出版社 1999 年版。

108. [德]卡尔·拉伦茨:《德国民法总论》,王晓晔等译,法律出版社 2003 年版。

109. [德]罗尔夫·施托贝尔:《经济宪法与经济行政法》,谢立斌译,商务印书馆 2008 年版。

110. [德]阿尔图·考夫曼:《法律哲学》,刘幸义等译,法律出版社 2011 年版。

111. [德]卡尔·恩吉施:《法律思维导论》(修订版),郑永流译,法律出版社 2014 年版。

112. [德]奥特弗利德·赫费:《全球时代的民主》,庞学铨、李张林、高靖生译,上海世纪出版集团、上海译文出版社 2007 年版。

113. [法]让·里韦罗、让·瓦利纳:《法国行政法》,鲁仁译,商务印书馆 2008 年版。

114. [法]勒内·达维:《英国法与法国法——一种实质性比较》,潘华仿、高鸿钧、贺卫方译,清华大学出版社 2002 年版。

115. [法]卢梭:《社会契约论》,何兆武译,商务印书馆 1996 年版。

116. [法]古斯塔夫·佩泽尔:《法国行政法》,缪坤明、周洁译,国家行政学院出版社 2002 年版。

117. [法]孟德斯鸠:《论法的精神》,商务印书馆 1992 年版。

118. [日]盐野宏:《行政法》,杨建顺译,法律出版社 1999 年版。

119. [日]美浓部达吉:《公法与私法》,黄冯明译,中国政法大学出版社 2003 年版。

120. [日]南博方:《行政法》,杨建顺译,中国人民大学出版社 2009 年版。

121. [日]室井力:《日本现代行政法》,吴微译,中国政法大学出版社 1995 年版。

122. [日]田中二郎:《行政法总论》,有斐阁 1979 年版。

123. [日]石井昇:《行政契约的理论和程序》,弘文堂 1987 年版。

124. [日]棚濑孝雄:《纠纷的解决与审判制度》,王亚新译,中国政法大学出版社 2002 年版。

125. [意]卡佩莱蒂:《比较法视野中的司法程序》,徐昕、王奕译,清华大学出版社 2005 年版。

二、论文类

1. 崔建远:《行政合同族的边界及其确定依据》,载《环球法律评论》2017 年第 4 期。

2. 崔建远:《行政合同之我见》,载《河南省政法管理干部学院学报》2004 年第 1 期。

3. 韩宁:《行政协议判断标准之重构——以行政法上权利义务为核心》,载《华东政法大学学报》2017 年第 1 期。

4. 吕立秋:《行政协议的纠纷解决路径与思考》,载《中国法律评论》2017 年第 1 期。

5. 程琥:《审理行政协议案件若干疑难问题研究》,载《法律适用》2016 年第 12 期。

6. 李广宇:《审理行政协议案件对民事法律规范的适用》,载《中国法律评论》2016 年第 1 期。

7. 郭修江:《行政协议案件审理规则——对〈行政诉讼法〉及其适用解释关于行政协议案件规定的理解》,载《法律适用》2016 年第 12 期。

8. 曾哲、韩锦霞:《我国行政合同司法审查的实践梳理及完善路径》,载《江西社会科学》2016 年第 6 期。

9. 王万华:《新行政诉讼法中"行政行为"辨析——兼论我国应尽快制定行政程序法》,载《国家检察官学院学报》2015 年第 4 期。

10. 王万华:《行政复议程序反司法化定位的思考及其制度重构》,载《学习论坛》2011 年第 4 期。

11. 王万华:《法治政府建设的地方程序立法推进——制定〈北京市行政程序条例〉的几个问题》,载《法学杂志》2015 年第 8 期。

12. 王万华:《统一行政程序立法的破冰之举——解读〈湖南省行政程序规定〉》,载《行政法学研究》2008 年第 3 期。

13. 王敬波:《政府信息公开中的公共利益衡量》,载《中国社会科学》2014 年第 9 期。

14. 陈天昊:《在公共服务与市场竞争之间——法国行政合同制度的起源与流变》,载《中外法学》2015 年第 6 期。

15. 李霞:《论特许经营合同的法律性质——以公私合作为背景》,载《行政法学研究》2015 年第 1 期。

16. 李颖轶:《法国行政合同优益权重述》,载《求是学刊》2015 年第 4 期。

17. 江嘉琪:《我国台湾地区行政契约法制之建构与发展》,载《行政法学研究》2014 年第 1 期。

18. 杨解君、陈咏梅:《中国大陆行政合同的纠纷解决:现状、问题与路径选择》,载《行政法学研究》2014 年第 1 期。

19. 杨解君、顾冶青:《行政契约的诉讼制度构建探微》,载《江苏社会科学》2003 年第 6 期。

20. 杨解君:《从多维视角看契约理论在行政法中确立的正当性》,载《江海学刊》2003 年第 2 期。

21. 叶必丰:《行政合同的司法探索及其态度》,载《法学评论》2014 年第 1 期。

22. 李霞:《域外行政合同研究评述:从行政法的角度》,载《国外社会科学》2014 年第 6 期。

23. 郑春燕:《大陆行政合同的审查现状与困境》,载《浙江社会科学》2014 年第 11 期。

24. 韩津和、杨西虎:《行政合同的法律适用之模式选择》,载《法律适用》2014 年第 3 期。

25. 江必新:《中国行政合同法律制度:体系、内容及其构建》,载《中外法学》2012 年第 6 期。

26. 杨欣:《论行政合同与民事合同的区分标准》,载《行政法学研究》2004 年第 3 期。

27. 孙笑侠:《契约下的行政——从行政合同的本质到现代行政法功能的再解释》,载《比较法研究》1997 年第 3 期。

28. 于安:《政府活动的合同革命》,载《比较法研究》2003 年第 1 期。

29. 于安：《我国实行 PPP 制度的基本法律问题》，载《国家检察官学院学报》2017 年第 2 期。

30. 于立深：《区域协调发展的契约治理模式》，载《浙江学刊》2006 年第 5 期。

31. 于立深：《通过实务发现和发展行政合同制度》，载《当代法学》2009 年第 3 期。

32. 于立深：《中国行政合同制度的实践与发展——透过行政合同判例和法律文书的观察》，载余凌云主编：《全球时代下的行政契约》，清华大学出版社 2010 年版。

33. 余凌云：《论行政契约的含义——一种比较法上的认识》，载《比较法研究》1997 年第 3 期。

34. 余凌云：《论行政契约的救济制度》，载《法学研究》1998 年第 2 期。

35. 余凌云：《从行政契约视角对"杨叶模式"的个案分析》，载《中国人民公安大学学报》2000 年第 4 期。

36. 余凌云：《行政法上的假契约现象——以警察法上的各类责任书为考察对象》，载《法学研究》2001 年第 5 期。

37. 余凌云：《论对行政契约的司法审查》，载《浙江学刊》2006 年第 1 期。

38. 杨小君：《论行政合同的特征、法律性质》，载《行政法学研究》1998 年第 2 期。

39. 杨小君：《契约对行政职权法定原则的影响及其正当规则》，载《中国法学》2007 年第 5 期。

40. 杨小军：《契约与依法行政》，载余凌云主编：《全球时代下的行政契约》，清华大学出版社 2010 年版。

41. 王克稳：《论行政合同与民事合同的分离》，载《行政法学研究》1997 年第 4 期。

42. 刘莘：《行政合同刍议》，载《中国法学》1995 年第 5 期。

43. 刘莘：《试论行政合同的存在意义》，载《法律科学》1999 年第 5 期。

44. 朱新力：《行政合同的基本特性》，载《浙江大学学报》（哲学社会科学版）2002 年第 2 期。

45. 施建辉：《行政契约缔约过失责任探析》，载《南京大学学报》（哲学、人文科学、社会科学版）2007 年第 5 期。

46. 关保英：《论内部行政合同》，载《比较法研究》2007 年第 6 期。

47. 许宗力：《双方行政行为——以非正式协商、协定与行政契约为中心》，载杨解君编：《行政契约与政府信息公开——2001 年海峡两岸行政法学术研讨会实录》，东南大学出版社 2002 年版。

48. 高峰、刘伟：《行政合同界定及其救济方式研究——以比较为主要视角》，载《内蒙古大学学报》（人文社会科学版）2006 年第 6 期。

49. 蔡小雪：《行政机关依职权改变行政合同的行为具有可诉性》，载《人民司法》

2013 年第 4 期。

　　50. 牛太升：《行政合同及其诉讼地位探讨》，载《中国法学》1992 年第 1 期。

　　51. 梁建东：《论行政合同的价值冲突》，载《广东行政学院学报》2003 年第 2 期。

　　52. 杨寅：《公私法的汇合与行政法的演进》，载《中国法学》2004 年第 2 期。

　　53. 王春业：《论柔性执法》，载《中共中央党校学报》2007 年第 5 期。

　　54. 杨勇萍、李继征：《从命令行政到契约行政——现代行政法功能新趋势》，载《行政法学研究》2001 年第 1 期。

　　55. 江嘉琪：《行政契约关系与行政处分之容许性》，载台湾《律师杂志》第 303 期。

　　56. 李林：《行政合法的理念》，载《宁夏社会科学》1992 年第 5 期。

　　57. 李林、肖军拥：《全球化背景下中国法治发展面临的挑战》，载《法制与社会发展》2002 年第 5 期。

　　58. 林明锵：《行政契约法论》，载《台大法学论丛》第 24 卷第 1 期。

　　59. 林明昕：《行政契约法上实务问题之回顾》，载《台湾本土法学》2006 年第 5 期。

　　60. 王平：《民事合同与行政合同之比较及启示》，载《武汉大学学报》（人文社会科学版）2000 年第 3 期。

　　61. 朱旭伟：《行政合同法律适用的原理评析》，载《法律适用》2001 年第 9 期。

　　62. 李煜兴：《行政合同制度的比较、反思与重构》，载《南京社会科学》2003 年第 7 期。

　　63. 李昭：《德法行政合同制度之比较》，载《河北法学》2004 年第 3 期。

　　64. 杜承铭、徐凤霞：《关于行政合同单方变更与解除》，载《武汉大学学报》（哲学社会科学版）2008 年第 6 期。

　　65. 黄学贤、周春华：《关于行政合同法律性质的讨论》，载《河南司法警官职业学院学报》2007 年第 4 期。

　　66. 张庆彬、肖念华：《国外行政合同制度之比较研究》，载《北京市政法管理干部学院学报》2002 年第 3 期。

　　67. 杭仁春：《行政合同不完全履行及其法律后果》，载《行政法学研究》2012 年第 4 期。

　　68. 龙凤钊：《行政合同的法律属性——从行政合同行为的双重特性分析》，载《武汉科技大学学报》（社会科学版）2013 年第 5 期。

　　69. 季涛：《行政权的扩张与控制——行政法核心理念的新阐释》，载《中国法学》1997 年第 2 期。

　　70. 邢鸿飞、赵联宁：《行政合同的制度分析》，载《南京社会科学》2001 年第 5 期。

　　71. 黄学贤、陈铭聪：《行政契约和行政处分的替代关系和选择标准之研究》，载《江淮论坛》2011 年第 4 期。

　　72. 章志远:《民营化:消防管理体制改革的一种路径》,载《行政法学研究》2006 年第 4 期。

　　73. 邹焕聪:《行政私法理论在行政合同制度中的展开——行政私法合同的内涵、性质与界分》,载《现代法学》2010 年第 3 期。

　　74. 王凌燕、余蓉:《试论行政合同及其程序规范和控制——兼谈行政程序法典是否对其专章规定》,载《广西政法管理干部学院学报》2003 年第 3 期。

　　75. 赵宏:《试论行政合同中的诚实信用原则》,载《行政法学研究》2002 年第 2 期。

　　76. 陈又新:《政府采购行为的法律性质——基于对"两阶段"理论的借鉴》,载《行政法学研究》2015 年第 3 期。

　　77. 骆梅英:《通过合同的治理——论公共事业特许契约中的普遍服务条款》,载《浙江学刊》2010 年第 2 期。

　　78. 莫于川:《非权力行政方式及其法治问题研究》,载《中国人民大学学报》2000 年第 2 期。

　　79. 莫于川:《从现代法治视角看政府管理创新——关于行政改革新的态度、方向与界限之管见》,载《法学家》2006 年第 6 期。

　　80. 叶必丰:《我国区域经济一体化背景下的行政协议》,载《法学研究》2006 年第 2 期。

　　81. 应松年:《行政合同不容忽视》,载《法制日报》1997 年 6 月 9 日。

　　82. 蔡文斌:《评"论契约在行政中的应用"》,载杨解君编:《行政契约与政府信息公开——2001 年海峡两岸行政法学术研讨会实录》,东南大学出版社 2002 年版。

　　83. 胡敏洁:《困境与尴尬:行政契约的司法审查》,载余凌云主编:《全球时代下的行政契约》,清华大学出版社 2010 年版。

　　84. 应松年、何海波:《我国行政法的渊源:反思与重述》,载胡建淼主编:《公法研究》(第 2 辑),商务印书馆 2004 年版。

　　85. 陈无风、Tom Zwart:《复合型行政合同制度——基于中国与荷兰最新发展的比较》,载余凌云主编:《全球时代下的行政契约》,清华大学出版社 2010 年版。

　　86. 孙慧、孙晓鹏、范志清:《PPP 项目的再谈判比较分析及启示》,载《天津大学学报》(社会科学版)2011 年第 13 卷第 4 期。

　　87. 刘婷、赵桐、王守清:《基于案例的我国 PPP 项目再谈判情况研究》,载《建筑经济》2016 年第 9 期。

　　88. 刘茜、张超:《后合同义务基本理论问题探析》,载《前言》2010 年第 10 期。

　　89. [德]弗朗茨—约瑟夫·派纳:《德国行政程序法之形成、现状与展望》,刘飞译,载《环球法律评论》2014 年第 5 期。

90. 林明昕:《行政契约法论实务问题之回顾——兼论公、私法契约之区别》,载《中正大学法学集刊》2005 年第 18 期。

91. 闫尔宝:《论行政合同争议及其诉讼》,载《人民司法》2000 年第 5 期。

92. 何文娟、张其鸾:《行政合同的法律规制探究——以国有土地使用权出让合同为例》,载《陕西理工学院学报》(社会科学版)2011 年第 1 期。

93.《行政上所运用契约之法律归属——实务对理论的挑战》,载台湾行政法学会主编:《行政契约与新行政法》,元照出版公司 2002 年版。

94. 武宇红:《公私法的划分与嬗变》,载何勤华主编:《公法与私法的互动》,法律出版社 2012 年版。

95. 杨蔚林:《法国公共合同法典的改革》,载赵海峰、卢建平主编:《欧洲法通讯》(第 2 辑),法律出版社 2001 年版。

96. 杨海坤:《现代行政公共性理论初探》,载《法学论坛》2001 年第 2 期。

97. 杨海坤、蔡翔:《行政行为概念的考证分析和重新构建》,载《山东大学学报》(哲学社会科学版)2013 年第 1 期。

98. 王利明、姚辉:《完善我国违约责任制度十论》,载《中国社会科学》1995 年第 4 期。

99. 邢鸿飞:《试论行政契约的分类及形式》,载《南京大学法律评论》2003 年秋季号。

100. 张泽想:《论行政法的自由意志理念——法律下的行政自由裁量、参与及合意》,载《中国法学》2003 年第 2 期。

101. 胡建淼、蒋红珍:《论合意理念在行政领域中的渗透——基础、表现及其支撑系统》,载《法学杂志》2004 年第 4 期。

102. 范进学:《定义"公共利益"的方法论及概念诠释》,载《法学论坛》2005 年第 1 期。

103. 王永玲:《契约行政:现代行政方式的重大变革》,载《理论学习》2004 年第 5 期。

104. 陈淳文:《论行政契约法上之单方变更权——以德、法法制之比较为中心》,载台湾大学《法学论丛》2005 年第 2 期。

105. 韩强:《情势变更原则的类型化研究》,载《法学研究》2010 年第 4 期。

106. 朱芒:《公共企事业单位应当如何公开信息》,载《中国法学》2013 年第 2 期。

107. 高秦伟:《行政私法及其法律控制》,载《上海行政学院学报》2004 年第 4 期。

108. 高秦伟:《美国行政法中正当程序的民营化及其启示》,载《法商研究》2009 年第 1 期。

109. 高秦伟:《对公众获取公用企业信息的法律分析》,载《行政法学研究》2010 年第 4 期。

110. 高秦伟:《美国政府信息公开申请的商业利用及其应对》,载《环球法律评论》2018 年第 4 期。

111. 姜明安:《行政的“疆域”与行政法的功能》,载《求是学刊》2002 年第 2 期。

112. 姜明安:《新行政法:公中有私、私中有公》,载《法制日报》2007 年 10 月 14 日。

113. 李洪雷:《其他承担行政任务的主体》,载应松年主编:《当代中国行政法》,中国方正出版社 2004 年版。

114. 韩世远:《情势变更若干问题研究》,载《中外法学》2014 年第 26 卷第 3 期。

115. 李建良:《公法与私法的区别(上)》,载《月旦法学教室》2003 年第 5 期。

116. [美]Daniel Mitterhoff:《构建政府合同制度——以美国模式为例》,杨伟东、刘秀华译,载《行政法学研究》2000 年第 4 期。

117. Hartmut Bauer:《德国行政法上行政契约发展面面观》,李建良译,载《台湾法学杂志》2012 年总第 203 期。

118. 王学辉:《行政何以协议:一个概念的检讨与澄清》,载《求索》2018 年第 2 期。

119. 罗冠男:《意大利 PPP 法律制度研究》,载《行政法学研究》2017 年第 6 期。

120. 范愉:《当代世界多元化纠纷解决机制的发展与启示》,载《中国应用法学》2017 年第 3 期。

121. 孙昊哲、尹少成:《仲裁是解决 PPP 纠纷的好机制》,载《经济参考报》2017 年 11 月 7 日第 8 版。

122. 姜丽丽:《PPP 项目合同争议可仲裁性分析——从纠纷解决的视角》,载《公私合作合同(PPP)国际研讨会会议资料》。

123. 张莉:《谈法国行政协议纠纷解决》,载《人民司法》2017 年第 31 期。

124. 姜波、叶树理:《行政协议争议仲裁问题研究》,载《行政法学研究》2018 年第 3 期。

三、外文类

1. H.W.R Wade, *Administrative Law*, 5th edition, Oxford: Clarendon Press.

2. P.Cane, *Administrative Law*, Oxford, Clarendon Press, 2004.

3. Robert.S.Barker, *Government Accountability And Its Limits*, An Electronic Journal of the U.S.Department of State, Volume 5, Nunber 2, August 2000.

4. W.NoeI Keyes, *Government Contracts*, Wesl Publishing Company, 2004.

5. Stuart F.Heinritz, Paul V.Farrfll and Clifton L.Smith, *Purchasing Principles and Applications Prentice-hall*, Seventh Edition.

6. Steven J.Burton, *Breach of Contract and the Common Law Duty to Perform in Good Faith*, Harvard Law Review.

7. G.H.Treitel, *Remedies for Breach of Contract*, Oxford, Clarendon Press, 1988.

8. H.L.A.Hart, *The Concept of Law*, Oxford, Clarendon Press, 1994.

9. Peter L.Strauss, *An Introduction to Administrative Justice in the United States*, Carolina Academic Press, 1989.

10. Jay E., Grenig, *Fundamentals of Government Contracting (2010—2011 Edition)*, West Publishing Company, 2010.

11. Nash, Ralph C.Jr., *The Government Contract Decisions of the Federal Circuit*, George Washington Law Review, Vol.78, Issue 3, 2010.

12. Brown, Kimberly N., *Government by Contract and the Structural Constitution*, Notre Dame Law Review, Vol.87, Issue 2, 2011.

13. Fischel, Daniel R.Sykes, Alan O., *Government Liability for Breach of Contract*, American Law and Economics Review, Vol.1, Issues 1 & 2, 1999.

14. Donald Frenzen, *The Administrative Contract in the United State*, 37 George Washington Law Review, 1968.

15. Jody Freeman, *The Private Role in Public Governance*, New York University Law Review, 2000.

16. Jody Freeman, *The Contracting State*, Florida State University Law Review, 2000.

17. Richard Stewart and Cass Sunstein, *Public Programs and Private Rights*, Harvard Law Review, 1982.

18. Orly Lobel, *The Renew Deal*, *The Fall of Regulation and the Rise of Governance in Contemporary Legal Thought*, Minnesota Law Review, 2004.

19. International Commission of Jurists, *The Rule of Law and Human Rights*: *Principles and Definitions*, Geneva, 1966.

20. Peter & Gordon Anthony, *Textbook on Administrative Law* (5th Edition), Oxford University Press, 2005.

21. Jay E. Grenig, *Fundamentals of Government Contracting*, West Publishing Company, 2010.

22. *A guide to promoting Good Governance in Public Private Partnerships*, United Nations Economic Commission For Europe, Final Draft Last Revised 31, July 2007.

23. Guasch J. L. , *Granting and renegotiating infrastructure concessions*：*doing it right*，World Bank，2004.

24. Engel E. , Fischer R. , Galetovic A. , *Soft budgets and renegotiations in Public-Private Partnerships*，National Bureau of Economic Research，2009.

25. G.H.Treitel，*Remedies for Breach of Contract*，Oxford，Clarendon Press，1988.

26. *A Framework for Disclosure in Public-Private Partnerships*：*Technical Guidance for Systematic*，*Proactive Pre-&Post-Procurement Disclosure of Information in Public-Private Partnership Programs*，World Bank Group，2015.

四、司法文书类

1. 重庆市高级人民法院(2015)渝高法行申字第 00683 号行政裁定书。

2. 山东省青岛市中级人民法院(2016)鲁 02 民终 10051 号民事判决书。

3. 最高人民法院(2008)民二终字第 91 号民事判决书。

4. 西宁铁路运输法院(2017)青 8601 行初 34 号行政判决书。

5. 山西省商洛市中级人民法院(2017)陕 10 行初 29 号行政判决书。

6. 贵州省黔东南苗族侗族自治州凯里市人民法院(2015)凯行初字第 70 号行政判决书。

7. 辽宁省沈阳市中级人民法院(2017)辽 01 行终 346 号行政判决书。

8. 山东省济南市市中区人民法院(2012)市行初字第 36 号行政判决书。

9. 浙江省杭州市中级人民法院(2016)浙 01 行终 367 号行政判决书。

10. 浙江省湖州市中级人民法院(2016)浙 05 行终 160 号行政判决书。

11. 江苏省南通市中级人民法院(2013)通中民终字第 0684 号民事判决书。

12. 贵州省高级人民法院(2016)黔行终 842 号行政判决书。

13. 江西省抚州市中级人民法院(2015)抚民一初字第 19 号民事判决书。

14. 浙江省诸暨市人民法院(2015)绍诸行初字第 202 号行政判决书。

15. 湖南省永州市中级人民法院(2014)永中法林行终字第 9 号行政判决书。

16. 最高人民法院(2017)最高法行申 4592 号行政裁定书。

17. 湖北省宜昌市中级人民法院(2017)鄂 05 行终 155 号行政判决书。

18. 江苏省如皋市人民法院(2016)苏 0682 行初 15 号行政判决书。

19. 福建省宁化县人民法院(2000)行初字第 16 号行政判决书。

20. 宁夏回族自治区中卫市中级人民法院(2017)宁 05 民终 270 号民事裁定书。

21. 贵州省高级人民法院(2017)黔行申 192 号行政判决书。

22. 广东省珠海市中级人民法院(2017)粤 04 行终 150 号行政判决书。

23. 湖北省宜昌市中级人民法院(2006)宜中行终字第 00036 号行政判决书。

24. 安徽省淮北市中级人民法院(2005)淮行终字第 022 号行政判决书。

25. 江苏省高级人民法院(2016)苏行终字第 90 号。

26. 天津市高级人民法院(2016)津行申 83 号行政裁定书。

27. 广东省惠州市中级人民法院(2017)粤 13 行终 191 号行政判决书。

28. 湖北省高级人民法院(2017)鄂行申 556 号行政裁定书。

29. 广州铁路运输中级法院(2017)粤 71 行终 1522 号行政判决书。

30. 内蒙古自治区高级人民法院(2016)内行终 102 号行政判决书。

31. 最高人民法院(2016)最高法行申 1991 号行政裁定书。

32. 北京市第四中级人民法院(2015)四中行初字第 779 号行政判决书。

33. 辽宁省本溪市平山区人民法院(2015)平民初字第 01149 号民事裁定书。

34. 湖南省怀化市鹤城区人民法院(2016)湘 1202 行初 57 号行政判决书。

35. 最高人民法院(2016)最高法行申 2513 号行政裁定书。

36. 最高人民法院(2016)最高法行申 367 号行政裁定书。

37. 最高人民法院(2016)最高法民申 339 号民事裁定书。

38. 贵州省高级人民法院(2016)黔行终 835 号行政裁定书。

39. 最高人民法院(2004)民一终字第 106 号民事判决书。

40. 福建省莆田市中级人民法院(2001)莆中行终字第 101 号行政判决书。

41. 最高人民法院(2016)最高法行申 3486 号行政裁定书。

42. 安徽省滁州市中级人民法院(2015)滁行初字第 00008 号行政判决书。

43. 安徽省高级人民法院(2016)皖行终 525 号行政判决书。

44. 浙江省丽水市松阳县人民法院(2015)丽松行初字第 18 号行政判决书。

45. 江西省高级人民法院(2003)赣民一终字第 72 号民事判决书。

后　记

　　本书是我在博士论文基础之上修改而成的,博士论文的写作历经一年半的时间,之后又经过半年的修改,可以说经历了两个四季轮回。在即将付梓之际,尽管心中有诸多的忐忑,书稿中亦有许多未尽之处,但这的确是我近些年来最拼尽全力完成之事。此时,外面的世界秋高气爽、云淡风轻,我打开房门,走到户外,尽情地呼吸着新鲜空气,听听鸟鸣、看看绿树、闻闻花香,一种前所未有的感觉涌上心头,兴奋、欢愉,又有些怅然若失,五味杂陈,难以名状。

　　回首这两年的时光,家中的书房成了我的战壕,电脑则成为我最亲密的战友,日复一日,一张书桌、一杯清茶,远离喧嚣与嘈杂,以书本为伴,与键盘为伍,静静地思考,充实而平和,现在竟已经开始怀念这样的日子了。只是这其中固然有枯燥与痛苦、烦闷与无奈,可这却是我学术道路上必经的磨砺,让我切实体会到"做学术要耐得住寂寞",这真是一个痛并快乐的过程!

　　一路走来,需要感谢太多的人。首先,感谢恩师王万华教授!可以说书稿的一点一滴都浸润着恩师的心血和精力,写作之路也因为有恩师的强大后盾而少走了太多的弯路。听闻本书行将付梓,恩师欣然命笔,为之作序,更使我倍感荣幸。其次,感谢中国政法大学的应松年教授、马怀德教授、刘莘教授、刘飞教授、刘善春教授、王青斌教授、罗智敏教授以及北京大学的王锡锌教授、公安大学的高文英教授!他们对书稿的选题方向、结构和观点提出了诸多中肯的建议,为我指明了前进的方向。再次,感谢我的家人!你们是我最温暖的港湾,正是你们默默的支持和无私的爱给了我砥砺前行的勇气。最后,感谢东北财经大学法学院、辽宁省教育厅科学研究经费项目的资助,以及人民出版社负担编辑校勘之劳,使其渐臻完善。当然,再多的感谢无法一一道尽,唯有更加努力、不断进步,方能不辜负各位的无私教诲与真诚帮助。

路漫漫其修远兮,吾将上下而求索!

2021 年 10 月

责任编辑:张　立
封面设计:胡欣欣
责任校对:陈艳华

图书在版编目(CIP)数据

行政合同法律制度构建研究/冯莉 著. —北京:人民出版社,2022.6
ISBN 978－7－01－023930－9

Ⅰ.①行… Ⅱ.①冯… Ⅲ.①行政法-合同法-研究-中国 Ⅳ.①D922.104

中国版本图书馆 CIP 数据核字(2021)第 231229 号

行政合同法律制度构建研究
XINGZHENG HETONG FALÜ ZHIDU GOUJIAN YANJIU

冯　莉　著

人民出版社 出版发行
(100706　北京市东城区隆福寺街 99 号)

北京中科印刷有限公司印刷　新华书店经销

2022 年 6 月第 1 版　2022 年 6 月北京第 1 次印刷
开本:710 毫米×1000 毫米 1/16　印张:17.75
字数:290 千字

ISBN 978－7－01－023930－9　定价:98.00 元

邮购地址 100706　北京市东城区隆福寺街 99 号
人民东方图书销售中心　电话 (010)65250042　65289539